노만 형님께

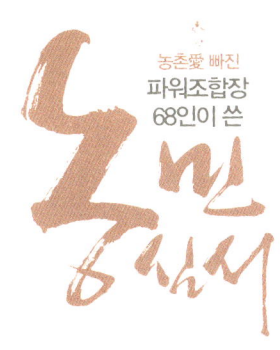

농촌愛 빠진
파워조합장
68인이 쓴

노민 농사씨

농민신문사

책을 내며

여기 농축협 조합장님들의 생생한 현장 기록인 『농촌愛 빠진 파워조합장 68인이 쓴 농민심서』를 내놓습니다.

농촌현장에서 농업인 조합원과 지역의 발전을 위해 애쓰시는 예순여덟분의 농축협 조합장님들이 직접 투고한 다양한 경험을 한 권의 책으로 엮어 출간하게 된 것을 무척 자랑스럽게 생각합니다.

이 책에는 우리 농축협 조합장님들의 애환과 좌절, 성공과 보람이 진솔하게 담겨 있습니다. 경영 위기를 극복하고자 밤잠을 설치며 고뇌하는 모습, 변화와 개혁을 위한 결단의 순간들, 새로운 사업을 추진하면서 갈등과 저항을 극복하는 과정, 지자체 등 관계기관과의 협력을 위해 동분서주하던 일 등 수많은 사연이 우리의 눈길을 사로잡습니다.

연로한 조합원의 손을 잡고 그분들의 사소한 불편 하나라도 덜어드리려 살피는 따뜻한 마음도 생생하게 전해옵니다. 이 모든 것들이 우리 농축협 조합장님들의 가슴 속에 농심(農心)이 살아 있음을 말해줍니다.

농업 · 농촌의 발전과 농업인의 삶의 질 향상을 위해 농협은 그동안 많은 노력을 기울여왔습니다. 하지만 어느샌가 임직원의 가슴속에 농업 · 농촌에 대한 열정보다 시장경제의 무한경쟁 논리가 더 크게 자리 잡고 있는 것이 아닌가 하는 걱정스러운 생각이 들 때도 있었습니다. 협동정신에 바탕을 둔 농협 이념은 일반 기업과는 다른 농협의 핵심 가치이자 경쟁력의 원천입니다. 임직원 모두가 농협 이념으로 무장하고 조직보다 농업인을 최우선으로 생각할 때 비로소 농협의 존재 이유를 인정받을 수 있을 것입니다.

우리 농협은 '농업인이 행복한 국민의 농협'이라는 새로운 비전 아래 '깨어 있는 농협인' '활짝 웃는 농업인' '함께하는 국민'을 핵심가치로 삼아 협동조합의 정체성 회복에 역점을 두어왔습니다. 이를 통해 농업인이 피부로 느끼는 실질적인 도움을 드려서 농가소득 5천만원 시대를 앞당기고, 농업의 공익적 가치에 대한 국민적 공감대를 형성하고자 노력하고 있습니다.

아무리 어려운 문제라도 해결책은 현장에 있습니다. 농협인의 현장은 농촌입니다. 열정을 갖고 현장에 몸을 던져 일하다 보면 답이 나온다는 것을 『농촌愛 빠진 파워조합장 68인이 쓴 농민심서』에 옥고를 담아주신 조합장님들이 웅변하고 있습니다.

전국의 모든 농축협 조합장님들 역시 다르지 않을 것이라 생각합니다. 농심을 가슴에 품고 열정을 쏟는 조합장님들이 계시는 것 자체가 우리 농협의 희망이고 미래를 밝히는 횃불입니다.

아무쪼록 빛나는 경험들로 가득 찬 이 책이 300만 농업인의 실익을 제고하고 전국 농축협의 성장을 이끄는 지침서가 되길 기대하며, 다시 한 번 농축협 조합장님들의 열정과 노고에 깊은 감사와 위로의 말씀을 전합니다.

농민신문사 회장 *김병원*

추천의 글

『농촌愛 빠진 파워조합장 68인이 쓴 농민심서』의 발간을 진심으로 축하합니다. 우선 이 책을 발간하느라 애쓰신 농민신문사 관계자와 임직원 여러분의 노고에 깊은 감사를 드립니다.

저는 이 책이 발간된 과정과 정성을 접하고 정말 대단한 일을 해냈다는 생각을 하게 되었습니다. 농업인과 함께 농촌현장을 종횡무진하며 불철주야 노력하고 계신 농축협 조합장님들의 말씀이 고스란히 담겼습니다. 68인의 농업 경영철학과 성공사례를 생생하게 기록했다는 점에서 더욱 큰 의미를 지닙니다. 이번 발간은 농민신문사만의 경사가 아니라 우리 농업계와 국민 모두의 큰 보람이자 기쁨입니다.

이 책에는 농업인을 향한 헌신과 봉사, 시행착오를 거치면서 얻은 소중한 경험이 편편이 담겨 있습니다. 농축협 조합장님들의 고뇌와 결단, 그리고 농업인을 향한 끝없는 애정을 접하며 우리 농업·농촌의 밝은 희망을 보았습니다. 돌이켜 보건대 우리 농업인의 땀과 눈물, 희생 위에서 이루어진 경제발전 속에서도 농업은 산업화와 개방화에 밀려 제대로 대접받지 못한 것이 사실입니다. 이제는 농정의 근본을 바로 세워 우리 농업을 미래로 이끌어야 합니다.

문재인정부는 '걱정 없이 농사짓고 안심하고 소비하는 나라'를 농정목표로 정하고 새로운 농정개혁을 힘차게 추진하고 있습니다. 농정회복의 기본이고 농정신뢰의 첫걸음인 쌀값 안정을 이루고, 조류인플루엔자(AI) 등 가축질병 확산 방지, 동물복지형 축산 도입, 채소가격 안정제 도입 등 당면 현안에도 착실히 대응하면서 걱정 없이 농사짓는 나라를 만드는 데 최선을 다할 것입니다. 청년들이 농촌에 더 쉽게 뿌리 내리도록 청년일자리 종합대책을 수립하고 맞춤형 지원대책도 마련하겠습니다.

또한 우리 농업·농촌이 지켜온 다원적 기능과 공익적 가치는 헌법에 명기되어 보장받아야 마땅하다고 생각합니다. 이를 통해 농가의 소득 안전망을 강화하고, 농업을 지속가능한 생명산업, 농촌을 문화·생태·복지의 공간으로 육성해 나가고자 합니다. 이 모든 것을 추진하는 데 있어 정부의 힘만으로는 충분하지 않습니다. 농축협과 농업인 모두의 합심과 협력이 필요합니다.

『농촌愛 빠진 파워조합장 68인이 쓴 농민심서』에 소개된 68인을 포함해 전국의 모든 조합장님들은 오늘도 농업·농촌을 위해 열정을 불태우고 계시리라 믿습니다. 그 열정이야말로 '희망의 불씨'입니다. 이 희망의 불씨를 살려 농업인의 마음으로 함께 나아간다면 우리 농업은 미래 산업으로 도약하고, 농촌은 사람이 돌아오는 행복한 삶의 터전이 될 수 있습니다.

68인의 육필 기록을 꾹꾹 눌러 담은 이 사례집은 아무리 세상이 농사를 업신여길지라도, 쌀 한 말이 차 두어 잔 값일지라도 농업인은 함부로 슬퍼하지 않는다는 것, 그리고 좌절과 포기보다는 용기와 희망을 택했고 지금까지 우리 농업을 잘 지켜왔다는 것을 보여줍니다. 농업의 당당한 주인됨을 위해 어떻게 도전하고 성공했는지 독자들에게 꼭 필요한 알찬 내용들로 가득하니 이 책의 일독을 권합니다. 여러분께서도 그 진한 감동을 느끼게 되시길 바랍니다. 감사합니다.

농림축산식품부 장관 김영록

CONTENTS

책을 내며 • 004
추천의 글 • 006

1장 옥토를 일군다, 희망을 심는다

직파재배의 허브 동강 • 016
김재명 전남 나주 동강농협

'소득'과 '복지' 두 날개로 날다 • 023
김학수 충북 제천농협

조합원 감동 12대 공약 • 029
남정순 경북 영주농협

잡풀이 최고의 한우사료가 된 사연 • 035
문만식 전남 목포무안신안축협

월출산에서 떠올린 경관단지 조성사업 • 041
박도상 전남 영암농협

고흥마을 되살릴 해법 찾기 • 047
양수원 전남 고흥 녹동농협

"농협서 육묘판 좀 만들어주소" • 052
이상득 경남 창원 동읍농협

축산 헬퍼 첫걸음을 내딛다 • 058
이성기 전남 순천광양축협

농협맨으로 살아가기 • 064
이진회 경기 양주 은현농협

잘사는 농촌, 그 오랜 꿈을 위하여 • 070
이흥용 충남 금산 진산농협

상토의 개념을 바꾼 '팽연왕겨' • 077
정성락 울산 농소농협

감자농가를 살려라! • 082
진광주 충북 충주 중원농협

2장
농민은 짓는다, 농협은 판다

양파 농업의 메카를 향해 달린다 • 090
박상대 경남 함양농협

치악산한우축제, 이제 시작이다! • 096
신동훈 강원 원주축산농협

'동강마루'의 신화는 계속된다 • 102
유인목 강원 영월농협

'옥토진미'로 살린 희망의 불씨 • 108
유창수 전북 군산 회현농협

농촌형 농협 롤 모델이 되다 • 114
이성호 강원 홍천 내면농협

나비의 꿈, 함평한우로 되살리다 • 120
전창희 전남 함평 월야농협

직거래 장터에서 발휘된 '주부대학의 힘' • 126
정문기 경남 양산 물금농협

농업인이 행복한 그날을 꿈꾸다 • 132
최한교 충북 충주농협

로컬푸드 매장 확대로 승부한다 • 138
한진섭 광주광역시 광주농협

옥수수 축제로 새로운 희망을 품다 • 144
한창진 강원 원주 문막농협

3장 결실을 거둔다, 명품을 꿈꾼다

표고버섯 차로 만리장성을 넘다 • 152
강경일 전남 정남진장흥농협

멜론으로 고소득 희망을 열다 • 157
고진국 세종 전의농협

아홉 번 찌고 말리는 정성 '옹동 숙지황' • 163
권혁빈 전북 정읍 칠보농협

금산에는 인삼 말고도 지황과 백수오가 있다 • 169
길호일 충남 금산 부리농협

떠오르는 '부안 노을감자' • 175
김원철 전북 부안농협

'애플수박' 농민을 미소 짓게 하다 • 181
박상홍 경북 고령 쌍림농협

가야산 정기 받아 사과에서 오미자까지 • 187
배수동 경북 성주 서부농협

천연기념물 '제주 흑한우' 맛보세요 • 193
송봉섭 제주 서귀포시축협

대한민국을 넘어 세계로 '횡성축협한우' • 199
엄경익 강원 횡성축협

'웰컴 투 동막골' 무시래기 • 205
정연택 강원 평창농협

"내 사랑 부추!" • 210
정태연 전남 함평 천지농협

'짭짤이'를 아시나요 • 216
최계조 부산 대저농협

발상의 전환, 제주농업의 틀을 바꾸다 • 222
현용행 제주 서귀포 성산일출봉농협

4장 맞들면 가볍다, 함께하면 든든하다

광역친환경농업단지로 이룬 도약의 꿈 • 230
권태현 경북 서포항농협

신념과 소통의 합작품 농축산순환자원센터 • 236
김일홍 경북 영천 북안농협

로컬푸드에 날개를 달다 • 242
박영수 전남 무안 일로농협

'하늘에서 내린 쌀' 구하기 • 248
박주호 강원 인제농협

이 시대의 편농(便農), 공동방제로 답을 찾다 • 254
박준화 전남 영광농협

집념의 결실 '농작업 대행' • 260
박창기 전남 나주 봉황농협

하늘은 감당할 만큼만 시련을 준다 • 266
서영교 전북 남원 운봉농협

'신의 한 수'가 된 특화작목 • 272
이강노 전남 장성 진원농협

하늘이 무너져도 우리는 볍씨를 싹틔운다 • 278
이석채 전남 무안 운남농협

시골 농부 조합장의 소박한 꿈 • 284
정도식 전남 무안 청계농협

5장
문턱은 낮춘다, 혜택은 높인다

'긍정의 힘'으로 우리 농협 따뜻하게 • 292
김군진 제주 한경농협

"농협서 농사 배우고 한국문화 알아가요" • 298
박상철 전남 곡성 옥과농협

이농심행 以農心行 무불성사 無不成事 • 304
박창수 경기 포천농협

국민의 농협! 지역민의 농협! • 310
서정태 경남 창원 진동농협

아름다운 동행을 위하여 • 316
송영조 부산 금정농협

기쁨은 나눌수록 커진다 • 322
안병안 경기 안산 군자농협

고령화된 조합원 건강돌봄이 자처하다 • 329
안종열 경기 하남 서부농협

활짝 열린 조합장실, 활짝 웃는 조합원 • 334
이달호 경북 예천농협

벽제농협 산악회의 신화는 계속된다 • 340
이승엽 경기 고양 벽제농협

"점심식사는 우리가 준비할게요" • 346
정옥태 전남 강진농협

생각을 바꾸면 길이 보인다 • 352
지인구 경기 이천 대월농협

6장 혁신이 답이다, 진심은 통한다

경영개선권고 농협의 구원투수가 되다 • 360
국영석 전북 완주 고산농협

진심이 소통의 열쇠다 • 367
김영국 대전 회덕농협

조직의 정예화로 승부하다 • 373
배상현 전남 여수농협

"확 바꿔보자" 농협 바로 세우기 • 379
서석조 경북 영덕 영해농협

변화! '알찬 농협'으로 열매 맺다 • 385
안성기 경기 남양주 진건농협

같이 가야 멀리 갈 수 있다 • 391
유남영 전북 정읍농협

변화의 시작은 소통으로 • 397
이승걸 부산 북부산농협

마도농협 살리기에 몸을 던지다 • 403
이재헌 경기 화성 마도농협

농사연금 주는 도시농협이 있다? 있다! • 409
임인규 전북 전주농협

'창조적 파괴'로 수렁 탈출 • 416
장순복 경기 고양 지도농협

속이 꽉 찬 국민의 농협 "믿음이 간다" • 422
정재영 경기 성남 낙생농협

변화하면 '된다' 1등 브랜드 '된다' • 428
최덕식 강원양돈농협

1장

옥토를 일군다,
희망을 심는다

직파재배의 허브
동강

김재명 조합장
전남 나주 동강농협

옛날로 돌아간 벼농사의 혁명

▲ ▼ ▲

해마다 풍년이 들어도 농민들은 웃을 수 없다. 국민 1인당 쌀 소비량은 2005년 80.7kg이었던 것에 비해 최근 10년간 약 18kg이나 감소했다. 10년간 쌀 소비가 22%나 줄어든 것이다. 1인당 소비량이 60kg 이하로 하락할 것이라는 우려도 나오고 있다. 거둬들이는 쌀보다 먹는 양이 줄어들면서 매년 쌀값이 떨어지고 있다.

1987년부터 농협 직원 생활을 시작해 2001년 조합장이 되었다. 쌀농사를 많이 하는 우리 지역에서 조합장이 해야 할 가장 큰 일은 조합원이 생산한 벼를 전량 수매하여 농가 편익도모와 소득증대에 기여하는 것이다. 그러나 속절없이 떨어지는 쌀값 앞에서는 잘 팔아주는 것만으로는 소용이 없는 듯했다.

쌀값이 떨어지는 것을 시골 조합장의 힘으로 어쩌겠는가. 무력감 속에서 쌀 농사가 계속할 수도 포기할 수도 없는 계륵 같은 존재로 여겨질 무렵 나는 우연치 않게 직파재배를 접하고 속으로 이렇게 외쳤다.

"이건 농업의 혁명이다!"

농기계의 발전과 경지정리 등으로 이앙기를 이용한 모내기를 한 것이 벼농사의 1차 혁명이었다면, 옛날로 돌아가 논에다 직접 볍씨를 뿌리는 원초적 농법인 직파법은 2차 혁명이 될 것이라고 직감했다.

무논점파용 파종기가 '일등공신'

모판에서 모를 길러다가 논에 옮겨 심는 모내기에 의한 농사법이 널리 보급된 것은 조선 중기 이후이다. 요즘에는 농기계 발달로 어린모 이앙 재배법이 일반화되어 있다. 장점은 단위 면적당 수확량이 많고 제초관리가 용이하다는 것이다. 하지만 모내기는 육묘과정을 거쳐야 하는데 육묘를 위해서는 육묘장을 만들고 육묘판과 상토를 구입해야 한다. 또 모판 운송 및 모내기 전 모판을 2~3일 동안 차광막을 씌우고 햇볕에다 녹화하는 작업 등이 봄철 짧은 기간에 집중되어 일손부족 현상을 매년 겪을 수밖에 없다.

이에 반해 무논직파는 써레질을 마친 논에 1㎜ 정도 싹을 틔운 볍씨를 파종, 10~15일 후 뿌리가 내린 것이 확인되면 논에다 물을 대는 작업을 하게 된다. 못자리에서 모를 키운 뒤 옮겨 심는(이앙) 전통 벼 재배 방식과는 달리 싹을 틔운 볍씨를 무논에 직접 심기 때문에 일손과 비용이 크게 줄어든다.

농촌 인력 고령화와 쌀값 하락이 계속되는 현실에서 육묘와 모내기를 생략할 수 있는 벼 직파재배법은 농촌의 노동력 부족을 해소하고 생산비를 절감하는 등 농민에게 크게 도움이 될 것이란 확신이 들었다. 농업인의 소득을 보전하려면 노동력과 생산비를 절감해야 한다고 생각했고, 그게 바로 벼 직파재배 신기술의 도입이라는 신념과 사명감을 가졌다.

벼 직파법의 보급은 쌀 발전을 위해 더 이상 미룰 수 없는 나의 숙명이 되었다. 그러나 싹을 틔운 볍씨를 논에 직접 뿌리는 직파는 육묘 등에 따른 추가 비용과 노력은 줄일 수 있지만 손으로 뿌리다 보니 싹을 틔운 볍씨가 한쪽으로 몰려 생산량이 떨어질 수도 있다는 것이 농민들이 도입을 꺼려하는 주 이유였다.

농촌진흥청에서는 1991년에 직파재배 기술을 개발 보급했다. 1995년에는 벼 재배 전체 면적의 11%까지 확대 보급됐다. 하지만 벼 직파법은 잡초 발생이 심하고, 벼가 쓰러지는 도복, 앵미(잡초성 벼) 방제 어려움 등의 문제로 인해 농가로부터 크게 환영받지 못하는 실정이었다. 따라서 벼 직파법을 성공적으로 농가에 보급하기 위해서는 이러한 문제들을 해결해야 했다. 무엇보다 중요한 것은 농가에 신뢰를 주는 것이었다. 그러던 중 최근 일정한 간격으로 볍씨를 뿌릴 수 있는 기계가 개발돼 고르게 볍씨를 논에 심을 수 있게 되면서 직파농법은 새로운 해법으로 기사회생할 수 있었다.

무논점파용 파종기는 직파재배 성공의 일등공신이다. 로터리 치고 균평작업을 마친 논에 전용 파종기가 싹 틔운 볍씨를 5~7립씩 뿌리고 흙으로 살짝 덮어주는 데다 시비까지 동시에 해주니 농가들은 논에 물을 댔다 떼고 말리는 물 관리에만 신경 쓰면 되었다.

농협서 논갈이부터 수확까지 대행

나는 무논점파 방식의 직파재배를 처음 도입하던 2009년부터 직파에 대한 강한 신념과 사명감을 가지고 있었다. 벼 무논점파 시범재배단지 20ha에서 트랙터 부착용 점파기를 이용해 논에 볍씨를 직파했다. 그 결과 도정수율이 관행재배 벼보다 1~2% 높고, 노동력과 생산비가 크게 절감되었다. 일반 모내기와 비교할 경우 노동력은 35%, 인건비와 농자재 구입비용 등은 17% 적게 들었다.

이후 동강농협 관내 직파재배 규모는 2014년 150ha에서 2017년에는 200ha로 크게 증가하였다. 2017년부터 우리 농협은 소독과 1~2mm 싹틔우기 작업을 마친 볍씨를 농가에 직접 공급하고 파종도 대행하는 등 '직파재배 농작업 일관대행' 체계를 본격적으로 시행했다. 농가들은 논 물꼬만 관리하도록 하고 농협 농작업반이 논갈이부터 수확까지 모두 대신하는 방식이었다. 직파재배 참여 농가들에게는 절감된 생산비와 노동력으로 다른 소득작물을 재배토록 권장했다.

벼 직파재배의 효과는 대단했다. 1ha당 비용이 이앙재배는 181만원인 데 비해 직파는 108만원에 불과하였다. 1ha에 73만원이 절감된 것이다. 전체적으로

김재명 조합장(앞줄 맨 왼쪽)이 김병원 농협중앙회장(맨 오른쪽) 등에게 벼 직파재배에 대해 설명하고 있다.

벼 직파재배의 효율을 높이기 위해 도입한 개량형 물꼬.

쌀 생산비가 10.6% 절감되고 쌀 수확량도 직파재배가 1.4% 많이 나오는 효과를 보고 모두들 놀라워했다. 우려되던 병충해 발생도 줄고, 도복 피해도 감소했다.

직파재배는 벼 수확 전 싹이 나는 수발아 피해에도 강했다. 3년 동안 직파시험재배를 거치면서 잡초 및 앵미 발생과 도복 등 그동안 단점으로 지적되었던 문제들이 거의 해결된 것이다. 뿐만 아니라 도정수율도 1~2% 높았다. 이런 결과를 토대로 모든 농가에 보급을 적극 확대하기 시작하였다.

벼 직파재배의 성공여부는 논 고르기(균평작업)와 물관리 및 잡초방제에 있다. 파종 전 균평작업을 확실히 해줘야 발아와 입모율이 높아지고 물관리와 잡초방제를 제대로 할 수 있다.

재배농가가 보다 안전하고 체계적으로 직파재배를 할 수 있게 레이저 균평기를 구입하고, 농가의 농기계 구입 부담을 덜기 위해 농협중앙회에 보조지원 사업을 요청하였다. 또한 직파재배의 효율을 높이기 위한 물관리에 도움을 주고자 개량형 물꼬를 지자체와 농협중앙회의 지원을 받아 설치하였다.

중국서 견학 올 정도로 인기

이제 우리 동강농협은 벼재배 전문 관계자 및 지역농협 사이에 '벼 직파재배를 가장 잘하는 곳'으로 평가받고 있다. 전국에서 벼 직파재배법을 배우기 위해 찾아오는 관계자들이 속속 늘고 있다. 2017년 5월 16일 김병원 농협중앙회장, 정황근 농진청장, 손금주 국회의원 등 800여명이 우리 동강농협 관내 복룡들녘 농가를 찾았다. 농업생산비용 절감 및 농가소득 5천만원 달성을 위한 '벼 직파재배 파종·동계작물 수확 시연회'에 참석하기 위해서였다. 이 자리에서 김병원 농협중앙회장은 "농가소득 5천만원 달성을 위해서는 우리 농산물을 잘 팔아주는 것은 물론, 농가경영비 절감 또한 매우 중요한 과제"라며 "농협은 농자재 가격인하, 농작업 대행 및 직파재배 확대 등 다양한 농가부담 경감방안을 추진하여 '농업인이 행복한 국민의 농협'을 만들겠다"고 말했다.

또 우리나라의 직파재배 기계화에 대한 중국 정부의 관심도 높았다. 2016년에는 중국 항저우 쌀 연구 직할 전문연구기관인 수도작연구소의 주덕봉 수석연구원이 이곳을 찾았다. 한국의 벼 직파재배 노하우를 배우기 위해서라고 했다.

중국의 벼 직파재배 면적은 400만ha, 전체 벼 재배면적(3000여만ha)의 13~15%라고 했다. 중국도 땅값과 인건비가 오르면서 직파재배에 눈길을 돌리고 있지만 아직까지 기술력의 문제로 과정 대부분이 수작업이라 도복 현상이 잦고 품질도 떨어진다고 털어놓는다.

그 연구원이 관심을 갖는 부분이 물론 우리나라의 직파재배 기계화였다. 그는 벼가 균일하게 자라고 있고, 익은 정도도 가장 바람직한 상태인 한국의 직파재배 기계화 기술과 현장 경험을 전수받기를 원했다.

쌀 농업 위기탈출의 희망을 보다

▲▼▲

벼 직파재배 확산에 팔을 걷어붙인 이유는 우리 쌀 산업이 처한 위기 때문이다. 다양한 먹거리가 넘쳐나고 쌀 소비감소로 쌀값이 상승하기 힘든 수급상황에서 쌀 농가가 생존하기 위해선 직파재배로 생산비를 줄여야 한다. 직파재배로 벼를 수확한 뒤에는 동계작물(보리·조사료 등)을 재배함으로써 추가소득을 기대할 수도 있게 된다. 이제 동강면 복룡들녘에는 해마다 봄이면 농협 관계자들과 농업인들이 현장견학을 나온다. 이 들녘이 직파재배의 허브가 된 것이다. 벼 직파재배에 대한 농업인의 이해의 폭을 넓히고 벼 직파 영농법을 전파하는 농업기술혁명의 현장이 된 것이다.

나는 농협 평사원으로 입사해 상무를 거쳐 조합장으로 활동하고 있다. 직원 때에는 미곡처리장 소장직을 역임하면서 일주일에 3회씩 판촉행사를 다니면서 쌀 판매 실적을 높였으며, '우렁이농법'으로 재배한 친환경 나주 대표 쌀 브랜드 '드림생미'로 고품질 쌀을 생산하는 데 노력하였다. 그리고 이젠 벼 직파농법의 전도사를 자처하고 있다. 벼 직파재배가 전국으로 확대되어 농민들이 편안하게 농사할 수 있는 그런 날이 오기를 기대한다.

김재명 조합장
2015년 전남 나주 동강농협 조합장에 당선됐다(4선).
현재 전남도 농업정책 자문위원, 농협중앙회 감사위원, 광주·전남농협미곡처리장(RPC)운영협의회 회장을 맡고 있다.

'소득'과 '복지' 두 날개로 날다

김학수 조합장
충북 제천농협

20년 만의 귀환…희망의 신호탄을 쏘다

"깨끗하고 정직하게 농협을 운영하고, 농업인 조합원 실익과 조합 발전을 위한 일에만 매진하겠습니다. 소수의 조합원에게 편중되지 않고 지역 농업과 농업인 전체를 위한 사업을 펼쳐나가겠습니다."

2013년 2월, 제천농협 14대 조합장에 취임하면서 농업인 조합원에게 약속했던 나의 다짐이다. 1985년부터 10여년을 제천농협 6~8대 조합장으로 일했고, 그 후 20여년 간 농업에 종사하다가 다시 조합장으로 돌아왔으니 각오와 감회가 남다를 수밖에 없었다. 어렵던 시절 혼신을 다해 일궜던 소중한 농협 사업들이 무너지는 것을 보고만 있을 수 없어 다시 조합장에 출마해 선택을 받았지만 그만큼 부담도 컸던 게 사실이다.

그래서 조합장에 취임하자마자 고심 끝에 먼저 치켜든 두 가지 사업이 있다. 바로 오곡밥 세트를 주축으로 하는 잡곡소포장 사업의 복원과 우리밀 생산지원 사업이었다. 25년 전 조합장으로 일할 때 펼쳤던 잡곡소포장 사업과, 전국 최초로 개발해 인기가 높았던 오곡밥 세트 생산이 중단돼 제천농협 판매장에서조차 다른 지역 제품이 진열되어 있는 것은 참으로 안타까운 일이었다. 밭농사가 많고 다양한 잡곡 주산지인 제천의 농업을 생각하면 잡곡소포장 사업은 농업인의 소득증대를 위해 우리 농협이 반드시 해야 할 사업이었기 때문이다.

조합장을 그만두고 농사를 지으면서 유심히 지켜봤던 우리밀 재배를 지역 특화작목으로 육성하겠다는 계획도 함께 세웠다.

우리밀, 지역에 뿌리내리다

▲ ▼ ▲

우리 지역은 밭이 많아 각종 잡곡과 고추·마늘 등 양념류를 주로 재배한다. 그러나 가격이 불안정해 이렇다 할 안정된 소득작물과 특산품이 없는 한계를 극복할 새로운 농사로는 우리밀만 한 게 없다는 게 평소 생각이었다.

밀농사는 유휴농지를 활용한 2모작이 가능하고, 가축 조사료로도 활용할 수 있으며, 토양개량의 효과도 있어 '1석 4조'의 효과를 거둘 수 있다고 판단했다. 우리밀 재배를 늘리기 위해 먼저 농가에 우리밀 재배의 이점을 알리는 한편 재배기술 교육에 나섰다. 수입 밀가루가 보관과 운송 과정에서 소독약품과 방부제 과다 사용으로 유해성이 우려되는 데 반해 안전한 우리밀 재배의 장점과 유통현황 등을 교육해 농업인들의 공감을 얻어냈다.

김학수 조합장(오른쪽)이 수매한 우리밀을 미곡종합처리장 내 건조저장시설에 투입하는 작업을 돕고 있다.

2013년, 6농가가 0.9ha에 밀을 재배하기 시작했다. 초라한 출발 때문에 주위에서는 '이래서 우리밀 단지화가 되겠는가' 하는 의심과 염려를 하기도 했다. 그러나 농협에서 소량도 걱정 없이 팔아주는 등 안정된 판로가 호응을 얻었다. 그러면서 밀농사 농가의 참여가 급속히 늘어 2016년에는 33농가에서 37ha에 재배한 150t의 밀을 농협이 전량 수매할 정도로 단지화가 이뤄졌다.

이렇게 수매한 밀의 소비를 늘리기 위해 우리 농협은 여성대학 참여 소비자들에게 적극적인 홍보를 해 동참을 이끌어냈다. 여기에 그치지 않고 우리밀 가공사업에도 뛰어들어 2015년에는 우리밀가루와 우리밀쌀을, 2016년부터는 우리밀 국수를 출시해 다양한 수요를 창출하고 있다. 하지만 우리 조합원이 마음 놓고 밀농사를 짓도록 하기 위해서는 우리밀의 수요확대가 미완의 과제로 남아 있다.

오곡밥과 잡곡소포장 사업의 '부활'

잡곡소포장 사업과 오곡밥의 복원은 그야말로 조합 직원과 조합원의 땀과

정성으로 이뤄졌다고 해도 과언이 아니다.

농업인 조합원이 생산한 기장·율무·백태·조 등 13품목에 달하는 잡곡을 전량 수매했다. 그리고 농협미곡종합처리장 안의 여유 공간을 활용해 잡곡소포장을 위한 작업실을 만들고 작업대를 설치해 가공시설을 갖추기 위한 고정투자비를 최대한 절감했다. 잡곡을 분류하고 오곡밥 원료를 소포장하는 인건비를 줄이면서도 작업인력을 확보하기 위해 판매과를 주축으로 한 조합 직원들과 고향주부모임 등 협동조직의 자원봉사자들이 잡곡을 직접 소포장하며 지역명산품으로 만들겠다는 간절한 염원과 정성을 담아냈다.

이 과정에서 조합원이 생산한 농산물을 소중하게 팔아주기 위해 보여준 조합 직원들과 협동 조직원들의 눈물겨운 열성과 헌신은 나에게 잊지 못할 감동으로 남아 있다. '우리 직원과 협동조직의 이런 자세와 협력이라면 우리 제천농협은 못해낼 게 없겠다'는 확신을 갖게 된 것도 이때부터였다.

이렇게 복원한 오곡밥과 잡곡세트를 지역 주민은 물론 관광객들에게도 널리 알리기 위해 우리 농협 중앙지점 2층을 제천 농산물로 만든 음식을 판매하는 조건으로 식당을 개설하도록 임대를 했다. 이 식당은 제천의 우리밀을 사용한

제천농협은 구성원의 화합을 위해
2013년부터 2016년까지
임직원이 함께하는
제주교육연수를 실시했다.

칼국수와 오곡밥정식, 제천한우를 사용한 불고기정식 등의 다양한 음식과 제천 소포장잡곡을 전시판매해 지역 명소로 자리 잡아가고 있다.

우리 농협은 2016년에 93t(2억 3000만원), 2017년에는 101t(3억여원)의 잡곡을 수매하는 등 해마다 잡곡소포장 사업과 오곡밥 판매로 1억원이 넘는 순수익을 올려 농가소득 증대는 물론 조합 경제사업 수익증대에도 기여하고 있다.

특히 투명 플라스틱 용기에 담은 각종 잡곡과 '오곡밥', 간편식인 '오곡영양밥'은 각종 행사나 명절 선물용으로 주문이 쇄도하는 우리 농협의 대표적인 효자상품으로 자리 잡았다.

하나가 되고 함께 나누는 복지농협으로

농협 사업 활성화의 원동력은 농업인 조합원의 주인의식과 사업 전이용에서 나온다는 것을 모르는 농협인은 없다. 그래서 조합장에 취임하면서부터 조합원의 화합과 함께 조합원과 직원의 소통을 통한 거리 좁히기는 물론 농협 사업에 대한 조합원의 이해를 높이는 다목적용으로 전체 조합원의 제주도 교육연수를 계획했다.

그동안 소수 조합원들의 해외연수 등에 쓰이던 교육지원 사업비를 전체 조합원의 제주 연수비에 집중하도록 했다. 그래서 2013년부터 2016년까지 4년에 걸쳐 임직원과 조합원 3300여명이 2박 3일간의 교육연수를 무사히 마쳤다. 그 과정에서 남겨신 훈훈한 미담과, 조합원 사이에 또는 조합원과 직원 사이에 주고받은 정과 쌓은 신뢰는 우리 농협의 발전을 위한 단단한 초석이 될 것으로 나는 확신한다.

조합원 복지를 위한 우리 농협의 또 하나의 자랑은 전국 농협에서 최초이자 유일하게 치과병원을 우리 농협 본점에 유치해 협력사업으로 조합원에게 진료비 할인 혜택과 양질의 의료서비스를 주고 있는 것이다.

　　우리 농협은 이제 조합원과 직원이 하나가 되어 경제사업과 신용사업의 동반성장을 이뤄 자타가 공인하는 '일등농협'으로 도약했다. 이를 기반으로 모든 조합원의 소득증대와 복지증진을 제천농협이 함께 실현하도록 조합장으로서 혼신의 노력을 다할 것이다.

　　얼마 전 4만 3000㎡(1만 3000평)의 부지까지 확보했다가 무산된 경제·복지사업장 복합단지 조성사업은 여건만 조성된다면 우리 농협이 명실공히 복지농협으로 가는 길에서 반드시 해야 할 일이라는 생각에 변함이 없다. 농자재백화점과 농산물공판장, 농협주유소, 대형 하나로마트 등 경제사업장과 복지시설인 조합원요양원 등을 한곳에 모아 조합원을 위한 '유토피아'를 만드는 것이 나의 꿈이다.

김학수 조합장
2015년 충북 제천농협 조합장에 당선됐다(5선).
농민신문사와 농협중앙회 대의원, 세명대학교 설립추진위원을 지낸 바 있다.

조합원 감동
12대 공약

남정순 조합장
경북 영주농협

조합원을 부모처럼! 고객을 가족처럼!

"부족한 저를 압도적인 지지로 당선시켜준 것은 영주농협을 전국 최고의 농협으로 발전시켜 달라는 조합원들의 명령이라 받아들이고 싶습니다. 언제나 조합원과 함께, 그리고 지역과 함께하는 영주농협이 되도록 최선을 다하겠습니다."

2014년 보궐선거로 처음 조합장에 당선된 후, 2015년 전국동시선거에서 대구·경북 지역 최다득표율(82.7%)로 당선되었다. 평생을 바친 영주농협에서 말단 직원으로 출발해 전무와 지점장을 역임한 나로서는 조합원들의 열렬한 지지와 성원이 그야말로 가슴 벅찬 일이 아닐 수 없었다.

영주농협은 2017년 10월 영주시 평은면 평은리에 약용작물산지유통센터를 설립하고 준공식을 가졌다.

1978년 농협에 입사한 이래 35년 넘게 오로지 농협인으로 살아오면서 줄곧 농민본위(農民本位), 항재농장(恒在農場), 실사구시(實事求是)의 정신을 바탕으로 근면 성실하게 업무에 임하고자 노력해왔다. 내가 조합장이 되면서 내세운 신조 역시 그런 바람을 담고 있다.

'조합원을 부모처럼!'

'고객을 가족처럼!'

'직원을 자녀처럼!'

영주농협은 대구·경북에서 가장 많은 9000명의 조합원이 있는 거대 조합이다. 자산 역시 1조원에 육박하고 사업도 복잡하고 다양해 잠시라도 한눈을 팔 겨를이 없는 형편이다.

선거공약으로 '조합원을 위한 감동 12대 공약'을 내걸었다. 무엇보다 조합원의 복지를 최우선으로 하는 영주농협을 만들겠다는 포부를 밝혔다. 또 대도시의 대형마트와 유통센터 등 대량 소비처를 적극 개발해 땀 흘려 생산한 우리 지역 농산물을 제값에 판매해주겠다고 강조했다. 한마디로 '꿈이 있는 농협'으로 만들어나가겠다는 다짐이다.

이 모든 바람은 '다함께 잘사는 알찬 경영'이 결실을 거둘 때 가능하리라고 지금도 믿고 있다.

물벼 수매시설 확대에 적극 나서

조합장에 취임한 후 가장 먼저 힘을 쏟은 것은 영주 쌀의 개발과 판매였다. 사실 조합장이 되기 전부터 우수한 쌀의 생산을 위한 시설 확보에 꾸준히 노력해오기도 했다. 2006년 기획상무로 있을 때 영주농협 벼 건조저장시설(DSC)을 증설한 것이 대표적인 예다. 그때까지 파머스마켓 주차장 부지에 있던 건조저장시설은 지역농가의 물벼를 수매하기에는 턱없이 부족한 실정이었다. 이에 따라 영주의 관문인 장수IC 주변에 별도의 부지를 확보하고 건조저장시설을 일차적으로 증설해 원활한 물벼 수매가 가능하도록 했다.

기존의 벼 건조저장시설과 도정센터시설을 이설하면서 우수한 시스템 구축으로 미질이 확연히 개선되었다. 이는 곧 농업인이 생산한 벼 수매가격 상승을 이끌어 실질적인 농가소득 증대로 이어지게 되었다. 또한 기존 800t 규모에 머물던 물벼 수매량을 2500t으로 늘려 안정적으로 벼 수매가 이뤄지게 되었다. 하지만 이에 만족하지 않고 2014년 초부터 다시 영주 쌀의 미질을 개선하고 매년 증가하는 물벼 수매량을 확대하기 위해 계속 노력한 결과, 2015년에 영주 댐 광역친환경농업단지 내 사일로 3기를 증설함으로써 수매량을 획기적으로 늘릴 수 있게 되었다. 이에 따라 그동안 저장시설이 부족해 제때 수매에 곤란을 겪고 있던 관내 농업인의 어려움을 크게 덜어주게 되었다. 내년에는 영주 북부권 벼 재배농가를 위하여 부석면에 DSC 1500t을 증설할 계획이다.

친환경 벼육묘장 운영

▲▼▲

2015년에 영주시와 협의를 거쳐 광역친환경농업단지 내에 국비·지방비 4억 8000만원, 자부담 1억 2000만원, 총 사업비 6억원을 투자해 2745m^2(830평) 규모의 친환경 벼육묘장 3동을 준공하였다. 친환경 벼육묘장은 농약을 일체 사용하지 않는 친환경 종자소독(온탕침법)으로 모를 생산함으로써 모내기 전까지 키다리병 방제효과가 탁월하다는 평을 들었다. 2016년에는 29농가가 계약재배에 참여해 7600여판을 판매했으며, 이를 바탕으로 2017년에는 79농가로 확대해 1만 6500판을 판매하는 성과를 거두었다. 매년 친환경 농가와 계약재배를 통해 벼 1만가마를 수매하여 학교급식지원센터를 통해 친환경 쌀을 공급하고 있다.

이러한 우리 조합 임직원의 열정적인 노력은 조합원·농업인에게 농협이 해야 할 본연의 역할을 충실히 하고 있다는 강한 이미지를 심어주고, 친환경 고품질 쌀 생산 및 인건비 절감의 기틀을 마련하는 1석 3조의 효과를 거두고 있다.

'귀품윤기'와 '휘황찬 미米'

▲▼▲

친환경 공동육묘장 운영과 함께 영주 쌀의 새로운 브랜드 개발과 소비자 기호에 맞는 맞춤 포장재 디자인 개발을 위해 팔을 걷어붙였다.

2016년에 기존 단일 브랜드인 '선비촌 추청쌀'에서 탈피해 소백산의 맑고 비옥한 토지에서 생산되어 찰기와 윤기가 우수하며 구수한 밥맛을 특징으로 내세운 '귀품윤기'와, 역시 소백산 청정지역에서 생산해 저온보관으로 사계절 햅

쌀 같은 밥맛을 유지시켜 주는 '휘황찬 미米' 브랜드를 개발 출시했다. 새로운 브랜드는 영주 쌀 홍보 및 판매에 많은 기여를 하면서 쌀 생산농가의 소득증대에도 실질적인 도움을 주었다.

또한 '일품쌀' 신규 출시에 따른 포장재 신규 제작의 필요성과, '추청쌀'의 포장재 디자인을 소비자 눈높이에 맞게 개선하는 일에도 많은 고민을 했다. 기존 포장재는 규격이 크고 손잡이가 없어 소비자들이 선물 및 구매에 불편을 겪었다. 이에 따라 기존 5kg 규격을 3.5kg 규격으로 소량화했고, 누구나 쉽게 선물이나 구매를 할 수 있도록 손잡이 있는 포장재로 변경했다. 이런 노력이 결실을 맺어 지금은 농협 우수고객 사은품, 각종 동창회 및 기관단체 행사의 사은품으로 많이 이용되고 있다.

영주를 약용작물 허브로

2017년 10월 27일, 영주농협 약용작물산지유통센터 준공식이 열렸다. 농협 최초로 약용작물을 전문으로 취급하는 농산물산지유통센터(APC)가 본격 가

영주농협 파머스마켓에서 원로 조합원에게 어버이날 선물을 전달하는 남정순 조합장(왼쪽).

동에 돌입한 것이다. 농협약용작물전국협의회장을 맡고 있는 나로서는 약용작물 APC 건립이 숙원이나 다름없었다. 약용작물 APC는 약용작물을 선별·가공·저장·포장할 수 있는 전문 유통센터로서, 앞으로 약용작물의 부가가치 제고와 함께 농가소득 증대에도 기여하게 된다.

영주농협은 2014년 APC 건립 지원사업자로 선정된 후 2년간의 검토와 설계, 다시 1년여의 공사 끝에 APC의 문을 열었다. 7200m^2(2178평) 부지에 지상 2층, 지하 1층의 연면적 3573m^2(1081평) 규모이다. 내부에 입출하실·세척절단실·건조실·포장실·저온창고 등의 시설을 구비했다. 국비 등 64억원의 사업비가 투입된 APC에서는 황기·작약·길경(도라지) 등 지역에서 생산하는 약용작물을 연간 350t 정도 가공·출하할 수 있다.

그동안 중국산 약용작물의 수입 증가와 '가짜 백수오' 사건으로 국산 약용작물의 판로가 막히면서 많은 농가들이 어려움을 겪어왔다. 이번 APC 건립으로 안정적인 출하시스템을 구축하면서, 품질개선을 통해 소비자의 신뢰를 회복하고 농가소득을 보장할 수 있는 계기를 마련한 셈이다. 앞으로 영주농협은 주요 품목에 대해 농산물우수관리(GAP) 인증을 받고 안전성을 더욱 강화해 약용작물의 6차산업화를 선도하면서 영주를 약용작물 허브로 육성해 나간다는 야심 찬 계획을 갖고 있다.

남정순 조합장
2015년 경북 영주농협 조합장에 당선됐다(2선).
현재 농협약용작물전국협의회 회장, 농협생강전국협의회 부회장, 하나로마트선도조합협의회 부회장, 사과전국협의회 이사를 맡고 있다.

잡풀이 최고의 **한우사료**가 된 사연

문만식 조합장
전남 목포무안신안축협

"어렵기 때문에 못하는 것이 아니다"

어렸을 적 지독한 가난이 싫어서 초등학교를 졸업하고 그 길로 서울행 야간열차를 탔다. 맨몸이다 보니 15년 가까이 서울에 살면서 해보지 않은 일이 없었다. 갈수록 마음 한구석에는 최소한의 경제적 기반만 된다면 고향으로 내려가고 싶다는 생각이 간절해졌다.

그러던 중 1990년 어느 날 소 2마리 값을 가지고 아내와 6살 먹은 아들을 데리고 고향인 무안으로 귀농을 했다. 한우 2마리를 가지고 남의 집에서 셋방으로 시작을 하자니 참으로 막막하기만 하였다. 자연스레 남들보다 더 빨리 일어나고 더 많이 일하고, 생산원가를 줄이는 방법이라면 시도를 해보지 않은 것이 없었다. 그렇게 20여년이 지나고 한우 사육 규모가 어느덧 150여마리에 이르렀다. 사육두수가 많아지다 보니 사료 가격에 많은 부담을 느낄 수밖에 없었다.

"어떻게 하면 사료 비용을 줄일 수 있을까?"

내 머릿속은 늘 이 생각으로 가득했다. 생산원가의 대부분을 차지하는 게 사료 값이었기 때문이다. 물론 기존의 배합사료는 원료를 외국에서 수입하기 때문에 더 이상 가격 하락을 기대하기에는 한계가 있었다. 어느 날 내가 농사를 짓고 있는 2만여평의 논을 지나는데 그날따라 간척지 주변의 야생 잡풀들이 눈에 들어왔다.

"이걸 사료로 사용하면 어떨까?"

"그래, 사람들이 하찮게 여겼던 이 잡풀들로 잘만 하면 최고의 한우사료를 만들 수 있을지 몰라."

축산업 등 다양한 현장 경험이 성공의 바탕

▲ ▼ ▲

곧바로 직접 키우고 있는 한우에게 사양 시험을 했다. 처음에는 생풀을 충분히 말리지 않아서 소가 잘 먹지도 않고 설사를 하기도 했다. 수많은 시행착오를 반복한 끝에 마침내 소가 잡풀을 먹기 시작했다. 잡풀을 먹은 뒤에는 사료 비용이 절감된 것은 물론이고, 농약도 치지 않은 풀이기에 자연 미네랄과 미량 원소가 함유되어 있어 소의 면역력이 강화됨으로써 설사도 하지 않았다. 무엇보다도 조사료를 어미소가 많이 먹으면서 송아지를 낳는 데 실패할 확률이 눈에 띄게 줄었다는 사실이 놀라왔다.

이러한 좋은 잡풀을 다른 한우농가들도 사료로 이용하면 좋겠다는 생각에 여러 농가들에게 권유를 해보았지만 반응은 차가웠다.

그 후 2015년 3월 전국 동시 조합장 선거에 출마를 해 당선되었다. 내가 중점 공약사항으로 약속하였던 축산농가 생산 원가절감의 효과를 본격적으로 활용해볼 기회가 온 것이다. 그동안 사용해보았던 방법인 잡풀을 소 사료로 만들어 한우농가들에게 공급해보기로 했다. 다행히 우리 목포무안신안축협은 TMF(완전혼합발효사료) 공장을 보유하고 있었다. 그러나 TMF 공장은 다른 여느 공장처럼 기존의 관행방식을 벗지 못해 조합원에게 도움이 되지 못하고 적자만 쌓여가고 있었다. 이에 TMF 공장 직원들과 함께 수많은 회의를 통해 그동안 활성화되지 않은 이유에 대해 토론하고 해결방안을 도출하였다.

잡풀로 '다산 녹색 TMF 사료' 개발

가장 중요한 사료 원료의 질적인 문제 해결과 함께 현실적으로 가능한 원가절감 방안부터 시행하기 시작했다. 공장의 원가절감이 소비자인 한우농가의 소득증대로 이어지는 것은 당연하기 때문이다. 몇 개월간 노력한 결과 2015년

문만식 조합장(오른쪽)은 2017년 11월 농협중앙회로부터 계통사료 판매달성탑(4만톤)을 수상했다.

목포무안신안축협은 2015~2016년 전남한우경진대회에서 2년 연속 종합우승을 차지했다.

11월 무안 인근 간척지와 하천 제방 공유지, 휴경농지 그리고 무안공항 유휴지에서 자란 자연 상태의 잡풀을 주원료로 한 '다산 녹색 TMF 사료'를 개발하여 출시할 수 있었다. 몇 개월간의 시험사양 때 사료를 이용해본 농가들의 입소문 덕분에 출시 2개월도 지나지 않아 기존 TMF 사료공장에서 월 800t 판매하던 물량이 월 1800t까지 늘었다. 공장 직원들은 야근은 물론 휴일도 잊은 채 생산하느라 정신이 없을 정도였다. 별 볼일 없던 잡풀이 최고의 한우사료로 깜짝 변신한 순간이다.

우리 축협 관할지역인 목포·무안·신안은 한우 사육두수가 4만 2000마리로 그중 번식우가 약 80%를 점유하고 있다. 번식우에 특화된 사료로 20kg 1포당 4980원이라는 초저가를 실현한 '다산 녹색 TMF 사료'가 개발 출시되면서 지역 내 한우농가들에게 획기적인 원가절감 효과를 안겨다준 것이다. 번식우 100마리 사육농가 기준으로 기존의 배합사료 급여방식과 TMF 사료 급여방식을 비교해보면 연간 사료절감 대비 효과는 무려 2322만원에 달한다. 관내 번식우와 비육우 두수의 약 20% 정도에게만 TMF 사료를 급여하더라도 연간 약 18억원 이상의 사료비가 절감되는 엄청난 효과가 있다. 2017년 2월에는 전국 최초로 TMF 사료 특허출원까지 획득하였다. 이에 관내 한우 조합원들은 물론이고 인근 타 시군에서도 TMF 사료를 구매하기 위해 사료공장 앞에 차를 대고 길게 늘어선 모습을 심심치 않게 본다. 거우 초선에 지나지 않는 조합장에게서 그러한 아이디어가 나오고 뚝심으로 추진한 것에 이구동성으로 한마디씩 했다.

"문 조합장 대단하다!"

계속되는 농가실익 시너지 효과

그러나 조합원들의 손익 기여를 위해서라면 이 정도에서 만족할 수 없었다. 현재 개발시험 중에 있는 TMF 비육우 사료가 출시되면 거세우 기준으로 출하까지 마리당 60만원 이상 사료비를 절감할 것으로 예상된다. 이러한 사업성과에 조합원들은 기존 공장설비로는 도저히 감당할 수 없으니 하루빨리 공장을 이전하자고 계속 건의하였다. 이에 2018년 TMF 사료공장 이설 계획을 준비하고 있다. 이설 후에는 시장점유율 확대를 통하여 연간 약 68억원의 사료비를 절감할 것으로 예상한다.

한때 무안 지역 한우 사육규모는 전남에서 2위였다가 지금은 6위까지 내려가 있다. 이를 다시 끌어올리려 노력하고 있다. 한우 사육기반 조성을 위하여 2016년부터 무안군·신안군과 지자체 협력사업으로 저리로 암송아지 구입자금을 지원하고 있다. 사료를 이용하는 조합원들의 금리 부담을 최소화하고자 사료 무이자 외상기간을 60일에서 120일로 연장하였다. 또 사료 기한 내 이자도 7.5%에서 3.85%로 인하하고, 조합원 상호금융 대출 금리도 3.85% 이하로 인하하는 등 축산농가 경영안정에 최선을 다하고 있다.

이러한 노력으로 전남한우경진대회에서 2015~2016년 2년 연속 종합우승을 이루었으며, 2017년 전국축협 경제사업 우수사례평가대회 가축시장 부문에서 대상, TMF 사료 부문에서 우수상을 받는 쾌거를 이루었다.

농가실익사업 아직도 무궁무진

▲ ▲ ▲

요즈음 일부 협동조합들을 보면 지도·경제사업보다는 신용사업 중심으로 가고 있는 것 같아 안타까운 생각이 든다. 조합원들이 생산한 농축산물을 제값에 팔 수 있는 유통판로 개척과 생산비를 줄일 수 있는 방안 모색에 모든 역량을 쏟아부어도 축산업의 위기를 극복하기에 버거운 현실인데 말이다.

이에 나는 임직원들의 의식변화가 무엇보다도 중요하다고 생각한다. 무엇보다 고정관념을 탈피해야 한다. 그리고 주변의 사소한 것부터 개선해나가야 한다는 점을 강조하고 싶다. 이러한 일들이 습관처럼 이어진다면 농가실익 지원사업과 조합의 합리적인 경영개선은 자연스럽게 이루어진다고 생각한다. 이에 앞서 임직원의 의식변화를 주도할 수 있는 분위기 조성과 시스템 구축이 필요하다. 이는 조합장인 나에게 주어진 과제이기도 하다.

문만식 조합장
2015년 전남 목포무안신안축협 조합장에 당선됐다(초선).
현재 농협중앙회와 한우자조금관리위원회 대의원을 맡고 있다. 농협중앙회 축산분과위원회 위원장, (사)전국한우협회 광주전남지회 부회장 및 무안군지부 지부장을 지낸 바 있다.

월출산에서
떠올린 경관단지 조성사업

박도상 조합장
전남 영암농협

내 귓전을 울린 경관! 경관! 경관!

평상시 바로 눈앞에 우뚝 솟아 있는 월출산에 오르기를 좋아한다. 물론 등산을 통해 건강을 관리하자는 목적도 있지만, 내가 월출산을 오르는 데는 또 다른 이유가 있다. 그것은 바로 영암농협 조합장으로서 현재 책임지고 있는 영암읍의 전경을 한눈에 바라볼 수 있기 때문이다. 월출산 천황봉을 오르며 영암읍의 멋진 풍경을 바라보노라면 산에 올라보지 않은 사람들은 느낄 수 없는 전율과 감동이 밀려온다.

지난겨울에도 여느 때와 같이 월출산에 올라 영암읍 구석구석을 살펴보던 어느 순간 내 시선이 한 곳에 머물렀다. 그곳은 천황사 인근에 펼쳐진 드넓은

2017년 봄 영암농협은 월출산 천황사 일대에 경관단지를 조성하기 위해 메밀을 파종했다.

농지였다. 그런데 갑자기 가슴이 쿵쾅거렸다. 평상시 농가소득 증대에 고심을 하고 있던 나에게 새로운 사업의 아이템이 떠올랐던 것이다. 이 순간 "경관! 경관! 경관!"이란 소리가 내 귀전을 울렸다.

 영암읍은 예전부터 내세울 만한 특수작물 없이 벼농사 위주의 영농을 해온 지역이다. 그 결과 요즘 벼 과잉 생산과 쌀값 하락으로 농업인들의 사기가 많이 저하돼 있다. 이러한 상황에서 월출산에 올라 영암읍을 내려다보던 어느 순간에 좋은 생각이 떠올랐다. 벼의 타 작물 전환과 경관 보조사업을 연결하면 농가소득을 올릴 수 있는 새로운 사업이 되겠다는 것이었다. 다소 흥분한 나는 그 기대감과 설렘에 서둘러 산을 내려왔다. 그날은 일요일이라 직원들이 출근하지 않았는데, 사무실 키 당번에게 연락해 사무실 문을 열어달라고 부탁했다. 조합장실에 앉아 산에서 떠올린 생각과 느낀 감정을 메모지에 정리하기 시작하니 제법 그럴듯한 밑그림이 그려졌다.

 다음날 과장급 이상이 참석하는 책임자 회의 시간에 정리해둔 메모지를 보면서 경관사업에 대한 의견을 제시하자 전무 이하 모든 책임자들 반응이 아주 좋았다. 난 좋은 분위기를 계속 유지하고자 곧바로 경관을 장식할 작물 이야기를 꺼냈다. 바로 메밀과 유채였다.

"천황사 인근 드넓은 농지에 가을이면 새하얀 메밀꽃의 구름이 일렁이고, 봄이면 샛노란 유채꽃이 나비와 함께 하늘거린다…."

이렇게 경관단지 조성 작물을 선택하고 사업에 박차를 가하기 시작했다.

강원 봉평으로 견학을 가다

메밀을 주작목으로 결정하고 2017년 3월 말 양 상무, 윤 대리와 함께 440km나 떨어진 강원 봉평농협 견학을 위해 길을 나섰다. 봉평 가는 길은 평창 동계올림픽 준비로 도로공사가 한창이어서 생각했던 것보다 많은 시간이 걸렸다. 우리나라가 정말 넓다는 것을 새삼 느낄 수 있었다. 내가 살고 있는 영암은 봄기운이 완연했으나 봉평에 도착하니 함박눈이 내리기 시작했다.

마침 점심참이라 우리는 메밀음식을 하는 한 식당으로 들어갔다. 음식을 주문해 먹으면서 사장과 자연스럽게 이야기를 나눌 수 있었는데 나에게 행운의 기운이 다시 한번 느껴졌다. 바로 우리가 찾은 식당 사장이 봉평 요식업계 회장이라는 것이다. 우리 농협의 사업 아이템을 풀어놨더니 "농협이 하는 일에 적극 협조하겠다. 필요하다면 메밀 음식 레시피도 전수해주겠다"는 소중한 답변을 얻을 수 있었다.

식사를 마치고 우린 봉평농협 메밀가공공장을 방문하고 이어 봉평농협 조합장을 만나 많은 조언을 들었다. 영암에서 경관단지를 조성하면 수확한 메밀을 수매해주겠다는 약조까지 받았으니 기대 이상의 수확을 거둔 셈이다.

봉평을 다녀와 다음날 곧바로 영암군청 친환경농업과 관계자와 면담을 하였다. 메밀이 벼에 비해 기후에 민감하고 소득이 떨어지기 때문에 농가에 소득을 보전해줄 수 있는 방안을 강구하기 위해서였다. 면담 결과 1ha당 340만원의 경관보조금(메밀·유채 각 170만원)과 300만원의 타작물 전환직불금이라는 보조금을 받을 수 있음을 확인했다.

봄 유채, 가을 메밀… 6차산업이 눈앞에

▲▼▲

직원들도 적극적이어서 일이 착착 진행되었다. 우선 월출산 천황사 일대 경작 농가를 확인하여 경관단지 조성사업을 적극 홍보했다. 이어 농촌진흥청 연구관을 초청해 메밀 재배에 대한 농가 교육을 마친 뒤 봄 메밀 파종에 들어갔다. 소득 보전에 대한 홍보 덕분인지 농가들의 반응은 생각 외로 좋았다. 첫 시도로 25농가가 15ha에 봄 메밀을 파종하였다.

그런데 유례없는 가뭄 등으로 봄 메밀 작황은 생각보다 좋지 않았다. 영암의 기후 조건이 메밀에 적당하지 않다는 의견도 있었다. 경관단지만을 생각한다면 앞으로도 봄 메밀을 계속 고집할 수 있겠으나 농가소득과 연계하다 보니 그럴 수 없었다. 그래서 이듬해부터는 봄 경관작물을 유채로 전환하기로 결정했다. 물론 메밀과 같이 유채도 동일하게 경관보조금과 타작물 전환직불금 지급 대상 작목이어서 작물 전환이 가능했다.

2017년 가을 메밀은 25ha의 면적에 파종을 완료하였다. 가을 메밀과 벼 수확을 마치면 10월 중순까지 110ha의 면적에 유채를 파종할 계획이다. 이를 위해 농가 확보 및 각종 보조금 신청, 유채 종자 구입까지 마쳤다.

경관단지 조성으로 농가소득을 증대시킬 뿐만 아니라 농가에서 수확한 메밀과 유채를 6차산업과 연계함으로써 영암의 활성화를 도모하겠다는 구상도 갖고 있다. 그 방안의 하나로 영암공용터미널 앞에 위치한 기찬장터를 이용해 메밀 관련 식품과 영암의 농특산품 판매장을 개설할 계획이다. 농가소득 증대의 실질적인 마당이 될 판매장은 11월 오픈할 예정이며, 현재 메밀 관련 음식 레시피 개발을 위해 업계 전문가와 프로젝트를 진행 중이다. 특히 유채는 현재 국내에 유통되는 대부분의 유채기름이 유전자 변형 농산물로 제조된 것으로 알려져 있다. 때문에 유전자 변형이 안 된 우리 고유 토종은 종자에서 생산한 유채를 원료로 기름을 생산한다면 학교 급식뿐 아니라 시판에서도 충분한 경쟁력이 있을 것으로 판단된다.

더 나아가 월출산 천황사 인근 단지에 마을기업을 육성하고 마을 공동의 재배, 가공, 판매에 이르는 유통 시스템을 구축하여 농가들이 보다 편리하게 농업에 종사할 수 있도록 하는 것이 다음 목표다. 경관단지 조성으로 시작된 관광사업은 새로운 관광자원 발굴을 촉진하고 외부 관광객 유치를 통해 농외소득뿐만 아니라 영암의 경제 활성화에도 도움이 될 것이라 확신한다.

박도상 조합장(오른쪽)은 농촌발전에 기여한 공로를 인정받아 '2017 글로벌 신한국인 대상'을 수상했다.

영암군 관광사업 개발에도 도움

나는 2017년 초 농협중앙회가 신설한 '이달의 선도조합장상'을 최초로 수상하는 영예를 누렸다. 지난해 친환경식품 가공공장과 양곡 저온창고 신축, 장례식장 개장, 종합업적평가 1위 등 조합원 편의를 위한 사업 전개와 경영성과가 인정된 결과일 것이다. 또한 6월에는 '시사매거진 2580'과 '대한뉴스'가 공동주최하는 '2017 글로벌 신한국인 대상'의 '농어촌 발전기여 부문' 수상자로 선정되어 국회 의원회관에서 직접 상을 받기도 했다. 이러한 성과는 조합원들로부터 신뢰를 얻었기에 가능한 것이었다. 경관단지 조성사업도 그 신뢰를 바탕으로 큰 어려움 없이 추진되고 있다고 생각한다.

2017년 우리 영암농협의 경영목표는 '새로운 성장기반 구축과 경영내실화'이다. 영암농협은 이 경영목표 아래 농업과 농업인, 그리고 영암농협이 상생하며 서로 윈윈(win-win)할 수 있는 시스템을 구축하고자 정진하고 있다. 그런 점에서 2018년에 더욱 확대되는 메밀과 유채를 이용한 월출산 경관단지 조성사업은 새로운 소득 자원을 고대하는 조합원들의 기대에 부응하는 계기가 될 것이다. 뿐만 아니라 지자체와 협력해 추진하는 영암군 관광사업 개발에도 커다란 전환점이 될 것이라 믿는다.

박도상 조합장
2015년 전남 영암농협 조합장에 당선됐다(초선).
현재 농민신문사 대의원, 영암군 농업발전 심의위원, 법무부 범죄예방위원과 민사조정위원을 맡고 있다.

고흥마늘
되살릴 해법 찾기

양수원 조합장
전남 고흥 녹동농협

"마늘농사 지을 사람이 없어"

　예로부터 우리 지역은 마늘 전국 최대 생산지로 명맥을 유지해왔다. 특히 2015년에는 지리적표시제 제99호로 등록되면서 '고흥마늘'의 명성을 대외적으로 인정받게 되었다. 5월 중순부터 본격 수확되는 고흥산 햇마늘은 난지형 마늘로, 매운맛이 적고 순하고 부드러워 소비자들로부터 인기를 끌고 있다.

　고흥 지역 마늘 재배면적은 1523ha(7900여 농가)로 전국의 8.4%, 전남의 28.4%를 차지하고 있다. 그중에서도 녹동농협은 산지경매를 통해 고흥 지역 마늘 생산량의 65% 정도를 취급하면서 가격지지 역할을 하고 있다.

　그렇지만 자유무역협정(FTA) 등 시장개방과 고령화에 따른 일손부족 등으로 최근 마을 생산기반 자체가 흔들리고 있는 상황에 직면해 있다. 부족한 일손으로 인해 타 지역에서 비싼 인건비를 주고 외부 인력을 수급해오고 있으나 그 또한 턱없이 부족한 것이 현재 우리 지역 농업·농촌의 실정이다. 설상가상으로 매년 마늘 종구를 타 지역에서 많은 비용을 들여 구입해오는 등 농가 경영비가 가중되어 마늘농사를 포기하는 농가가 지속적으로 증가하고 있는 상황이다.

지역 마늘농가들은 "매년 물가도 오르고 인건비와 농자재 가격도 오르는데 마늘 가격은 오히려 떨어지거나 제자리걸음이어서 농사지을 맛이 안 난다"고 입을 모은다. "마늘은 기계화가 거의 되지 않아 대부분 사람 손으로 농사를 지어야 하는데, 고령화가 진전되다 보니 이제 마늘농사 지을 사람도 없다"는 이야기를 '전국 최대의 마늘 주산지'에서도 쉽게 들을 수 있게 됐다.

농가 고정관념 깨고 기계화 착수

조합장이 되기 전부터 마늘농사를 지어오면서 시장개방, 농촌 고령화에 따른 인력문제 그리고 어떻게 하면 농가경영비를 절감해서 농가소득을 극대화

녹동농협 마늘재배 기계화현장.
기계로 마늘을 심으면서
비닐멀칭까지 하고 있다.

할 수 있을까에 대해 관심을 가져왔다. 특히 우리 지역은 기계화가 전혀 이뤄지지 않아 마늘농사는 사람 손으로 하는 게 당연하다는 인식이 보편적이었다. 2013~2014년에는 기술 교육, 기계화 시연회, 마늘 종구 개량사업 등을 통해 문제점을 개선하기 위해 부단히 노력했으나 관행농법 고수 및 기계화에 대한 불신과 비용 부족 등으로 큰 성과를 거두지는 못했다. 그러던 중 2016년 농식품부의 '밭작물 공동경영체 육성사업' 공모 사실을 알게 되었다. 주산지 중심으로 자율적인 유통·수급 조절이 가능한 밭작물 공동경영체 15개소를 발굴 육성한다는 내용이었다. 그전부터 마늘산업 개선을 위해 지속적인 관심을 가져왔기에 곧바로 사업계획 수립에 들어가 사업설명회까지 직접 진행했다. 그 결과 공모사업에 선정되어 10억원의 사업비를 유치할 수 있었다.

막상 사업비를 유치했어도 기계화가 쉽지는 않았다. 무엇보다 관행농사만을 고수하는 마늘농가의 고정관념이 가장 큰 걸림돌로 작용했다. 하지만 쪽분리기, 종자부착기, 마늘파종기, 마늘수확기 등의 연이은 시연회를 통해 훨씬 편리하게 농사짓고, 인력을 최소화하면서 경영비 또한 절감될 수 있음을 눈으로 직접 확인하게 되자 농가 또한 기계화에 대한 인식이 많이 개선되었다.

특히 '고흥마늘 생력기계화' 사업은 마늘재배농가의 실익제고에도 큰 힘이 될 것으로 예상된다. 이는 마늘논두둑 규격화(두둑 폭 120cm 이내) 작업을 선행하고 나서 파종부터 수확까지 일관 기계화가 가능하게 되어, 노동투하시간이 기존 10a에 278시간에서 기계화 후 164시간으로 41%에 달하는 노동력 절감을 가능하게 한다. 비록 지금은 결주율 등에 따른 기계화 장애요소가 남아있기는 하지만, 계속적으로 문제를 해결해나간다면 2~3년 안에 완성 단계에 이를 것으로 여겨진다.

기계화 보급에 발맞춰 타 지역에서 들여오는 마늘 종구 비용의 절감을 위해 종구 개량에도 앞장서고 있다. 마늘생산비 가운데 종구가 차지하는 비중이 매우 높고, 마늘 품질에도 큰 영향을 준다. 우리 지역에서 생산된 마늘은 싸게 팔면서, 다음해 농사를 위해 타 지역에서 비싸게 마늘 종구를 사오는 현실이 늘 안타까웠다. 이에 따라 제주도에서 재배되고 있는 홍산마늘과 조직배양마늘을 어렵게 구해 시범 생산해보았다. 그 결과 기존보다 수확량은 훨씬 증가하고 수확작업은 간편하며 병해충에도 강한 것으로 나타나 이를 도입하면 농가소득 증대에도 직결될 수 있을 것으로 보인다. 또한 맛도 좋아 흑마늘 가공상품 등으로 개발한다면 소비자에게 큰 인기를 모을 수 있을 것으로 기대하고 있다.

문제도 답도 현장에 있다

▲ ▼ ▲

영농현장을 돌아보면 여든이 넘으신 어르신이 허리 굽혀 마늘을 심고 캐는 모습에 너무나도 가슴이 아프다. 아무리 "고흥마늘은 해풍을 맞고 자란다"고들 하지만 갈수록 어려워지는 오늘의 농업·농촌 현실은 인내만으로는 해결하기 힘들다. 심지어 현장 들녘에선 "차라리 아무것도 심지 않으면 본전이라도 하는데, 농사를 지으면 지을수록 빚만 더 늘어나니 어쩌면 좋으냐"는 자조 섞인 소리마저 들린다. 이런 농업인들의 한숨 섞인 하소연에 대해 뭔가 속이 시원해질 대책이 필요했다. 그러나 이 해묵은 과제를 어떻게 풀어야 할지 정말 답답하기만 하다.

그래도 현장에서 답을 찾을 수밖에 없다. 앞으로도 농가의 고정관념을 변화시키기 위해 지속적인 영농기술 교육과 기계 시연회를 더 자주 갖고자 한다. 아울러 고령의 농업인들이 보다 편하게 농사를 지으실 수 있도록 기계화에 맞

양수원 조합장(왼쪽 첫번째)이 관내 조합원들과 마늘재배 현장을 찾아 생육상태를 살펴보고 있다.

는 농지로 개량하기 위한 평탄화작업도 2017년부터 시행하고 있다. 기계화와 함께 개량된 종구가 우리 지역 농가에 정착된다면 '고흥마늘 전국최대 산지' 명성 회복은 물론, 농가경영비 절감 그리고 소득증대에 직접적으로 기여해 농가소득 5천만원 달성도 가능할 것이라 확신한다. 여러 가지 어려움을 겪으면서도 우리 조합이 장례식장을 운영하고 전국 최초로 태양광 사업을 발 빠르게 추진하는 것은 조금이라도 더 우리 농협을 발전시켜 그 혜택이 어려움을 겪고 있는 조합원들에게 고스란히 돌아갔으면 하는 바람에서다.

농업경영인 출신 조합장으로서 전 조합원과 농가가 조금만 생각을 바꾸면 농사일은 훨씬 쉬우면서도 소득은 더 늘어날 수 있을 것이라고 굳게 믿는다. 그때까지 현장에서 함께 고민하고 함께 일할 것을 다짐하면서, 오늘도 조합원을 위해 열심히 달려가고 있다.

양수원 조합장
2015년 전남 고흥 녹동농협 조합장에 당선됐다(2선).
현재 전남마늘주산지협의체 위원장을 맡고 있다. 한국농촌경제연구원 자문위원을 지낸 바 있다.

"농협서 육묘판 좀 만들어주소"

이상득 조합장
경남 창원 동읍농협

"내 진짜 육묘판만 아니면 살겠다"

해마다 5월, 벼농사 모내기철이 되면 우리 지역도 여느 농촌처럼 눈코 뜰 새 없이 바빠진다. 그러면 조합장도 농업인을 격려하면서 우리 농협 공동육묘장에서 공급한 모판을 점검하러 현장으로 달려가는데 그때마다 특별한 감회에 젖곤 한다. 8년 전인 2010년, 나의 제안으로 동읍농협이 창원 지역에서 처음으로 공동육묘사업을 시작했던 그때의 어려웠던 상황이 떠올라서다.

동읍농협 경제상무로 근무할 때였다. 그 시절만 해도 시설육묘를 사서 쓰기에는 비용이 너무 들어 몇몇 농가씩 공동육묘를 했었다. 그러다 보니 수십 군데나 되는 육묘작업장에서는 일시에 필요한 일손을 구하느라 전쟁을 치르는 듯했다. 오죽했으면 인력난 때문에 농사를 포기하고 논을 임대하거나 휴경을 하는 농가도 생길 정도여서 농협 직원들은 자주 일손돕기를 나가곤 했다.

그런 어느 날, 육묘 모판 일손돕기를 갔는데 한 영농회장께서 "이 상무, 농협에서 이것 좀 만들어주면 어떻겠노? 내 진짜 이것만 안 해도 살 만하겠다"고 농담 반 진담 반의 하소연을 하는 것이 아닌가? 그 순간 '내가 왜 여태 그 생각을 못했을까?' 하는 생각이 뇌리에 번뜩 스쳤다. '아니, 전에 생각은 했는데 엄두가 나지 않아 지나쳤다'는 자책과 함께.

옆에 있던 구매과장에게 "육묘 모판 저거 우리가 잘 키워서 공급하는 거 우째 생각하노?" 하고 물었다. 그는 약간 걱정스러운 표정으로 "좋은 생각이긴 하신데예…. 저 많은 것을 어디다 키워 공급합니꺼?" 하면서 고개를 절레절레 흔들었다.

'매사 시작이 힘든 법, 일단 시작하는 것이 중요하다'고 생각한 나는 곧바로 조합장님께 건의했고 경제계 직원들과 여러 차례의 난상토론 끝에 마침내 공동육묘 모판사업을 하기로 결정했다.

간절하면 길은 열린다

이듬해인 2011년, 막상 사업을 시작하려니 지식이나 경험이 없어 무엇을 어떻게 어디서부터 시작해야 할지 막막하기만 했다. 종자 선택이나 육묘법, 약제 사용법과 같은 기술적인 부분은 배워서 해결한다 하더라도 넉넉지 못한 조합의 형편상 막대한 초기비용이 드는 시설을 갖추는 것은 사업의 불확실성 때문에 더욱 엄두가 나지 않았다.

그래서 일단 재래식 육묘를 하기로 하고 먼저 못자리 설치를 위한 본답 임차에 나섰지만 농가에서는 자기 모내기가 늦어질까 봐 쉽사리 논을 빌려주지 않았다. 몇 번씩 찾아가 지역 전체를 위한 일이라 설득하고 육묘가 끝나면 모내기를 해주겠다는 약속을 하고서야 겨우 허락을 받아냈다.

난관은 이것만이 아니었다. 상토 구입비를 줄이기 위해 인근 신도시 건설현장에서 터파기한 흙을 실어다 조합에서 직접 상토를 만들었다. 5t 덤프트럭으로 50대가 넘는 흙을 체로 거르는 작업을 직원들이 직접 했으니 그 고생이야 이루 말할 수 없었다. 그럼에도 묵묵히 견디며 따라준 동료 직원들을 생각하면 지금도 미안하고 고맙기만 하다.

육묘상자도 구입할 여력이 없어 농협에 육묘를 신청한 농가의 것을 빌리고, 파종기도 농가에서 임차해 작업을 진행했다. 그렇게 좌충우돌하면서 첫해 사업을 정신없이 마쳤지만, 농협 사업을 반신반의하며 신청을 하지 않았던 농가들이 이듬해 예약을 해올 정도로 반응은 뜨거웠다.

첫해 사업에서 얻은 자신감으로 2년차에는 시설을 제대로 갖추기 위해 지역 최초로 지자체에 육묘사업 보조금 지원신청을 했다. '좋은 사업'이라는 평가를 받으며 지자체로부터 지원받은 보조금으로 우선 육묘상자부터 마련했고, 상토도 시중 제품을 구입하면서 육묘공급 사업은 모든 면에서 자리를 잡아갔다.

농가의 공동육묘모판 신청도 첫해 2만여개에서 이듬해 3만여개로 50%가 늘었다. 보조금과 함께 교육지원 사업비를 확충해 작업환경을 개선한 결과 파종 작업일수도 첫해에 1주일 이상 걸리던 것을 3~4일로 줄였으며, 지금은 2~3일이면 작업을 끝낸다.

하늘은 스스로 돕는 자를 돕는다

2015년에 조합장이 되었고, 2017년으로 7년째인 모판공급 사업은 농업인 벼농사의 가장 든든한 동반자가 되었다. 시설 개선과 함께 작업 환경이 좋아지다 보니 육묘의 상태도 건강해졌고, 농업인들이 스스로 찾아와 육묘에 대해 상의할 뿐 아니라 해마다 육묘상자 신청량도 크게 늘고 있다.

이는 단지 편의성을 높인 것뿐 아니라 대량생산으로 공급단가를 낮췄기 때문이기도 하다. 2017년에는 사설 육묘장에서는 육묘모판 1상자를 3200원에 판매했으나 우리 농협의 공급단가는 2000원이었다. 6만 5000여개의 육묘판을 공급했으니 금액으로 따지면 약 8000만원 정도의 혜택이 농가에게 돌아갔다.

특히 2017년에는 가뭄과 이상고온으로 육묘에 실패한 농가가 많았지만 우리 농협에서는 뜸묘 방지 약제 처리를 하는 등 선제적인 조치로 건강한 육묘모판을 생산해 이들에게까지 추가로 공급해 "농협 덕에 올해 실농을 면했다" 하는 칭찬도 들었다.

지역 최초로 시작한 우리 농협의 성공적인 육묘사업이 인근 농협으로 확산

이상득 조합장(왼쪽 두 번째)이 시작한 동읍농협 모판공급 사업은 이 지역 벼농가의 든든한 동반자다.

싹이 튼 모판을 본답에 옮기는 날은 농업인과 지역민이 함께 일하며 소통하는 지역축제의 날이 된다.

되는 파급에 영향을 미친 것 또한 큰 보람이자 자랑이 아닐 수 없다. 2012년 대산농협이, 그 이듬해에는 북창원농협이 이 사업을 시작했고, 타 지역서도 우리 농협에 견학을 오고 있다.

파종 작업 후 싹이 난 최아상태의 모판을 본답에 옮기는 날은 지역축제의 날이 된다. 부족한 일손을 도우러 나온 지역 유관 기관·단체의 자원봉사자들과 농업인들이 들판에서 일과 식사를 함께 하며 어울림의 장을 펼친다. 조합원 편익사업인 농협 육묘사업이 나아가 지역공동체의 화합과 소통의 가교 역할을 하고 있다는 점에서 또 다른 보람과 자부심을 느낀다.

'농협이 해야 할 일을 한다'

▲▼▲

농업협동조합법 제1조는 "농업인의 자주적인 협동조직을 바탕으로 농업인의 경제적·사회적·문화적 지위를 향상시키고, 농업의 경쟁력 강화를 통하여 농업인의 삶의 질을 높이며, 국민경제의 균형 있는 발전에 이바지함을 목적으로 한다"라고 명시하고 있다.

그렇다면 공동육묘모판 사업뿐 아니라 벼 병해충 공동방제, 단감 농가를 위한 석회유황합제 공동조제·공동공급, 단감 매취사업, 농산물 공동선별·공동판매 등 우리 농협이 하는 이 모든 사업들은 '마땅히 해야 할 일'인 것이다.

관내 영농회를 다니다 보면 조합원들이 종종 이렇게 말한다. "아이고 조합장, 농협에서 육묘 모판도 키워주고 공동방제로 농약도 쳐주고… 이제 우리는 가만히 앉아서 수확만 하면 되니 왠지 미안하네." 그러면 나는 이렇게 대답한다. "어르신 무슨 말씀입니꺼? 그게 다 농협이 해야 될 일입니더. 미안할 일이 아니라예."

그렇다. '이것까지 해줘야 하나?'가 아니라 '이것도 해야 한다'는 마음을 잃지 말자. 조합원과 농업인, 농업의 밝은 내일을 향해 '농협이 해야 할 일'을 끝까지 해보자고 다짐을 해본다.

이상득 조합장
2015년 경남 창원 동읍농협 조합장에 당선됐다(초선).
현재 농민신문사 대의원을 맡고 있다. 조합장 당선 전 동읍농협 지점장과 지도상무·경제상무 등을 지낸 바 있다.

축산 헬퍼
첫걸음을 내딛다

이성기 조합장
전남 순천광양축협

"나이 들어 소 거름 내는 게 진짜 힘들구만"

▲ ▼ ▲

"내 나이가 칠십이여. 몸이 예전 같지 않아."

"소도 많이 키우는 것도 아닌디, 소 거름 내는 게 진짜 힘들구만."

"아 글씨, 평생 해온 일이긴 하지만 집안에 큰일이 있어도 어디 댕기지도 못해."

"이렇게 힘든데 소 키우겠다는 자식들이 어디 있어. 지가 한다고 해도 내가 말릴 판인데."

축산농가의 이런 사정이야 어디 우리 지역뿐이겠는가. 축산농가들은 폭락과 폭등을 거듭하는 가격에 가슴 졸이고, 여러 가지 가축 질병이 발생하면 죄인 같은 마음으로 살아간다. 고령화된 농촌에서 축사에 쌓인 분뇨 치우기는 젊은 이들도 힘들어하는 중노동이다.

가장 큰 애로는 1년 365일 하루도 축사를 비우고 어디를 갈 수가 없다는 것이다. 요즘은 농촌에서도 해외여행도 가고 하지만 부부 노동력에만 의존하는 소규모 축산농가들에겐 그림의 떡이다. 여행은 고사하고 자식들이나 일가친척 집에 가봐야 할 급한 일이 있어도 선뜻 집을 나서지 못한다. 축산농가의 이런 말 못할 속사정을 누가 알까.

2012년 조합장이 되었다. 이전에는 젊음을 바쳐 축협에서 일했다. 축협에서 사료를 공급하고 소·돼지를 공판장에 출하하는 것이야 당연히 하는 일이지만, 조합원들이 겪고 있는 이 문제를 해결하는 것이야말로 가장 급선무라고 생각했다.

농가 소 거름 우리가 치워주자

나이 든 조합원들의 이러한 고통을 우리가 어떻게 덜어줄 수 있는가를 과제로 제시하고 직원들과 많은 논의를 하였다. 처음에는 "어쩔 수 없는 것 아니냐" 하는 의견이 대부분이었고, "축협이 나서봐야 뾰족한 수가 있을까" 하는 회의적인 반응이 많았다. 그러나 회를 거듭하며 논의를 하다 보니 하나둘 길이 보이기 시작했다. 농가에서 배출되는 분뇨를 축협이 치워주되, 나이가 많은 고령 농가와 기계화가 이뤄지지 않은 소규모 영세 농가들을 지원 대상으로 정했다.

회의를 통해 축산분뇨를 어느 과정까지 처리해줄 것인지, 축산분뇨를 처리할 때 필요한 장비는 무엇인지 등을 점검했다. 그래서 나온 결론은 차량 진입이 가능한 농가를 대상으로 하고, 스키드로더나 미니 포클레인을 활용하여 축

순천광양축협의 축산 도우미사업은
조합원의 삶의 질 향상뿐 아니라
조합사업 이용에도 기여했다.

산분뇨를 축사에서 퇴비사로 옮겨 부숙한 후 퇴비로 이용할 수 있게 하는 것이었다.

이런 기준을 조합원에게 알리고 2014년부터 축산분뇨 처리 대행사업을 시작하였고, 모아둔 축산분뇨는 순천 관내 협동조합들이 공동 출자하여 운영 중인 경축순환자원화센터로 가져가 가축분 퇴비 원료로 사용하였다. 이렇게 되니 축산분뇨 처리도 되고 축산분뇨 냄새로 인한 문제도 해결되어 일석이조의 효과가 나타났다.

축산분뇨 처리 사업은 2015년에 74농가에서 참여를 하였고, 2016년엔 130농가로 확대되었다. 올해도 상반기에만 63농가가 참여하는 등 농가들의 적극적인 참여가 이어지고 있다. 축산분뇨 수거를 축협에 시작하자 조합원들의 반응이 참 좋았다.

"이 조합장, 축협에서 소 거름을 밭에까지 내중께 참 고맙고 좋네."

"역시 우리 이 조합장이 일 잘혀~!"

과분한 칭찬의 말을 들으면서도, 이제 조합원들의 근심 하나를 해결해주었다는 자부심이 드는 것도 사실이었다.

"농가의 소 거름, 우리가 치워주자"라는 우리 축협의 다짐을 가능하게 한 것이 경축순환자원화센터다. 축협은 경축순환자원화센터 운영을 통해 축산농가와 경종농가를 연계, 골칫거리로만 여겨졌던 축산분뇨를 유기질 비료로 자원화해 땅으로 돌려주는 '자연순환형 친환경농업'을 실천한다. 우리 순천광양축협은 축산분뇨로부터 주암호 상수원을 보호하는 것은 물론, 지력 증진을 통해 농약과 화학비료 사용을 40% 이상 줄인다는 목표로 센터를 운영하고 있다.

내친 김에 축산 도우미사업 도입하다

축산분뇨 처리 대행사업이 자리를 잡아가자 농가들은 또 다른 숙제를 내게 맡겼다.

"이 조합장! 소 거름을 대신 치워주니까 편하고 좋네."

"근디 우리가 짐승을 키우니까 애경사가 있을 때는 축사를 비워놓고 댕기기가 힘들어. 이것 좀 어떻게 해결해줘봐~잉!"

사실 축산농가에서 보면 이것 또한 시급하고 절실한 문제였다. 이 문제의 해법은 축산농가에서 필요할 때 요청을 하면 축사를 대신 관리해줄 전문 요원을 지원하는 것이다. 축산 도우미(helper) 사업이 정착을 하면 이것이야말로 축산농가에게는 가장 큰 복지혜택이라고 생각한다.

2015년 순천광양축협은 조합원이 애경사나 휴가 등 축사를 비워야 할 때 축사를 방문해서 축사 바닥과 물통 등의 청소, 가축 사료 급여, 가축 질병 예찰, 축사 소독 등 농장을 관리해 주는 축산 도우미(헬퍼) 사업을 도입하였다. 이 사업은 조합원의 애경사 참여는 물론 문화생활 향상에 많은 도움이 되었다. 무엇

이성기 조합장은 "축산 도우미사업 이야말로 축산농가를 위한 가장 큰 복지"라고 힘주어 말한다.

보다도 조합과 하나라는 공동체 의식이 자연스레 형성되고 주인의식이 높아져 조합사업 전이용에 많은 도움이 되었다.

이 사업을 이용해본 조합원들은 직접 전화를 해서 "축협이 있어 든든하다"며 "이제야 사람 사는 것 같은 기쁨을 맛보게 됐다"고 한다. 조합원들의 뜨거운 반응을 접할 때마다 이토록 절실한 문제를 왜 지금까지 미뤄두고 있었을까 하고 후회스러운 생각이 들기도 한다.

우리는 '동반자'다

조합원은 조합 사업을 이용하면서 편의와 이익을 얻고, 조합은 조합원의 사업 이용을 통해 성장하고 발전한다. 조합원과 조합은 서로의 발전을 도모하는 동반자인 것이다. 어려울 때 도와주는 친구가 진정한 친구라고 한다. 조합원의 어려운 일을 해결해주는 조합이 조합원의 진정한 동반자다.

우리의 생명산업인 축산업을 지키기 위한 축협의 역할을 다하기 위해서는 축산경영 컨설팅을 강화하고, 판매사업을 적극적으로 지원하며, 사육 단계에서부터 기술을 지원하는 등 모든 과정에서 축산인과 동반자 관계를 다져가며 조합원과 조합이 상생하는 협동조합 모델을 만들어나가야 한다.

우리 순천광양축협은 현재의 축산분뇨 처리와 도우미 사업에서 한 단계 더 나아가 조합원은 가축을 키우기만 하고 나머지는 협동조합이 다 알아서 처리해주는 최선의 조합을 만들고자 한다.

이성기 조합장
2015년 전남 순천광양축협 조합장에 당선됐다(2선).
현재 NH무역 이사, 전국조사료관련축협조합장협의회 회장을 맡고 있다.

농협맨으로 살아가기

이진회 조합장
경기 양주 은현농협

군부대, 무인헬기 방제 불허 통보

▲▼▲

2016년 8월 12일, 경기 양주시 은현면 운암리에서 광역방제기가 들녘을 향해 힘차게 약제를 뿜어냈다. 이를 지켜보던 관계자와 농민 조합원들이 박수를 치며 환호했다. 10년여의 조합 숙원사업이 이루어지는 순간이었다. 이날 광역방제기 시연회에 참석한 농민들은 "그동안 일손도 부족하고 힘도 많이 들어 병충해 방제에 애를 먹었는데 농협에서 방제작업을 대신해주니 정말로 고맙다"고 입을 모았다.

무인헬기 등 광역방제기를 이용한 벼 병충해 공동방제는 내가 처음 조합장이 되면서부터 추진해온 사업이었다. 급속한 농촌의 고령화와 부녀화로 병해충 방제에 어려움을 호소하는 조합원들을 위해 해당 부서에 사업 추진을 지시했다. 무인헬기를 이용한 공동방제는 노동력 절감은 물론 고품질 쌀 생산에 도움이 되고 있어 다른 지역에서도 사업을 시작하는 시기이기도 했다.

하지만 처음부터 난관에 부딪혔다. 우리 지역이 휴전선 인근지역으로 비행금지 구역이라 무인헬기를 이용한 공동방제가 안 된다는 합동참모본부의 통보였다. 조합원으로부터 방제 신청을 받고 준비하고 있던 중에 청천벽력과도 같은 소식이었다. 신청 농가에게는 양해를 구해 공동방제 취소를 통지하고, 꼭 방제를 원하는 농가는 농협 청년부의 협조를 받아 농약 살포를 하면서 2006년 여름을 보냈다.

무인헬기 대신 드론으로 해결

그 후 지역 국회의원과 관계기관에 지속적인 해결방안 강구를 요청해 일정 기준의 장비를 갖추고 운행하면 비행 승인을 해주겠다는 승낙을 받았다. 그러나 그 당시 사용 중인 무인헬기에는 방제기 장착이 어려워 장비를 사용할 수 없었다. 상당한 시간이 지나고서야 비행금지 구역에서 방제가 가능한 장비를 찾았지만, 이번에는 농협중앙회나 지자체 지원 없이는 비싼 가격의 무인헬기를 구입하기가 어려웠다. 지자체에 지원을 요청했지만 지역 현실에 맞지 않는다는 답변을 받으면서 한동안 사업을 진행할 수 없었다.

궁여지책으로 인근 농협의 광역방제기를 임대해 공동방제를 하던 중 2016년 들어서야 경기도와 양주시의 지원으로 2억원 상당의 광역방제기와 차량을 지원받아 자체 공동방제를 할 수 있었다.

은현농협은 무인헬기 대신 드론을 활용한 광역방제로 조합의 오랜 숙원을 해결했다.

하지만 무인헬기 도입을 포기할 수는 없었다. 우리 지역의 특성상 차량 진입이 곤란한 농경지가 많은 데다 쌀농사 위주의 광역방제뿐만 아니라 밭작물 및 축산사료작물 방제가 가능한 방제기가 필요했기 때문이다.

그런데 드디어 고가의 무인헬기의 10분 1 가격에 조종도 편리한 멀티콥터(드론)를 이용한 공동방제를 할 수 있게 됐다. 우리나라에서는 초기 단계이지만 세계적으로 활성화 추세였다. 간절하면 꿈은 이루어지는 것인가. 비록 긴 시간이 지나기는 했지만 2017년 드디어 양주시로부터 드론 구입비 80%를 지원받아 자체적으로 완전한 공동방제의 꿈을 이룰 수 있었다.

애호박 공선출하로 '산지유통종합대상' 수상

▲ ▼ ▲

나는 청춘을 농협에서 보냈다. 그리고 나이가 들어 삶의 무게를 느끼게 될 즈음 조합장 선거에 출마하게 되었다. 조합장에 당선된 후 예전부터 갖고 있던 생각을 정리해 단기 계획과 중장기 계획으로 나눠 실행에 옮기는 로드맵을 작성했다. 무인헬기를 이용한 공동방제와 함께 지역을 대표할 수 있는 우수농산물 생산과 농가소득 확대, 조합원 숙원사업인 주유소 신축 등 3대 중장기 목표를 세웠다.

당시 농민들은 힘들게 생산을 하고도 과잉 생산에다가 마땅한 판로가 없어 제값을 받지 못하는 경우가 많았다. 우리 지역을 대표하는 농산물임에도 그 가치를 제대로 인정받지 못하던 애호박이 대표적이었다. 우선 농가에서 생산한 애호박을 개별 포장·출하하는 기존의 방식으로는 속박이 등으로 출하품질이 일정하지 않아 소비자의 신뢰를 얻지 못하는 상황이었다.

공동선별과 농산물의 규격화가 절실했다. 이에 따라 경제상무와 지도과에 공동선별장 추진계획을 수립하게 하고, 애호박 재배 농가와 함께 우수 공동선별장 현장 견학을 다녀와 많은 토론을 한 끝에 공선출하회를 결성했다. 공선출하회가 발족하자 2009년 농약창고로 사용하고 있던 양곡창고의 절반을 칸막이 작업해 임시로 공동선별장을 설치하고, 첫해 15농가를 시작으로 공동선별·공동출하를 시작하였다.

지금도 첫 출하를 하던 날을 잊지 못한다. 막상 처음 사업을 하다 보니 농가 상호 간은 물론이고 조합도 믿지 못해 공선회를 탈퇴하겠다는 농가를 설득하느라 애를 먹었다.

시작이 반이라고 했던가. 많은 우여곡절이 있었지만 사업 첫해 15농가에서 8억 5000만원의 실적을 올렸다. 이어 공동선별장의 열악한 환경 개선을 위해 2010년 양주시를 통해 맞춤형 농정사업을 신청하고, 대상자로 선정되면서 공동선별장 시설개선사업을 시작하게 되었다. 그런 노력들이 결실을 맺어 2011년에는 약 430m^2 규모의 애호박 공동선별장을 신축하고, 참여 농가도 26농가로 확대되었다. 지금은 도매시장과 대형유통센터에서 최고품질 애호박으로 인정받고 있다. 그 결과 농협중앙회로부터 2010년과 2012년 공선출하회 부문 우수조직으로 선정되어 산지유통종합대상을 수상했다.

농협주유소의 인기몰이
▲▼▲

조합장에 취임하고 보니 은현농협은 숙원사업인 주유소 신축과 영농자재백화점 개점을 준비 중이었다. 이는 나의 선거 공약이기도 하였다. 조합 임원으로 고정자산투자위원회를 구성하고 부지 매입부터 건축에 이르기까지 면밀한 검토와 중앙회 컨설팅 등 만반의 준비를 하였다. 그리하여 2009년 부지를 매입하고 2010년 주유소 및 경제사업소 신축을 위한 첫삽을 뜨게 되었다.

우리 농협은 1985년부터 시작한 유류취급소 운영으로 면세유와 함께 난방유를 조합원들에게 공급해왔다. 그러나 시대가 변하면서 차량도 많아지고 농가의 유류 사용도 급증해 주유소사업 도입이 절실한 실정이었다.

하지만 부지 매입부터 난관에 부딪혔다. 매물로 나온 적당한 땅이 없어 지지부진하던 차에 어렵사리 주유소 부지를 확보하였으나 부지 위치에 대한 불만

이진회 조합장(가운데)이 직원들과 함께 공동선별장에서 선별 중인 애호박을 살펴보고 있다.

여론이 적지 않아 이를 설득하느라 마음고생을 많이 하였다. 이런 난관을 뚫고 2010년 5월 7일 착공하여 10월 24일 주유소와 경제사업소를 준공하였다. 3170㎡(960평)에 총 사업비 42억원이 들어간 공사였다.

우리 농협 주유소는 농협 고유 브랜드를 사용한 양주 지역 최초의 클린주유소로 정품·정량은 물론 저렴한 가격으로 유류를 공급해 조합원과 지역 주민 모두에게 인기가 높다. 또한 농협 주유소 가격이 기준 가격이 되어 일반 주유소 가격을 견제하는 역할도 자연스럽게 하면서 지역경제에도 많은 기여를 하고 있다.

2017년 8월에는 농협중앙회의 추천을 받아 농협하나로유통 이사로 선출되었다. 중앙회 및 지역조합 마트에서 농산물 유통 증대와 상생 발전에 실질적으로 기여하면서, 미력이나마 조합원들이 소득을 올릴 수 있는 기회를 갖게 되었다. 농업·농촌이 살맛나는 활기찬 지역으로 탈바꿈하는 것, 이는 내가 '농협맨'으로 농업을 지키며 살아가는 이유인 것이다.

이진회 조합장
2015년 경기 양주 은현농협 조합장에 당선됐다(3선).
현재 농협하나로유통 이사를 맡고 있다. 조합장 당선 전 농협에 26년간 몸담았다.

잘사는 농촌, 그 오랜 꿈을 위하여

이흥용 조합장
충남 금산 진산농협

만약 조합장에 당선된다면

▲ ▼ ▲

30대인 1980년대에 10년 이상 나이가 많은 선배들과 함께 농협의 이사를 세 번이나 맡았다. 그러자 다음 조합장 선거에 출마해보라는 권유가 여기저기서 들어오기도 하였다. 배운 것도 없고 가난한 집안 출신을 누가 이해하고 농협 조합장으로 선출해줄까 하는 두려움도 있었으나, 내 가슴 한편에는 청춘의 꿈이 요동치고 있었.

언젠가 일본 오이타현의 일촌일품(一村一品) 운동의 성공사례를 교육과정에서 들으면서 나의 꿈은 모락모락 피어올랐다.

"그래 이거야. 한번 잘사는 마을을 만들어보자. 나도 할 수 있어."

만약 조합장에 당선된다면 가난했던 어린 시절 꾸었던 부농의 꿈에 더해, 낙후된 내 고향 진산의 농민 조합원과 함께 잘사는 농촌을 만들어보겠다는 꿈이 생긴 것이다. 그러던 중 진산농협에서 인삼보관 사업이 잘못되어 사고가 발생했다. 나는 당연히 사고 수습 과정에 앞장서서 진상을 밝히고 임원으로서 소임을 다했다.

"아무래도 이 이사가 맡아줘야겠어."

"아니, 전 아직…."

"이 이사만큼 조합 사정을 잘 아는 사람도 드물지 않은가. 조합을 위해 한번 나서보게."

나는 주위의 권유를 받고 용기를 내어 조합장 선거에 출마하게 되었고, 1993년 4월 조합장에 당선되었다.

"사고 난 조합에 어떻게 돈을 주나?"

그러나 막상 취임을 하고 보니 그동안 사고로 인해 예금은 다 빠져나가 없고 대출받으러 오는 조합원들한테 대출해줄 자금조차 없었다. 황당했다. 방법이 없어 지푸라기라도 잡는 심정으로 농협중앙회에 차입을 요청했지만 돌아온 것은 "사고 난 조합에 어떻게 돈을 주나"는 차가운 답변뿐이었다. 몇 번을 거절당했다.

하지만 죽으라는 법은 없는 모양이다. 조합장에게 믿음이 갔는지 빠져나간 예금이 다시 들어오기 시작하고, 관내 고등학교 시설자금 6억원이 예치되면서 자금 사정이 회복되고 여수신 업무가 원활하게 돌아가기 시작했다.

사무소가 정상화되자 평소 생각했던 사업을 펼치기 위해 고민을 거듭했다. 예산이 없으니 궁리 끝에 큰 사업이 아니라도 작은 것부터 해보자는 생각으로 일을 시작했다.

먼저 경사진 곳에 인삼재배를 한 농가들이 농기계를 사용할 수 없어 농지를 방치하고 휴경하는 곳이 많다는 사실에 주목했다. 안타까웠다. 어떻게 휴경지를 없앨까 고민하다가 한약재로 사용하는 두충나무를 심어보기로 결심했다.

한약재인 두충은 나무껍질을 벗겨서 이를 한약재로 판매하는 것이라 많은 노동력이 필요하지 않았다. 무엇보다 중국에서 수입해야 하기 때문에 값이 600g당 6만~7만원으로 비교적 고가에 거래가 되는 이점이 있었다.

이사회의 승인을 받아 4개 부락 300평 규모에 심을 종자와 비료를 무상으로 지원해주기로 하고 연차적으로 관내 휴경지에 심기로 했다. 또 양묘한 묘목은 그 부락에 심는 것을 원칙으로 했다. 일을 차근차근 진행하면서 기대감도 컸다. 하지만 결과는 참담했다. 하필 수확시기에 때맞춰 국내 생산량이 많아져 값이 폭락했던 것이다. 조합원들의 원망하는 눈빛이 지금도 생생하다.

실패에 또 실패…이번에는 감이다

▲ ▼ ▲

다시 고민에 빠졌다. 무엇을 해야 우리 조합원들의 소득원을 만들어낼 수 있을까 머리를 쥐어짰다. 당시 TV 방송에서 한창 사람들의 이목을 집중시켰던 흑향미가 내 관심을 끌었다. 해볼 만하겠다 싶었다. 종자를 보급하고 이런저런 애를 써보았지만 조합원과 영농회장들의 협조를 얻지 못하니 또 실패를 하고 말았다.

이렇게 두 번 실패를 했지만 그동안 임직원들이 열심히 노력한 결과 조합 경영은 차츰 좋아지고 중앙회 지원도 늘어나 살림살이가 나아졌다. 그런 중에도 나는 이 고장만의 특별한 일품(一品)의 농사를 해야 하겠다는 생각이 늘 머릿속을 떠나지 않았다. 고심을 하던 중 농촌지도소 지소장을 지낸 지인의 도움을 받아 조기 수확이 가능하고 알이 굵어 많은 수확을 할 수 있는 포도송이 은행나무 2만 5000본을 전 조합원에 공급하였다. 하지만 이번에도 관리 부실과 은행 값 폭락으로 또 하나의 실패 사례를 추가하고 말았다. 전국에서 가장 많은 양을 생산하는 우리 지역 땅두릅의 확대 보급도 추진했지만 기존 농가와 조합원들의 극심한 반발로 크게 확대하지 못했던 적도 있었다.

이렇게 손을 댄 사업마다 실패를 했지만 임직원들이나 조합원들이 여전히 잘 따라주니 감사하고 황송했다. 그런 만큼 성공하지 못한 조합장으로서의 책임감이 늘 무겁게 어깨를 누르고 있었다.

우리 금산 진산 지역에는 고목이 된 감나무들이 많다. 요즘 새로운 과일들에 밀려 감나무가 천대를 받고 있지만 우량종자를 심어본다면 노인들이 대다수인 일손 부족한 농촌에서 작업이 어렵지 않고 후손들에게도 지속적인 수입을 줄

진산농협은 2013~14년 '두레시' 감나무 2만주를 공급했다. 머잖아 농가에 큰 소득을 안겨줄 것이다.

진산농협 농가주부모임의 '사랑의 계란 나눔'에 함께한 이흥용 조합장(왼쪽 두 번째).

수 있으리라는 판단이 들었다. 감나무 육성 프로젝트에 들어갔다.

또 다시 이사회의 승인을 받아 '두레시' 감나무 2만주를 2013년부터 무상으로 공급하고, 2014년부터는 희망하는 조합원들에게만 50% 보조로 공급했다. 몇 년이 지나자 감나무에 감이 주렁주렁 열리기 시작했다. '두레시'는 연시용과 곶감용으로는 최상품으로 인정받는 감이다. 이제는 금산군에서 저온저장창고, 탈피용 기계 등을 보조해 주고 있다.

그동안 일촌일품의 꿈은 큰 성과를 내지 못했다. 시류의 영향을 적지 않게 받은 것도 실패 이유 중의 하나다. 하지만 그동안 심은 두충나무와 포도송이 은행나무, 지금 수확 시기에 있는 '두레시' 감은 향후 나무가 더 크고 시대의 변화가 온다면 우리 진산농협 조합원들과 후손들에게 큰 결실로 다가올지도 모른다. 만년(晩年)의 꿈을 이루기까지 아직 시간이 필요한 것이다.

마침내 부가세 환급 받아내다

▲ ▲ ▲

또 하나 관내 농민뿐만 아니라 전국 인삼 농가에 실익이 되는 사업 한 가지가 있다. 나는 20대부터 인삼농사를 시작했기에 인삼농사를 속속들이 잘 안다. 그 전에는 해가림 자재가 없어 볏짚이나 억새를 엮어 해가림을 해오다, 차광막이란 명칭의 PE석유제품으로 전환되기 시작할 때 우연히 정부 보조로 차광막 제조공장을 개인 사업으로 하게 되었다. 그런데 당시 사용하는 차광막은 4겹으로 짠 4중직과 2겹으로 짠 2중직을 두 번 펴는 번거로움이 있었다. 나는 일손을 덜기 위해 5중직(일명 낙하판)이라는 제품을 개발해서 부족한 일손에 도움도 주고 인건비도 절약하는 나름 큰 성과를 이루었다.

또 폭설이나 태풍으로 인삼포가 망가져 국가 보상을 받을 때나 일시적으로 많은 자재를 구입할 때 영세율 적용이 안 되고, 10%의 부가세를 부담해야 하고, 환급이 안 되는 것을 문제라 생각하고 바꿔보려 했다. 군청과 세무서에 여러 차례 면세가 안 되느냐며 질문을 했으나 국세라 안 된다는 답변만 들었다. 속으로 '이건 아닌데' 싶었다.

그러던 중 2001년 12월 세무사를 하는 집안 조카한테 연락이 왔다.

"아저씨가 염려하시던 농자재 부가세 환급 입법예고가 12월 15일 발표되었어요. 한번 신청해보세요."

해당 부서를 알아보니 기획재정부 소비세제과였다. 연락을 했더니 농자재가 뭐냐고 묻는다. 인삼포에 사용하는 지주목과 차광막이라고 하니 신청을 하라고 한다. 전문 지식은 없지만 우리 직원들과 협의해 자료를 준비해서 연초조합중앙회에 자료를 보내고, 금산군과 인삼포가 가장 많은 전북 고창군에 자료를 전달해 부가세 환급신청을 하고 농민들에게 혜택을 받게 해달라는 부탁을 했다.

"이거 어려운데요."

담당자로부터 돌아온 실망스런 대답이었다.

여기에서 말 수는 없는 일. 우리 관내 국회의원과 고창군 국회의원, 연초조합중앙회 재정분과 의원들에게 일일이 자료를 보내고 여러 번에 걸쳐 도움 요청을 했다. 결국 2003년 1월 1일부터 인삼지주목과 차광막이 환급 대상이 되었다. 매년 얻는 소득은 아니지만 전국 인삼농가에 짭짤한 소득이 된 것은 분명하다. 이것도 실익이 되니 내 만년의 꿈이 소박하게 이루어진 건 아닐까.

아직 모른다, 장기적 관점으로 봐야

▲ ▼ ▲

내가 벌인 사업으로 큰 성과를 얻은 것은 없었다. 그렇지만 내가 강조하고 싶은 것은 농민 실익을 위해 언제나 의지를 갖고 추진했다는 사실이다. 또한 단기적 수확보다는 장기적이고 다년의 수확을 목적으로 한 사업을 중심으로 했기 때문에 당장의 전시적인 효과는 없지만 시대 변화에 따라 시세의 변화가 올 수도 있으니 더 오래 기다려야 하는 사업이라는 것이다.

그동안 한 번만 펴도 되는 인삼포 차광막을 개발하여 전국 인삼농가의 일손에 크게 보탬이 되고, 농협중앙회나 인삼농협중앙회, 전국 14개소의 인삼농협과 금산군이나 강화, 풍기 같은 대량 생산지 지자체에서도 무관심했던 부가세 환급 같은 문제를 작은 회원농협 조합장이 나서서 해결하여 많은 칭찬도 받았다. 그러고 보면 나도 아주 못난 조합장만은 아니지 않을까.

이흥용 조합장
2015년 충남 금산 진산농협 조합장에 당선됐다(5선).
농협중앙회와 농민신문사 대의원을 맡고 있다. 직정산업 대표, 금산군 법원조정위원장을 지낸 바 있다.

상토의 개념을 바꾼 '팽연왕겨'

정성락 조합장
울산 농소농협

폐기물이던 왕겨의 재탄생

우리 농협은 2000년부터 전국 최초로 벼 자동화 육묘센터를 시범운영하고 있다. 벼농사에서 가장 중요한 과정인 어린 묘를 생산하는 공장형 못자리 생산시설이다. 특히 육묘센터는 쌀의 부산물인 왕겨를 자원화하는 데 성공, 팽연왕겨를 묘판 상토로 활용하고 있다. 팽연왕겨 상토란 벼의 껍질인 왕겨에 열을 가해 압축 분쇄하여 수분 흡수가 잘되도록 만든 것으로, 묘판에 먼저 팽연왕겨를 깔고 종자를 넣은 다음 흙으로 덮기 때문에 흙으로만 만든 모판보다 가볍다.

이 팽연왕겨 상토 육묘법은 농업기술센터를 정년퇴직한 차대철 소장의 역작이다. 30여년간 농업 관련 분야에서 쌓은 현장 경험을 바탕으로 그만의 노하우로 일구어낸 것이다. 왕겨를 수분과 열을 가해 잘게 분쇄한 팽연왕겨에 흙을 20% 정도 사용하는데, 조제 과정에서 80~120℃의 열이 발생해 수분 흡수율이 높은 데다 공기가 잘 통해 산소 공급이 원활하고 육묘상자 매트 형성이 잘된다. 쌀겨·쌀눈 등 영양분과 규산질 성분이 들어 있어 뿌리 활착 등 작물 생장에도 도움을 준다. 산도(pH)가 적당하고 중금속도 거의 없을 뿐 아니라 토지개량 및 연작장해·염류집적장해의 예방에 효과가 크다.

"묘판이 가벼워서 정말 좋아요"

"가벼워서 힘들지 않고 기계에도 무리가 없기 때문에 작업이 수월하다."

우리 관내 농민 조합원들은 논에서 팽연왕겨로 키운 묘판을 번쩍 들어올리며 이렇게 입을 모은다. 팽연왕겨 모판은 무게가 최고 1.6㎏ 정도로 아주 가볍기 때문에 고령화·부녀화된 한국 농가 실정에 적합하다.

흙을 사용해 모판을 만들 경우 논둑에 오래 두면 수분 부족으로 이앙이 곤란하지만, 왕겨 묘판은 이틀 이상 마르지 않고 살균 효과가 있는 것은 물론 병충해 및 잡초가 전혀 발생하지 않는 것이 특징이다. 생장이 빨라 육묘기간을 어린모 기준(15일 이내)으로 출하할 수 있으며, 1㎏당 140~150원에 공급되므로 가격도 시판 상토보다 훨씬 저렴하다. 팽연왕겨 상토 사용이 늘고 있는 이유이다. 우리 농협은 조합원에게 환원사업 차원에서 벼 육모용 팽연왕겨를 무료로 공급하고 있다.

특허청에 등록된 농소농협 벼 자동화 육묘센터의 팽연왕겨 상토법이 입소문으로 전국에 알려지자 전국 최초의 신기술을 배우고 체험하기 위해 찾는 농

정성락 조합장이 벼 자동화 육묘센터에서 축고를 잎둔 팽연왕겨 상토 모판을 옮기고 있다.

업경영인과 관계 기관 담당자의 발길이 줄을 이었다. 우리 센터만의 독특한 기술은 이렇듯 이미 타 지자체의 산 교육장이 되었다.

벤치마킹 명소가 된 자동화육묘센터

벼 자동화 육묘센터는 문을 연 이후 해마다 모내기철이면 팽연왕겨 상토 모판을 적기에 공급하기 위해 밤낮 없이 분주하다. 항상 공급 물량 부족으로 어려움을 겪다가 2002년 2차 시설 증축으로 매년 5만~6만상자(본답 모내기 면적 기준 210ha)의 모판을 생산해 공급했다. 그러나 이 역시 농가의 주문량을 감당하기에는 턱없이 부족한 실정이었다. 시험 결과 벼 자동화 육묘센터에서 생산한 육묘판을 이용하면 관행 육묘에 비해 노동시간은 78%, 비용은 18% 줄일 수 있는 것으로 입증되면서 농가의 주문량이 계속 늘어난 것이다.

이에 따라 2012년 총 공사비 5억원(울산시와 북구청 지원금 2억원, 농소농협 자부담 3억원)으로 6610m^2(2000평) 부지에 1537m^2(465평) 규모의 육묘장 1동을 증축했다. 이로써 벼 자동화 육묘센터의 시설 규모는 육묘장 3동(2830m^2)

농소농협은 지역쌀 홍보를 위해 해마다 '복조리찰메쌀컵 농협쌀사랑 축구대회'를 개최한다.

으로 늘었으며, 연간 12만상자(모내기 면적 기준 420ha)의 육묘를 생산해 유·무상으로 울산 지역 600여농가에 공급할 수 있게 되었다.

나는 농민들이 묘판 이앙 작업 때 묘판이 모자라거나 이앙에 실패하는 경우 영농 시기에 차질을 빚는 일이 생기지 않도록 예비 묘판을 항상 준비해놓고 있다. 지금은 조합원 외에도 울산시 다른 벼 농가와 경주 등 인근 지역 농가들에서도 주문이 밀려들고 있다. 이에 따라 벼 자동화 육묘센터에서는 농소 지역 조합원에 대한 무상 공급분을 제외한 유상 판매량만도 2000년 1만 5000상자(67ha 분량), 2001년 3만상자(132ha 분량)에 이어 2017년에는 6만 8174상자(228ha 분량)로 급증할 정도로 인기가 대단하다. 현재 폐기물이던 왕겨를 상토, 사료, 퇴비, 축사용 톱밥 대용 등으로 재탄생시킨 농소농협은 농가경영비 절감에 크게 기여하고 있다.

광역시 편입 후 사업구조 대대적 개편
▲▼▲

이밖에도 우리 농협은 1997년부터 토양진단센터와, 작물 생육기간에 농가가 작물에 준 비료가 실제로 토양에 얼마나 존재하는지와 식물에 얼마나 흡수됐는지를 알 수 있는 식물체분석기를 운영하고 있다. 이들 센터와 설비는 토양의 산성·알칼리성을 진단해 처방전을 지급하고 토양에 맞는 주문생산을 가능케 해준다. 현재 토양진단센터에는 토양진단사와 영농지도사, 영농상담역 3명(진단 1명)이 울산시 전체 농지 9801ha의 주요 농작물에 대해 토양 분석, 농약 잔류 검사(정밀/속성), 병해충 예찰 현미경 검사를 하고 있다. 처음에는 시료를 직접 채취했지만 이제는 연간 계획을 세워 농협별·작목반별로 분석을 의뢰받거나 방문해 확보한다. 울산 지역 토양은 전량 무료로 분석해주고 있다.

한편 우리 농협은 울산광역시에 편입된 후 도시화와 인구유입 추세에 맞춰 시장을 새롭게 설정하고 사업구조를 재정비하였다. 미곡종합처리장(RPC), 농산물산지유통센터(APC), 완전배합사료 생산시설과 대형마트 설립 등 경제사업 시설 현대화와 집중화로 지역 농가의 농축산물 판로 확보에 힘을 기울였다. 또 일반벼와 찰벼를 9대 1의 비율로 혼합한 '복조리 찰메쌀'을 개발해 부가가치를 높였다.

우리 농업도 기업과 마찬가지로 원가를 낮추는 것이 중요하다고 생각한다. 이농과 고령화로 인해 점점 활력이 떨어지고 있는 우리 농업을 지키고 농촌을 살리는 일은 우리 모두의 생존이 달린 문제이다. 나는 농업의 경쟁력 증대에 최대 역점을 두고 농촌에 새로운 활력을 불어넣는 데 최선을 다할 생각이다.

정성락 조합장
2015년 울산 농소농협 조합장에 당선됐다(초선).
현재 농협중앙회 대의원을 맡고 있다. 전국농협학교급식협의회 감사, 농소농협 상임이사를 지낸 바 있다.

감자농가를 살려라!

진광주 조합장
충북 충주 중원농협

감자재배 농가들의 탄식

▲▼▲

"감자를 수매하기로 해놓고 사정이 달라졌다고 못 하겠다 하네요."
"몇 년간 죽어라 감자농사 지어서 물건을 넘겨줬는데 돈을 안 줘요."
"살고 싶지 않아요. 어떻게 해요."

기껏 땀 흘려 농사를 지어놓고도 사색이 되어 망연자실하는 조합원들을 보니 내 피가 거꾸로 솟는 듯했다. 뜨거운 분노가 치밀어 올랐다. 내가 이 정도인데 당사자들의 심정은 어떨 것인가.

최근 수년간 관내 감자재배 농가들은 개인업자들과 개별계약을 통해 거래를 해왔다. 하지만 거래 과정에서 수매 약속이 지켜지지 않거나 업자가 대금을

중원농협의 감자 현장교육. 우량 수매업체 발굴로 계약재배에 동참하는 농가가 크게 늘 전망이다.

제대로 정산하지 않는 등의 큰 피해를 보는 경우가 적지 않았다. 농사 의욕을 꺾어버리는 아픔이었다. 수년간 지속적으로 피해를 입으면서 농민들은 경제적 어려움은 물론 상실감과 충격으로 삶의 의욕마저 잃어버리곤 했다.

나는 이 문제를 가장 먼저 해결해야 할 숙원사항으로 파악하고 답을 찾기로 했다. 2015년 조합장 취임 첫해의 일이다.

우량 수매업체 발굴이 살 길

먼저 강원도 감자 주산지를 수시로 방문하여 그 조합원들이 생산한 감자를 안정적으로 수매하는 우량업체가 어디인가 살펴보았다. 여러 업체들을 발로 뛰며 알아보고 또 꼼꼼히 확인해보았다. 여러 업체가 있었지만 최종적으로 ○○종묘와 ○○냉동이 좋겠다는 결론을 내렸다.

마침내 2016년 두 업체와 수매계약을 체결하고 거래를 시작하였다.

"계약해도 되는 거여?"

"또 당하는 거 아닌가?"

농가들은 그동안 당해왔던 아픔과 상처가 있어 새로운 계약을 주저했다. 반신반의했다. 결국 지푸라기라도 잡는 심정으로 첫해 농협의 계약재배에 참여했다. 하지만 농가들이 개인업자들과의 거래와 비교해 너무나 큰 차이가 있음을 확인하는 데는 오랜 시간이 필요하지 않았다.

우량씨감자 지원이 있었고, 철저한 재배기술 교육과 생산 지도, 톤백 지원과 인력 지원, 농기계 수리 지원 등을 경험했다. 무엇보다 가장 중요한 건 확실한 책임수매와 대금정산이 이루어졌다는 사실이다. 이 과정을 경험하면서 농업인들은 역시 농업인에게 농협이 얼마나 필요한지를 절실하게 느꼈을 것이다.

금년 우리는 농협이 주도하는 수시 재배기술 교육, 생산 지도, 현장 답사, 우량씨감자 공급과 3900만원의 종자대 지원, 홍보를 위한 수확기 품평회를 실시했다. 또 우리 지역에 적합한 품종 발굴을 위한 시범포 운영, 1500만원 상당의 수확용 톤백 지원, 농기계 수리 지원, 임직원과 군부대 장병 등을 통한 수확인력 지원 등 감자사업 안정화를 위한 여러 가지 힘든 노력을 들여왔다. 이런 과정을 거쳐 2017년 첫 수매 결과 25개 농가에 2억 4000만원의 농가소득을 창출할 수 있었다. 나는 우량 수매업체를 발굴함으로써 2018년부터 농협의 감자 계약재배에 동참하는 농가가 크게 늘어날 것으로 예상하고 있다. 이에 따라 저온저장고 등 사업 추진에 필요한 고정투자도 순차적으로 진행할 계획이다.

'감홍' 사과, 최고 히트상품 될 것

▲ ▼ ▲

우리 지역은 기후와 토질 등이 알맞아 지난 수십년간 사과의 대표 산지로 자리잡아 왔다. 이에 관내 과수재배 농가들은 일반 경종업 농가보다 높은 소득을 유지해왔다. 하지만 최근 기후 변화에 따라 사과의 재배지역이 전국으로 확대되고 경쟁이 심화되는 가운데 품질이 하락하는 등 점차 경쟁력을 잃고 있는 상황이 펼쳐졌다. 이를 개선할 방안이 절실해졌다. 암중모색한 결과 '감홍' 특화사업에 착수하였다. 소득증대를 위한 또 다른 특화사업인 것이다.

'감홍'은 문경과 충주 지역에서 주로 재배되는데 전국 재배 면적의 2%에 불과하다. 당도가 높고 새콤달콤하여 맛이 뛰어나며 토질 등 재배조건이 잘 맞아 이미 관내 과수농가들의 소득품종으로 시작하고 있었다. 여기에 '감홍'에 대한 특화사업을 착수하여 첫해인 2016년 연차별 사업추진 계획을 수립하고, 2017년 봄 1차로 7280만원의 묘목지원 사업비를 책정하고(자부담 절반) 지원하여 35호의 과수재배 농가에 우량 '감홍' 묘목을 공급하였다.

앞으로 연차적으로 고품질의 '감홍' 생산량을 확대할 계획이다. 이를 위해 중원농협 자체로 도시 소비자 초청행사를 개최하여 도농간 교류를 활성화하고 차별화된 소득증대 지원을 추진해나갈 계획이다.

진광주 조합장(왼쪽)이 중원농협 공동선별장에서 선별 중인 사과를 살펴보고 있다.

콩 특화사업과 즉석두부 생산시설

▲▼▲

한편 관내 금가면 지역을 중심으로 주 생산 품목인 콩을 매년 ○○종묘와 계약재배를 하고 있다. 200t 내외를 전량 수매함으로써 농가의 안정적인 소득증대에 기여하고 있다. 이와 더불어 지역에서 생산한 우리콩을 이용한 즉석 두부 생산시설을 본격 가동하여 조합원이 생산한 콩을 조합이 직접 매취하고 가공함으로써 안심 먹거리 제공으로 큰 호응을 얻고 있다. 찰벼에 대한 지원도 농가소득 증대에 기여하고 있다. 찰벼는 금가 지역을 중심으로 100여 농가가 1000t 내외를 계약재배하고 있다. 농업생산비 지원을 위해 2017년부터 전체 계약농가에 종자대로 800만원의 예산지원을 시작하였고, 벼 재해 농작물보험도 전액 지원하였다. 또 찰벼 수익 4000만원을 농민에게 환원함으로써 농가소득에 크게 기여하고 있다. 이후 연차적으로 수도작 재배농가에 농업생산비 절감 등의 방식으로 소득보전 방안을 강구하여 예산 지원을 확대할 계획이다.

합병조합의 어려움, 소통으로 해결 모색

▲▼▲

우리 조합은 동량·금가농협에서 2006년 중원농협으로 합병한 지 11년이 되었다. 하지만 합병 과정 및 2013년 개점한 주유소가 기존 주유소를 인수하는 과정에서 일부 원활하지 못한 절차와 이에 대한 의혹, 기존 사업자의 오염토 처리와 관련한 비용 정리 문제 등으로 합병 10년이 지난 나의 취임 시점까지도 상호 불신의 분위기가 팽배했다. 합병의 시너지 효과보다는 오히려 조합원의 임직원 불신으로 인해 2015년 초까지 면세유 이용률이 37% 정도에 머무르고 있었다.

이러한 임직원과 조합원 간, 지역별 조합원 간의 신뢰 문제를 해소하기 위해 여러 가지 소통과 교육의 장을 만들어보고자 했다. 그리하여 중원농협 최초로 임원과 대의원을 대상으로 구미연수원에서 1박 2일간의 사업계획 수립과 농협 이념교육, 사업활성화 교육, 화합의 밤 행사를 통해 지역별 대의원들의 화합 기회를 마련했다.

한편 여성 조합원과 고객 등 200여명을 대상으로 겨울철 노래교실 개최와 기흥물류센터 견학을 통한 교류를 추진했다. 또 조합장이 43개 영농회에 조합 운영을 공개하고 직접 설명하며 조합원 애로사항을 접수하고 해결하는 등 상호간 소통과 주인의식 고취에 애를 썼다. 특히 운영 공개에서 조합원들의 불만사항을 직접 기록, 취합하여 1박 2일 책임자급 워크숍을 통해 개선 방향을 정하고 직접 피드백을 해줌으로써 '고객 불만 제로' 달성에 도전하고 있다. 시간이 지나자 불화의 씨앗이었던 주유소의 면세유 이용률이 82%로 획기적으로 증가하였고 이제는 90% 이상 달성을 목표로 노력하고 있다.

나는 향후 농가에서 가장 어려움을 겪고 있는 인력확보 문제를 해결하기 위한 농촌인력 지원사업과 태양광 시설사업, 농협캐피탈 이용 알선사업, 농협택배사업 등을 기획하여 농민 실익증진에 일조하고자 한다. 환경이 열악한 면단위 지역농협으로서 조합원을 위한 역할을 다하는 데 어려움이 많지만 그 사명을 끝까지 감당해나갈 것이다. 이것이 조합장의 숙명인 것이다.

진광주 조합장
2015년 충북 충주 중원농협 조합장에 당선됐다(초선).
충주시 의용소방대 연합회장, GE 플라스틱(현 사빅) 경영혁신팀장을 지낸 바 있다.

2장

농민은
짓는다,
농협은
판다

양파 농업의
메카를 향해 달린다

박상대 조합장
경남 함양농협

함양의 효자 작물, 양파

함양은 양파 주산지이다. 합천·창녕 등과 함께 대표적인 영남권 양파 생산지로서 국내 총생산량의 8%를 차지하고 있다. 2017년에는 약 900농가가 870 ha의 면적에서 6만 5000톤의 양파를 생산해 양파 소득으로만 520억원을 달성했다. 명실상부한 함양의 효자 작물이라고 할 만하다.

하지만 20여년 전만 해도 양파는 보리·밀·마늘 등과 함께 벼를 거둔 후 재배할 수 있는 후작물로서의 역할밖에 하지 못했다. 함양의 지역적인 특성으로 인해 벼농사를 제외한 원예작물 재배로 농가소득을 높일 수 있는 품목이 그리 많지 않았고, 그중 양파 재배가 타 작물에 비해 소득이 높아 점점 양파에 대한 관심이 높아졌고 재배 면적이 커지기 시작했다.

나는 농협 직원으로 생활한 지난 30여년 동안 지도와 경제 업무를 주로 담당했다. 그러다 보니 자연스럽게 양파 재배의 여러 가지 문제점들이 눈에 들어오기 시작했다. 당시만 하더라도 농업인들 역시 양파 경작연수가 몇 년 안 된 분들이 대부분이라 많은 시행착오를 겪을 수밖에 없었다.

"고랑을 깊게 파주어 물이 고이지 않도록 해야 하는데 이걸 못한 거죠."

"따뜻한 비닐 속에서 퇴비를 먹은 풀들이 금방이라도 비닐을 들어올릴 것처럼 무섭게 자라나는데 제초를 제대로 못해줬어요."

5년 후 양파 소득 1천억 목표

이를 악물고 열심히 농사지어보려는 분들이지만 실패담은 한둘이 아니었다. 체계적이고 실질적인 교육의 필요성을 절실하게 느끼지 않을 수 없었다. 나는 조합장 취임 후 양파 농사의 성공 여부는 결국 교육과 지도사업에 달려 있다고 생각하고 여기에 매진했다.

양파 재배와 관련하여 우리 농협에서는 매년 관내 계약재배 농가를 비롯한 양파 생산 농가를 대상으로 고품질 양파 생산을 위한 교육을 실시한다. 외부 강사를 초청하여 품종 선택에서부터 재배기술, 생리장해, 병충해 예방 등 생산 전반에 대한 강의를 하고 질의응답을 통해 농업인들의 궁금증을 해소한다. 파종 전, 수확 전 전문가를 초빙하여 전체 교육을 실시하고, 방제·시비·수확 등 작업 시기마다 읍면별 순회교육도 실시한다.

또한 시범포를 운영하여 양파 품종별 특성을 비교하는 시험재배를 통해 우리 지역에 적합한 우수 종자를 발굴하고, 양파 생산에 필요한 필수 자재들을 무상 또는 저렴한 가격으로 농업인들에게 공급하여 양파 품질 향상을 꾀하고 있다.

지자체와의 원활한 협력도 매우 중요하다. 함양군 최대의 목표가 농업인 소득 3만달러 달성이다. 더불어 양파 생산을 통한 고소득 창출로 5년 후 양파 소득 1000억원을 목표로 하고 있다.

지자체의 적극적인 협조에 힘입어 2015년에는 양파 선진화 사업의 일환으로 양파 소포장 설비를 마련했다. 또 금년에는 농산물산지유통센터(APC)를 증축하여 선별장과 저온창고 시설을 확대함으로써 선진적인 농산물 유통에 한 발짝 더 다가갈 수 있게 되었다.

양파사관학교 개설해 전문가 양성

▲ ▼ ▲

다년간 실시해온 교육과 지원사업을 토대로 2016년 관내 계약재배 농가 중 신청자에 한해서 '양파사관학교' 교육생을 모집했다. 하지만 이름도 낯설고 왠지 딱딱한 느낌이었는지 신청자가 많지 않았다. 난감했다. 결국 나와 직원들이 재배 농가를 일일이 만나 필요성과 이유를 설득하고 참여를 독려했다.

"이론교육, 현장실습, 선진지 견학 다 할 겁니다."

"체계적인 영농과 품질관리를 해서 상품성을 높여야 하지 않겠습니까? 경쟁력을 높여 소득을 올리는 데 확실히 도움을 드리겠습니다."

노력한 결과 45명의 교육생을 선정하여 약 7개월에 걸친 교육이 시작되었다. 교육생 대부분이 양파에 관해서는 전문가라 자부하는 농업인들이었고, 각자의 방식과 나름대로의 노하우를 가지고 있던 터라 시작은 조심스러웠다.

하지만 교육 시작 전의 우려와는 달리 제1기 양파사관학교는 성공리에 운영된 듯했다. 7개월간의 교육과정 동안 고품질 양파 생산에 대한 뚜렷한 목표를 가지고 현장 위주의 교육과 선진화된 농업기술 견학을 통해 좀 더 안정적인 생산기술을 습득할 수 있었다. 양파사관학교 진행을 하면서 우수농산물 생산기술 교육을 실시하여 농가들이 생산한 양파가 농산물우수관리(GAP) 인증을 받았으며, 함양농협 농산물산지유통센터 시설 또한 GAP 인증을 받아 생산·수확·관리·유통의 전 과정을 체계적으로 관리하여 소비자가 안심하고 먹을 수 있는 먹거리 생산에 힘쓰고 있다.

수료 후 교육생들은 자발적인 모임을 통해 꾸준히 상호 정보를 교환하며 소통하고 있으며, 함양농협의 양파사업에도 많은 도움을 주고 있다. 교육생들 입장에서도 계약재배 시 우선적인 기회를 부여받고 톤백 수매 같은 농협의 지원 사업도 우선 지원을 받는 등 혜택을 보고 있다.

이와 같은 노력의 결과 함양 양파에 대한 관심이 전국적으로 확대되고 있다. 2016년에는 전국 영농 발대식을 개최해 농식품부 장관과 김병원 농협중앙회

박상대 조합장(오른쪽 두 번째)은 함양의 효자 작물인 양파로 5년 후 소득 1천억을 달성하는 것이 목표다.

함양농협 양파사관학교는 현장 위주의 교육과 선진화된 농업기술 견학으로 운영된다.

장이 자리를 함께한 가운데 양파 수확을 하였으며, 2017년 6월에는 범농협 농촌일손돕기의 일환으로 전국 농협에서 500명의 인원이 함양군 유림면 양파 농가에서 일손을 도왔다.

또한 도시농협과 자매결연 농협에서 함양을 찾아 직접 양파를 수확하고, APC를 방문해 수매·가공·유통 등 일련의 과정을 살펴보며 고품질 함양 양파를 구매하기도 했다.

생산도 중요하지만 그 이상으로 신경 써야 하는 것이 판로이다. 그래서 함양농협은 고품질 양파 생산과 더불어 탄탄한 유통망 확보에 온힘을 쏟고 있다.

현재 함양농협은 1.5㎏부터 20㎏까지 다양한 포장으로 소비자의 선택폭을 넓혀 청과사업단, 대형마트, 공판장 등 국내외 다양한 판매처에 꾸준히 공급하고 있다. 특히 2015년부터 이마트와 국산종자 공급 계획을 세워, 관련 품종들을 계약재배하며 재배기준을 만들고 재배 후 철저하게 구분 저장 후 납품하여 아주 좋은 평을 받고 있다.

우리 농협은 이 외에도 양파 수출 촉진을 위해 이마트와 전략적 제휴를 맺고 있으며, 수출 시 규격 이외의 중품 양파는 전량 이마트로 출하하며 생산적인 판로를 구축하고 있다. 2014년에는 NH무역과 수출 협약식을 체결하고 양파를 비롯한 우수 농산물을 수출하여 국내 수급안정과 생산농가 보호에도 힘쓰고 있다.

양파 유통의 선도자 될 것

농업 인구는 점점 감소하고 그나마 농업에 종사하는 인력도 노년층이 대다수인 게 현실이다. 따라서 농업 환경의 어려움을 차치하더라도 앞으로는 고품질, 고부가가치 농산물 생산이 필요하다. 함양농협은 지자체와 농업인들과 긴밀한 협조를 통해 톤백 수매와 벌크저장, 양파 전용 수확기 도입, 저장방식 개선 등 전 작업의 기계화를 추진하고, 지속적인 교육과 관리를 통해 농업인들이 생산에만 전념할 수 있는 환경을 만들어 양파 유통의 선도자가 되고자 한다.

박상대 조합장
2015년 경남 함양농협 조합장에 당선됐다(2선).
현재 농민신문사 대의원, 경남양파주산지협의체 위원장, 한국양파생산자협의회 이사, 농협미곡종합처리장(RPC)운영전국협의회 부회장, 밤전국협의회 이사를 맡고 있다. 농협농산물가공공장전국협의회 이사를 지낸 바 있다.

치악산한우축제,
이제 시작이다!

신동훈 조합장
강원 원주축산농협

우리는 왜 홍보를 못할까?

▲ ▼ ▲

나는 한우 250여마리를 키우는 축산인이다. 그리고 초선 조합장이다. 그래서일까? 아직도 조합장으로서 '배움의 연속'이라는 시간을 보내고 있다. 가끔 10년 전 전국한우협회 원주시지부장 시절, '치악산한우'라는 브랜드를 만들기 위해 같이 열심히 뛰고 봉사했던 많은 분들이 생각난다.

그 시절 '치악산한우' 브랜드의 성공적인 정착은 원주 지역 축산인들의 염원이었고, 커다란 하나의 목표였다. 그리고 브랜드를 만들어가는 그 과정은 한우를 키우는 사람들의 가슴에 '꿈'이라는 작은 씨앗을 밀어넣었다.

나는 아직도 그때의 설렘을 잊지 못한다. 하지만 시간이 흐르고 보니 '치악산한우'라는 이름은 있지만 뭔가가 없었다. 브랜드만 만들면 많은 사람들이 찾을 것이고, 유통이 확대되고, 그리하여 우리 축산인들의 삶이 행복해질 것이라는 부풀었던 기대감은 서서히 무너지고 있었다. 나는 '치악산한우'를 알리는 방법을 고민하기 시작했다. 지역 케이블TV도 생각하고, 일간지의 광고면도 살피며, 요즘 젊은이들이 하는 트위터, 블로그, 카톡, 페이스북도 떠올렸다. 물론 이러한 홍보도 필요하지만 더 강하고 더 효과적인 무언가가 필요했다.

'다이내믹 댄싱카니발'을 축산인 축제로

2015년 여름 어느 날, 직원으로부터 원주의 가장 큰 축제인 '원주 다이내믹 댄싱카니발'에 '치악산한우'를 팔러 나간다는 이야기를 듣게 되었다. 5일 동안 진행된 2015년 '원주 다이내믹 댄싱카니발'은 144개 팀이 참가하고 방문객만 42만명에 달하는 그야말로 '초 울트라 다이내믹한' 축제였다. 이곳에 '치악산한우'를 제대로 홍보한다면… "대박이군~ 대박이야~" 유행가 가사가 저절로 떠올랐다.

그때부터 원주시와 원주문화재단 담당자를 만나러 뛰어다녔다. 그리고 축종별 대표자회의를 소집해 "다이내믹 댄싱카니발에서 축산인들을 위한 축제를 하자"고 제안했다. 그렇지만 한우를 키우지 않는 타 축종별 대표들은 시큰둥했다.

"'치악산한우'만 판매하는 축제에 타 축종인 우리 협회가 들어갈 필요가 있니?"

설명이 필요했고, 이해를 구해야 했다. 원주 지역에서 생산되는 축산물을 원주 시민들에게 공급하는 생산과 유통의 주체가 원주축협과 축산인 단체라는 것을…. 그리고 축산인들의 위상을 높일 수 있는 좋은 기회라는 것을…. 더하여 5일 동안 한우 외의 타 축종도 다채로운 행사 프로그램을 만들어 함께 참여하자고….

이렇게 '소비자와 함께하는 제1회 원주시 치악산축산물축제'가 몽골텐트 10개를 빌려 2015년 '다이내믹 댄싱카니발' 축제 속의 축제로 시작되었다.

그리고 2016년에는 원주문화재단의 협조와 축종별 대표자회의의 결정으로 '치악산한우' 브랜드 시작 10년 만에 '다이내믹 댄싱카니발과 함께하는 제2회 치악산한우축제'의 명칭을 사용하게 되었다. 제2회 축제는 몽골텐트가 20개나 필요할 정도로 성황리에 치렀다.

가장 큰 홍보 수단은 우리의 자부심

▲▼▲

제1회 및 제2회 축제를 마치고 평가회를 가졌다. 축제 개최의 장점보다도 단점이 더 많았다. 무엇보다도 조합원들은 '조합원을 위한 축제, 조합원을 바라보는 축제, 조합원을 손님으로 모시는 축제'를 원했다.

직원들은 불분명한 축제 개최 이유에 회의감을 가졌고, 5일간의 강행군으로 피로감이 역력했다. 무엇보다 자부심이 없었다. 내가 나고 자라온 강원도 청정지역인 치악산의 맑은 물과 공기, 친환경적인 사양관리 프로그램으로 우리가 정성껏 키운 '치악산한우'의 자부심을 우리는 잊고 있었다. 어떤 한우 브랜드와 견주어도 뒤떨어지지 않는 '치악산한우'의 우수성을 다시금 일깨워야 했다.

원주축협의 9~10대 조합장을 역임한 원홍기 조합장(2007년 작고)은 '흙에

2017년 '제3회 치악산한우축제' 현장에서 원주시민·관광객과 함께한 신동훈 조합장(맨 왼쪽).

서 태어나, 흙에 살다가, 흙으로 돌아간다'는 '삼토(三土)사상'을 정립했으며, 원주문화원과 함께 11월 11일 구 원주군청 옆 원주문화관에서 전국 최초로 '농업인의 날' 행사를 개최함으로써 11월 11일이 '농업인의 날' 국가기념일(1996년 제정)이 될 수 있는 계기를 마련했다.

이러한 원주축협의 역사는 원주 지역 농업인의 긍지와 자부심을 대표했으며, 농축산업이 국민경제의 기본임을 선각하고 행동했다. 원주축협 임직원은 농업인의 자주적 화합과 협동조직의 일원으로 '삼토사상'의 정신을 널리 전파해야 할 의무를 가진다. 이것은 무엇보다도 큰 긍지와 자부심이다.

어떤 광고보다 더 효과적인 홍보는 바로 우리의 자부심이다.

"축제장소가 어딘가요?"

2017년에는 달랐다. 축제의 명칭도 그냥 '제3회 치악산한우축제'이다. 사방 5m의 몽골텐트도 50개나 확보했다. 축제 시작 전부터 원주 시민들의 문의전화가 빗발쳤다.

"축제장소가 어딘가요?"

"고기 세일은 얼마나 하죠?"

"올해도 양돈·양계·양봉 등 무료시식행사나 우유시음대회가 있나요?"

"올해도 쇠고기 구워먹을 수 있죠?"

원주시에서 '치악산한우축제'와 관련해 원주시와 업무협약(MOU)을 체결하자는 연락이 왔다.

직원들의 모습에서도 자부심을 엿볼 수 있었다. '이게 바로 원주축협의 정신을 이어받은 우리 직원들의 모습이지.' 나도 모르게 주먹이 쥐어졌다.

조합원들도 '치악산한우축제'가 우리가 정성껏 잘 기른 '치악산한우'와 기타 축산물을 원주 시민들에게 선보이는 장소이며, 그냥 먹고 즐기는 장소가 아닌 농업인과 원주 시민들이 서로 생각을 공유하고, 이해하고, 대화하며, 상생하는 장소라는 것을 이해하기 시작했다.

500명이 앉을 수 있는 셀프식당에는 6일 동안 매일 빈자리가 없었으며, 순서를 기다리는 줄도 길게 늘어져 있었다. 축산물 판매장도 인산인해 그 자체였다. 매출도 2014년 대비 3년 만에 500%가 넘는 성장을 거두었다.

원주축산농협은 축산물품질평가원 강원지원과 업무협약을 체결하는 등 '치악산한우'의 품질 고급화에 주력하고 있다.

무엇보다도 고기가 "너무 맛있다"는 고객들의 칭찬이 가장 듣기 좋았다. 일단 대성공이었다.

하늘은 스스로 돕는 자를 돕는다

2017년 '원주 다이내믹 댄싱카니발'은 해외 13개국 45개팀 1600명이 참여하고, 51만명 이상의 관람객이 찾은 대규모 축제이다. 이곳에 가장 큰 규모로, 농축협에서 유일하게 '원주축협 치악산 한우축제'가 열린다. 이것은 정말 좋은 기회이다. 홍보의 기회, 성장의 기회, 나눔의 기회, 화합의 기회가 된다.

"하늘은 스스로 돕는 자를 돕는다"고 했던가. 농협은 '농가소득 5천만원 시대'의 목표를 가지고 있다. 스스로를 돕고자 하는 마음가짐과 자세와 자긍심이 있다면 우리 농업인의 농가소득은 틀림없이 향상되리라고, 체념과 원망보다는 화합과 단결로 같은 꿈을 향해 함께 간다면 농업인의 미래는 밝아지리라고 나는 믿는다. 이제 하나의 작은 소망이 더 있다면, 원주축협과 '치악산한우'의 자부심을 원주 시민들과 함께 느끼는 것이다. 그 꿈이 이루어지기를 바라며 나 스스로에게 파이팅한다!

신동훈 조합장
2015년 강원 원주축산농협 조합장에 당선됐다(초선).
현재 농협하나로유통 이사를 맡고 있다. 전국한우협회 원주시지부장, 원주축산농협 이사를 지낸 바 있다.

'동강마루'의 신화는 계속된다

유인목 조합장
강원 영월농협

올해 최고의 히트작 '만능 양념장'

영월농협의 대표 브랜드는 '동강마루'이다. '2017년 농식품 파워브랜드' 전통식품 부문에서 국무총리상을 수상하기도 했다. 맑고 깨끗한 동강의 이미지가 영롱한 새벽이슬, 눈부신 햇살, 시원한 산들바람을 맞으며 자란 영월고추와 맞물리면서 '동강마루'는 지난 26년간 영월농협을 상징하는 명품 브랜드로 확고하게 자리매김을 하였다. 고춧가루와 고추장으로 시작한 '동강마루'의 성공은 이후 영월농협의 가공사업을 발전시키는 핵심 동력이 되었다.

우리 농협이 가공사업을 시작한 것은 1991년이다. 고춧가루로 시작한 가공사업은 고추를 활용한 다양한 제품은 물론 잡화꿀, 된장·간장 등의 장류, 콩

가루·녹두가루 등의 곡분류, 곤드레 같은 건조농산물 등으로 확대되면서 현재 65종 100여가지 품목을 생산하기에 이른다. 연간 매출액은 150억원 수준으로 강원도 내 최고의 농산물 가공사업소가 되었다. 우리 농협에서 생산되는 고추장과 고춧가루는 농심과 뚜레쥬르, 오뚜기, 농협 하나로마트 등 대량 수요처에 납품된다. 기내식으로 유명한 튜브형 고추장은 대한항공, 아시아나항공, 싱가포르항공, 두바이항공 등 대형 항공사에 공급하고 있다.

영월고추가 인기가 높은 것은 우리 지역이 고추 생육에 적합한 석회암 지대인 데다 강원도의 높은 산과 깊은 계곡이 만들어낸 15℃ 안팎의 일교차로 조직이 치밀하고 칼칼하면서도 단맛이 나는 고추가 생산되기 때문이다. 여기다 신선도가 오래 유지될 뿐만 아니라 비타민 A·B_1·C 등 몸에 유익한 각종 미량요소의 함량이 많고, 햇볕에 말리면 색깔도 곱다.

대표적인 고춧가루 제품인 '비단초'는 이름처럼 '비단을 펼쳐놓은 것처럼 곱다'는 의미로 10여년 전 출시한 것인데 여전히 소비자들의 사랑을 한 몸에 받고 있다. '비단초' 브랜드는 내가 만들었다. 그 계기는 고령화로 인한 농촌의 인력난을 어떻게 하면 조금이라도 덜 수 있을까 하는 고민에서 출발했다. 고추를

영월농협의 '동강마루' 브랜드 제품 중 2017년 최고의 히트작으로 기록된 만능 양념장.

유인목 조합장(왼쪽)이 기내식으로 잘 알려진 튜브식 고추장 생산 현장을 살펴보고 있다.

말리지 않은 물고추로 수매하여 가공공장에서 세척한 다음 국내 최초로 유리온실 건조장에서 태양초로 말리는 공정을 생각해낸 것이다.

올해 최고의 히트작은 단연 '만능 양념장'이다. 지난 8월에 출시하여 2개월 동안 매출액이 2700만원을 기록하였다. 500g 손잡이 병으로 무려 5360병이나 판매된 것이다. '만능 양념장'은 여행을 떠날 때나 간단하게 요리를 할 때 이것 하나면 모든 요리가 가능하도록 각종 양념을 집약시켜서 만든 것으로 젊은이들에게 인기가 높다. 그래서 '아이돌 고추장'이라고 불리기도 한다.

'만능 양념장'은 청양고추와 설탕으로 만든 청양초청에 벌꿀고추장과 고춧가루·마늘·양파·생강 등 온갖 양념을 더해 100일간에 걸쳐 만든다. 고추를 말린 다음 가루로 빻아 장을 담그는 과정을 생략하고 물고추로 바로 양념장을 만들어 출시를 했는데 말 그대로 '대박'이 난 것이다.

'1석 3조' 효과를 거둔 마을상생기업

▲ ▲ ▲

우리 농협이 영월고추 향토산업 육성사업에 참여하게 된 것은 2015년이다.

지자체로부터 30억원의 사업비를 지원받아 마을의 14개 장류 관련 업체와 협의체를 구성하여 마을상생기업을 육성하기 시작하였다.

우리가 이 사업에 뛰어든 것은 우리 지역에 설립된 많은 장류 관련 영농조합 등이 운영난을 겪으면서 가공시설이 제대로 가동되지 않고 있는 현실을 직시하였기 때문이다. 나는 농협과 조합원이 원료 농산물을 계약재배하고 단순 가공은 마을상생기업에 위탁하면, 잠들어 있는 시설을 활용하면서 농가 소득을 올리는 것은 물론 마을 어르신들의 일자리를 창출하는 1석 3조의 효과를 거둘 수 있을 것으로 판단하였다.

사업에 착수해 사업자등록, 영업신고, 품목 보고 등 법적인 업무와 위생교육, 생산 및 제품 관리 등을 지원하고 공장이 돌아가기 시작하자 눈에 보일 정도로 마을에 활력이 넘치기 시작하였다. 마을상생기업에서 운영하는 공장에 취업한 어르신들의 눈빛에 생기가 돌고 출근과 퇴근이 따로 없다고 할 정도로 일에 열심인 것을 보고 나 자신도 놀라지 않을 수 없었다.

지금까지 육성한 마을상생기업에서는 메주와 고추·황태를 테마로 위탁가공사업을 진행하는데, 이들 기업이 들어선 마을은 이 테마를 따 '메주 만드는 마을' '고추 말리는 마을' '황태 말리는 마을'로 불린다. 이곳에서 일하는 사람은 모두 마을 주민이다. 12월에서 1월까지 두 달 동안 메주 만드는 마을에서 일을 한 어르신 한 분이 300만원의 소득을 올리고 무척 기뻐하시던 모습이 아직도 눈에 선하다.

콩 80kg 한 가마로 메주를 생산하면 18만 7000원씩 정산하는데, 마을에서 연간 1000가마 정도를 생산하니 1억 8700만원이 마을상생기업에 돌아간다. 이렇게 돈이 도니 마을에도 활기가 돌 수밖에 없다. 앞으로 대형 소비처와 연계해 콩 3000가마분의 메주를 생산한다는 목표를 갖고 있다. 또한 장류업체와 연계해 '알메주' '청국장' 등 위탁 신제품 사업을 확대하고 있으며, 앞으로 '무말랭이 마을'과 '생강·도라지를 세척·건조하는 마을'을 추가로 개발하는 등 마을상생기업을 6곳으로 확대할 계획이다.

6차산업 선두주자가 되다

마을상생기업이 자리를 잡으면서, 나는 지역 안의 폐교를 체험시설로 활용해 고추장·된장 등 장 담그기 행사와 절임배추 행사 등을 2년째 진행하고 있다. 이 프로그램은 서울·경기 등 수도권의 학생과 부녀회 등에서 참여할 정도로 인기가 높을 뿐만 아니라 마을에서 생산한 된장과 김치 등의 판매와 연계되어 농가 소득을 올리는 데도 큰 도움이 되고 있다.

우리 농협은 2016년 8월 농협중앙회가 선정한 6차산업 우수사례 20선 중 '농업인이 행복한 마을기업 육성' 분야에 선정되었다. 마을상생기업의 성공적인 육성과 소비자 팸투어, 교육청과 연계한 전통식품 체험 프로그램 운영 등의 효과를 높이 평가받은 것이다. 같은 해 농림축산식품부가 주최한 농업 6차산업 우수사례 경진대회에서는 지역부문 대상을 수상했다.

또한 우리 농협은 지난 7월 '6차산업화 지구조성사업' 공모에 최종 선정되어 2018년부터 2020년까지 3년 동안 총 30억원의 사업비로 본격적인 6차산업화 사업에 돌입한다. 이 사업이 추진되면 마을의 어르신들을 위한 일자리가 만들어지는 것은 물론, 도시 학생과 소비자들이 체험을 위해 마을을 찾으면서 청령포·천문대·동강시스타 등의 관광지뿐만 아니라 우리 농협 하나로마트와 지역의 전통시장과 유명 식당 등에도 활기를 불어넣어 지역경제가 한 단계 도약하는 계기가 될 것이다.

끝나지 않은 도전

지금까지 좌우명으로 '역지사지(易地思之)'를 새기고 살아왔다. 나보다는 상대방의 입장을 먼저 생각하고 배려하려고 노력해왔다. 영월농협이 지금 잘나간다고 해서 조금이라도 긴장을 늦추면 안 된다는 생각에 새로운 제품과 새로운 사업을 지속적으로 개발하고 추진하여 오늘에 이르렀다.

일본의 '코이'라는 물고기는 어항에서는 5cm, 연못에서는 15~25cm까지 크지만 강에 방류하면 1m 이상도 자란다고 한다. 주어지는 환경이 그만큼 중요하고 결과에도 큰 영향을 미친다는 것을 상징적으로 보여주는 것이다.

우리 영월농협은 '영월 장류 융복합 산업지구 조성사업'이라는 큰 프로젝트 추진을 목전에 두고 있다. 시골의 농협으로서는 엄청난 사업이고 새롭게 도약할 환경이 조성된 것이다. 더 크게 성장하기 위해 너른 강을 향해 헤엄치고 있는 셈이다. 나는 이 사업을 성공적으로 추진하여 농가소득 5천만원 시대를 앞장서 열어나가고자 한다.

유인목 조합장
2015년 강원 영월농협 조합장에 당선됐다(3선).
농민신문사 이사, 농협중앙회 대의원과 선거관리위원, 춘천지방법원 영월지원 조정위원 등을 맡고 있다. 조합장 당선 전 영월군 관내 농협에 31년간 근무했다. 2017년 농협중앙회 올해의 조합장상을 수상했다.

'옥토진미'로 살린 희망의 불씨

유창수 조합장
전북 군산 회현농협

'쌀 조합장' 소리 들으며 발로 뛴 판촉

▲ ▼ ▲

나는 농협 하나로마트가 있는 곳이라면 어디라도 달려가서 '옥토진미' 쌀을 홍보한다. 서울과 경기 등 수도권을 오가며 각종 유통매장에 우리 회현농협의 대표 브랜드인 '옥토진미'를 알리기 위해 매주 얼굴도장을 찍으며 밤낮이 따로 없는 생활을 했다. 또 매년 한 번도 거르지 않고 대량구매처를 돌며 신년 인사를 한다. 주변에선 그런 나를 회현농협의 '판매과장' '쌀조합장'이라고 부른다. 그렇게 불리는 것이 자랑스럽다.

소비자 선정 전국 우수브랜드로 평가를 받은 '옥토진미 골드'는 연간 28만포대 이상이 출하되고, 그중 70% 이상이 수도권 지역으로 출하되고 있다.

'옥토진미'는 농식품부와 전국소비자단체연합회에서 주최한 고품질 쌀 12대 브랜드에 선정되었다. 한국소비자단체연합회로부터 2009년과 2010년 2년 연속 고품질 브랜드 쌀에 선정되어 '러브미' 인증을 받았으며, 2012년에도 고품질 브랜드 쌀에 선정될 만큼 밥맛이 좋은 쌀로 정평이 나 있다. 또 농협중앙회 평가에서는 '2013년 NHQ 농협인증 쌀'로 선정되었다. 2015년에는 '옥토진미' 쌀이 우수한 미질과 밥맛을 인정받아 하루 평균 3700여명이 이용하는 서울시청 직원식당에 공급하는 정책 협약을 서울시와 체결하기도 하였다.

하지만 이런 성과의 이면에는 피눈물 나는 노력이 있었다.

'신동진' 단일 품종 고집, 고품질 유지

금강과 만경강 사이의 넓은 평야의 곡창지대인 회현면 일대는 대대로 풍족한 수리시설 덕분에 해마다 풍년을 맞았다. 하지만 해가 거듭될수록 늘어가는 영농비로 농가소득이 점점 줄어들고, 화학비료 과다 살포로 예전의 비옥한 땅에서 자라던 맛있는 쌀 맛을 찾기가 쉽지 않았다. 과거 우리 지역 쌀의 명성을 알리고 농가소득 증대를 위해서는 뭔가 특단의 조치가 필요하다고 생각했다. 나는 수도작 농사를 짓는 조합원들과 머리를 맞대고 해결책을 모색하였다.

그래서 함께 내린 결론이 방앗간 수준의 도정공장을 미곡종합처리장(RPC)으로 규모화·대형화하고, 낟알이 크고 밥맛이 좋은 '신동진' 품종으로 바꾸자는 것이었다. 관내 조합원들을 대상으로 한 홍보와 교육을 통해 2년 만에 품종을 완전히 갱신하였다. 이렇게 해서 회현농협 RPC는 계약재배로 '신동진' 한 품종만 취급하는 곳이 될 수 있었다.

유창수 조합장(가운데)이 우수 브랜드쌀로 선정된 회현농협 '옥토진미골드'를 들어 보이고 있다.

여기서 나온 쌀 브랜드가 바로 '옥토진미'이다. 옥토진미는 물벼 상태로 수매하여 전자제어식 시설에서 바람으로 건조하고 저장하므로 화력으로 건조한 벼보다 월등한 밥맛을 유지한다. 타 품종에 비해 낟알 크기가 큰 '신동진' 벼가 도복에 약하다는 단점을 극복하고자 발상의 전환으로 시비량을 줄여 도복을 줄였다. 아울러 밥맛을 좋게 하고, 타 지역 쌀이 혼입돼 유통되는 것도 막았다.

철저한 재배관리와 현대화시설을 갖춘 RPC에서 생산한 '옥토진미 골드'는 서울을 비롯한 수도권에서 밥맛 좋은 쌀로 정평을 얻어 전북 쌀의 명성을 드높였다. 고품질 품종인 '신동진' 벼를 농민과 전량 계약재배하여 자연통풍 방식으로 건조하고, 저온사일로에서 저장한 벼를 농산물우수관리(GAP)시설에서 가공하여 언제나 햅쌀 같은 뛰어난 밥맛을 유지하다 보니, 우리 회현농협 '옥토진미' 쌀은 점차 널리 알려졌다. 쌀값 하락과 소비 부진으로 대부분의 RPC들이 경영 적자를 보는 상황에서도 회현농협이 단연 뛰어난 실적을 거둔 것은 고품질 우수브랜드 쌀로 선정된 '옥토진미 골드' 덕분이다.

회현농협 RPC는 농협중앙회가 전국 RPC를 대상으로 농가벼 수매, 수탁, 판매, 손익, 고품질 쌀 생산 등을 평가하는 경영평가에서 농협 최초로 2013년부터 4년 연속 경영대상 우수상을 달성하였다. 이 평가 결과는 회현농협 미곡처리장의 우수한 첨단시설과 미질 및 밥맛 좋은 회현 쌀의 명성을 다시 한 번 전국에 입증하는 절호의 계기가 되었다.

또 지난 2011년에는 군산농협과 벼 원료곡 판매사업 상생 협약식을 가졌다. 군산농협은 조합원이 생산한 '신동진' 벼 전량을 회현농협 RPC에 판매했고, 회현농협은 이를 도정해서 군산농협 브랜드 '진포건강미'로 포장해 군산농협에 공급하였다. 이는 원료곡 물량 확보가 어려운 RPC 운영 농협에 RPC를 운영하지 않는 농협이 상생자금을 지원하고 자체 수매한 벼 전량을 판매하여 농협간 아름다운 협력의 사례로 기록되었다. 이와 함께 고품질 쌀 생산을 위해 공동육묘장도 운영해가며 순도 높은 종자로 육묘를 하고, 벼 병해충 방제와 수매까지 조합원의 영농비 절감을 위한 모든 노력을 지원하였다.

'고품질'과 '소득' 두 마리 토끼 잡기

그래도 나에겐 항상 풀리지 않는 숙제가 있었다. 고품질 쌀의 계속적인 생산과 농가소득이라는 두 마리의 토끼를 어떻게 하면 잡을 수 있을까? 농협이 농민을 위해 할 수 있는 사업이 무엇일까? 경종과 축산 복합영농을 하고 있는 조합원들의 축사를 바라보면서 생각했다.

'축산농가는 가축분뇨처리 걱정을 덜고, 경종농가는 친환경적인 퇴비로 토양의 황폐화 문제를 해결하자. 이렇게 해 고품질 쌀의 계속적인 생산이 가능하면, 그 노력을 우리 소비자들이 알아주리라. 그렇게 해 단골고객이 늘어나면 우리의 농가소득 또한 자연히 해결되리라.'

회현농협은 농축산순환자원화센터와 벼가공센터 등을 갖춘 광역친환경농업단지를 준공했다.

흔히 친환경 농축산자원화센터가 생기면 깃발을 들고 반대 시위를 한다지만, 우리 회현농협 조합원들은 달랐다. 우리 조합원들은 자원화센터 건립 시 "조합원을 위해서 퇴비사업을 한다는데 우리가 적극적으로 협조해야지" 하면서 전폭적인 지지를 보내주었다. 이런 믿음을 바탕으로 부지 매입부터 준공까지 빠른 속도로 친환경 농축산자원화센터 건립을 진행할 수 있었다.

여기서 생산된 '옥토퇴비'는 유기물 함량이 높아 토양을 개량하고 땅심을 높여준다. 친환경 퇴비농법으로 단지를 확대해서 고품질 명품 쌀을 생산하는 데 일익을 담당하고 있으며, 우리 회현면뿐만 아니라 시 지역 전체 사용량의 54%를 점유하고 있다. 이는 농협을 믿어주는 조합원과, 조합원을 위해 헌신 봉사하는 농협 임직원이 한마음으로 이룩한 성과였다.

도시로 떠난 조합원 자녀 속속 귀농

▲ ▼ ▲

군산시는 명품 군산 쌀 생산단지로 단백질 함량이 6.5% 이하인 최고 품질의 쌀 생산을 위해 전 필지 토양검정 후 밑거름 시비처방, 엽분석을 통한 맞춤형 이삭거름 처방을 농가에 지원하고 있다. 또 연중 2회에 걸친 현지 포장심사, 수확 전 쌀 품위검사 등 체계적인 고품질 쌀 생산 매뉴얼을 적용하고 있다. 또 쌀눈의 효능에 관심을 갖고 현미의 좋은 영양과 쌀눈의 건강함을 함유한 '배아미쌀' 신상품을 개발해서 소비자에게 판매하였다. 이와 함께 농축산순환자원화센터 및 친환경배아미 유통시설 등 녹색성장의 터전을 마련하였다.

이제 우리 관내에서는 도시에 나가 있는 조합원 자녀들이 고향에 내려와 농사를 짓겠다는 영농후계자의 사례가 지속적으로 늘어나고 있다. 농사일도 이제는 안정적인 소득을 올릴 수 있다는 것을 부모 세대를 통해 보고 듣고 느꼈기 때문일 것이다. 쌀값 하락 속에서도 희망의 불씨를 본 것이다.

회현농협은 퇴비농법 확대로 친환경적인 우수한 고품질 쌀 생산과 적극적인 판촉으로 조합원의 농가소득 5천만원 달성이라는 목표에 한걸음 한걸음 다가가고 있다. 관행농법으로 상실되는 지력을 자연순환농법으로 되살려 고품질 벼를 생산하고, 농업인 실익사업과 복지사업 등 지원을 확대하여 살 만한 농촌을 꼭 실현하고 말겠다는 나의 간절한 소망이 이제 꿈만은 아닌 듯싶다.

유창수 조합장
2015년 전북 군산 회현농협 조합장에 당선됐다(4선).
현재 농민신문사 대의원, 농협중앙회 선거관리위원, 자원화센터운영협의회 전북회장을 맡고 있다.
농협미곡종합처리장(RPC)운영전국협의회 감사, 농협정보시스템 감사위원장을 지낸 바 있다.

농촌형 농협
롤 모델이 되다

이성호 조합장
강원 홍천 내면농협

산지유통 대도약 시기를 열다
▲ ▼ ▲

오늘도 우리 농협 직원들은 아침 7시면 모두 출근을 마친다. 남들은 더위를 피해 산과 계곡이 좋은 이곳으로 여름휴가를 오지만 직원들은 10월까지 휴가를 잊고 산다. 특히 농산물이 집중되는 7월부터 10월까지는 매일같이 오이·풋고추·토마토·상추·호박 그리고 무·배추 등 농산물을 전국 공판장과 대형마트에 출하하느라 밤 10시가 넘어서야 겨우 퇴근 준비를 한다.

온종일 북적거리는 산지유통센터 집하장 처마 위로 둥근 보름달이 떴던 어느 날로 기억된다. 대형마트(이마트) 납기를 맞추느라 아이가 아픈데도 퇴근하지 못하고 일하던 직원을 타일러 집으로 보내놓고, 대견함과 동시에 미안한 마음에 한동안 산지유통센터 한편에서 발을 떼지 못했다.

내가 농협 직원 생활을 그만두고 농사를 짓던 1993년 말, 내면농협은 농협중앙회로부터 합병 권고를 받았다. 당시만 해도 대부분의 농민들은 농산물을 재배하여 농협을 거치지 않고 산지수집상한테 밭떼기로 넘겼다. 그러다 보니 농협의 판매사업 실적은 아주 저조했고, 전형적인 농촌형 농협으로서 신용사업 또한 한계를 보였다. 무엇보다도 농협이 조합원들로부터 신뢰를 받지 못하는 것이 가장 큰 문제였다.

1994년 조합장 취임 후 풋고추 작목반을 구성하고 조합원을 찾아다니면서 농산물을 농협으로 출하해줄 것을 설득했다. 또 전국 공판장을 다니면서 '내면 농산물'의 품질을 홍보하며 판로를 개척했다. 처음에는 조합원들이 농협을 믿고 따라주지 않아서 마음고생이 많았다. 하지만 농가에서 선별 작업하고 농협 수탁사업을 통해 농가 수취가격이 높게 나오자 조합원들이 달라지기 시작했다. 게다가 내면 지역에서 생산되는 풋고추는 양손에 잡고 꺾으면 톡 소리가 나면서 끊어질 정도로 아삭아삭 씹히는 맛이 좋아 도매시장에서도 연일 최고가 기록을 세우며 고공행진을 이어나갔다.

당시만 해도 시골에서는 마케팅이라는 것이 따로 없었다. SNS나 인터넷조차도 활성화되지 않은 시기라 급한 일이 생기면 고작 삐삐로 8282를 누르는 게 전부였다. 체계적이고 전략적인 마케팅이 필요했다. 먼저 내면 지역의 남쪽에 우뚝 솟아 있는 계방산(1577m)의 고갯길 이름을 따서 '운두령'이라는 브랜드를 개발하고 특허 출원까지 했다. 또 1998년에는 12억 4000만원을 들여 부지 9300m^2에 산지유통센터를 지었다. 이를 계기로 농산물 판매 사업이 50억원에서 100억원, 200억원으로 매년 급성장을 했다. 뿐만 아니라 주 소득작물도 풋고추와 감자·무·배추 중심에서 오이·토마토·상추·주키니호박 등으로 다양해졌다. 조합원들이 달라지고 있는 것이 보였다. 조합원이 농협을 신뢰하기 시작했고, 직원들은 힘들어도 웃음을 잃지 않았다.

내면 오이공선출하회의 눈부신 활약

우리 조합의 제1오이공선회 회원 16명은 전국에서 유일하게 '백다다기' 품종을 실생재배(대목을 쓰지 않는 재배법)하고 있는데, 향이 으뜸이고 육질이 아삭아삭해 오이 고유의 맛이 살아 있다는 평가를 받고 있다. 또 저장성도 뛰어나 이마트에서 전용 매대를 설치할 정도로 그 품질을 인정받고 있다.

오이공선회가 처음 결성된 것은 2002년이지만 틀이 제대로 갖추어진 것은 공동생산·출하·정산이 본격화된 2008년부터다. 소비자의 고품질 안전농산물 선호와 농산물 차별화 요구에 따라 우리 농협에선 유통시설을 현대화하고, 개별 농가를 소집하여 산지조직으로 육성하기 위한 대대적인 품질관리 재배 교육에 나섰다.

이성호 조합장(가운데)이 '운두령 오이' 등 내면농협 농산물 홍보를 위해 가락시장을 둘러보고 있다.

초기에는 농가별로 오이 품질과 수량에 차이가 커 공동정산을 둘러싼 갈등이 적지 않았다. 공선출하회는 회원 상호간은 물론 농협과의 원활한 의사소통과 신뢰가 없으면 무너지기 쉽다. 품질 관리, 재배 교육뿐만 아니라 회원 상호간 이견과 고충이 있으면 농협에서 앞장서 해결해주었다. 결과는 매우 긍정적이었다. 오이공선회에서는 영농에 바쁜 회원들을 정보교환 등을 위해 특별히 소집하지 않는다. 대신 출하를 위해 산지유통센터에서 회원들이 만날 때 서로 재배 기술과 문제점, 출하 물량 등을 논의하고 이를 SNS를 통해 다른 회원들에게 전해주고 있다.

2015년에는 제1오이공선회를 롤 모델로 제2오이공선회를 구성하여 현재 총 50여명의 회원이 연간 2000t의 오이를 대형마트에 납품한다. 2016년 49억원의 매출을 올린 오이공선회의 2017년 목표는 70억원이다. 49억원 중 60% 이상은 이마트에 5개들이 소포장용 오이로 납품한 것이다. 특히 소포장용 오이를 이마트에 납품하면 50개들이 박스 기준으로 도매시장보다 평균 8000원 정도를 더 받을 수 있어 농가 수취가격 상승에 상당한 기여를 하고 있다. 소포장 오이 납품의 장점은 이뿐만이 아니다. 도매시장에서는 23cm의 큰 오이를 원하는 반면 소포장용 오이는 도매시장에서 선호하지 않는 21~23cm의 크기다. 이에 따라 주 출하처가 도매시장으로 국한되는 일반 농가와 달리 오이공선회는 오이 크기별로 대형 유통업체와 도매시장을 선택해 출하하고 있다.

오이공선회의 성장에는 내면농협에 대한 굳건한 신뢰가 밑바탕이 되었다. 농가들은 생산에만 전념하고 상품화와 판매는 농협이 전담하는 신뢰 관계가 형성되어 있다. 판매상무가 품위나 물량에 부족함이 있을 때 출하 농가에 개선 사항을 알려주면 전 오이공선회 회원들이 즉시 소포장용 오이 물량과 품위를

품목별 공선출하회를 기반으로 탄탄한 시장대응력을 갖춘 내면농협 농산물산지유통센터.

조절하는 등 농협 사업에 적극 협조한다. 덕분에 내면농협 오이공선출하회는 2013년 우수조직상, 2014년 공선출하회 연도대상을 수상했고, 우리 농협 역시 유통개혁 대상, 2017년 대외마케팅 우수농협으로 선정되었을 뿐만 아니라 연중 30여개의 전국 농협에서 선진지 견학을 오는 명소가 되었다.

'김영란법' 극복하고 농산물 판매 609억 기록

▲ ▼ ▲

"강원도 작은 산골 농협에서 채소만 한 해 600억원을 넘게 팔아줬다는 것은 정말 놀라운 일입니다."

내면농협은 청탁금지법(김영란법) 시행, 경기 침체 등을 이겨내고 2016년도에 역대 최대인 609억원의 판매 실적을 달성했다. 소비 부진과 농산물 가격 바닥세에도 불구하고 판매사업 실적이 성장하는 이변을 낳을 수 있었던 이유는 지속적으로 새로운 소득작물을 발굴하여 작목반을 구성하고, 공선출하회를 활성화하여 도 단위 연합판매사업에 참여하는 등 체계화한 유통시스템을 구축했기 때문이다.

"뭉치면 살고 흩어지면 죽는다"는 말은 영세하고 고령화되어 노동 생산성이 저하되고 있는 우리 농업·농촌의 현실을 대변하는 말이다. 농가소득 5천만원 달성은 대형 유통망을 갖춘 협동조합을 통해 생산·유통·판매 등 전 과정을 조직화하고 규모의 경제를 실현할 때 가능한 일이다. 선조들의 협업정신, 상부상조의 정신을 승화시켜 '미래농업 6차 산업혁명'에 걸맞은 경쟁력을 갖추어야 한다. 개방화가 가속되고 있는 무한경쟁의 농업환경에서 개별적으로 농산물을 생산하고 출하해서는 살아남을 수 없다.

농업이 사양 산업으로 전락하고, 농촌은 정부의 지원에 의존하는 위기의 시대. 농업의 체질 개선과 농촌사회의 공익적 기능의 상당 부분을 이제 농협이 감당해야 한다는 사실은 분명하다.

이성호 조합장
2015년 강원 홍천 내면농협 조합장에 당선됐다(5선).
현재 농협중앙회 비상임 이사, 농촌경제연구원 중앙자문위원을 맡고 있다. 철탑산업훈장을 받은 바 있다.

나비의 꿈,
함평한우로 되살리다

전창희 조합장
전남 함평 월야농협

취임 6개월 만에 날아온 합병권고

월야농협은 2012년부터 시작한 콩(백태) 판매사업의 무리한 추진으로 2014년도 결산 때 8억 1700만원, 2015년 결산 때 30억 5300만원의 계속적인 당기순손실이 발생하여 2015년 9월 '부실우려조합 지정 및 적기시정조치 결정통보' 문서를 접수하고, 농협중앙회로부터 2016년 3월 15일까지 합병하라는 권고를 받았다.

조합장에 취임한 지 6개월 만이었다. 농협에 30년 넘게 근무하면서 태어나고 자란 고향을 위해 젊음을 바쳐왔고, 조합장이 되어서 지역발전을 위해 봉사하겠다는 일념으로 살아온 나에게는 청천벽력과도 같았다. 그러나 거기서 고향 하늘을 훨훨 날겠다는 '함평나비의 꿈'을 접을 수는 없었다. 고향을 사랑하고 농협을 아끼는 지역 원로 조합원들과 농협 동인들을 만나 뵙고 현재의 월야농협 현실을 설명 드리면서 해결방안을 찾기 시작했다.

선배들이 권고한 해결 방안은 '출자증대 운동'과 '불용자산 매각'을 통해 자구책을 마련하라는 것이었다. 이에 따라 전 임직원은 월야농협을 살리기 위해 밤낮으로 뛰었다. 우선 출자금 1억 3100만원 조성, 출자증대 8억원으로 자기자본증대 9억 3100만원 달성이 1차 목표였다. 한편으로 경영정상화가 될 때까지 조합장의 급여 반납 9000만원, 직원들의 상여금 반납 5800만원, 임원·대의원·영농회장·부녀회장 들의 실비 반납 5200만원 등 총 2억원의 경비를 절감함으로써 월야농협의 경영회생에 밑거름이 되었다.

전 임직원이 혼신의 힘을 다해 노력한 결과는 오래지 않아 나타났다. 출자증대, 경비절감과 함께 불용자산 매각 등을 통한 유형자산 처분이익 10억 7600만원으로 2015년 말 당기순이익 14억 7000만원을 달성했다. 2016년 3월 2~3일 조합구조개선지원부의 검사역 2명이 현지점검을 실시한 결과 드디어 2015년 말 기준으로 부실우려조합에서 벗어나는 기쁨을 맛보았다.

나는 합병 해제에 만족하지 않고 앞으로 어떻게 월야농협을 발전시키고, 고령화되어가는 조합원들을 위해 봉사하는 진정한 조합장이 될 것인가를 고민하기 시작했다. 수지개선과 축산농가의 실익제고를 위해 마트 등을 통한 매출증대에 힘썼다. 농촌인구 고령화에 대처할 노동시간 단축을 고민하면서 농협중앙회에서 권장하는 벼 직파(무논점파) 재배농법에 대해서도 관심을 갖게 되었고 이에 대한 구체적인 실천방안을 찾기 위해 끊임없이 노력했다.

홈쇼핑 3회 완판의 기쁨

▲ ▼ ▲

농협 하나로마트 축산물 매출증대를 위해 여러 가지 방안을 모색하는 가운데 공영홈쇼핑을 이용해보자는 제안이 있었다. 좋은 방안이라 생각하고, 홈쇼핑 자체가 수수료가 높기 때문에 매출이익보다는 매출증대에 중점을 두고 2017년 4월부터 준비하기 시작했다. 1차 서류검사는 마트 매장이 이미 해썹(HACCP) 인증을 받은 데다 서류준비도 잘되어 무난히 통과했다. 2차 현장검사가 있었다. 공영홈쇼핑 측에서는 이제까지 가공시설이 갖추어진 곳만 현장검사를 해왔는데, 마트에서 홈쇼핑 판매를 준비하는 것은 우리가 처음이라 했다.

1차 방송이 있던 6월 24일, '월야농협 암소 한 마리'라는 타이틀로 등심 외 5개 품목을 결합한 1.6kg의 쇠고기를 판매금액 6만 7900원에 내놓았고, 준비한 1400세트를 방송 배정시간 60분 중 40분 만에 조기 매진 완료했다. 예상치 못한 뜨거운 반응에 동행한 직원들도 크게 놀라는 모습이었다. 처음 시도해보는 사업이라 걱정을 많이 했다가 순식간에 고객의 주문량이 올라가는 것을 보고 눈가에 눈물을 보이는 직원도 있었다.

정육부 직원들과 함께 홈쇼핑 방송에 보낼 한우고기 물량을 준비 중인 전창희 조합장(맨 오른쪽).

'월아농협 암소 한 마리'의 홈쇼핑 3회 연속 완판은 직원들의 헌신적인 노력이 있었기에 가능했다.

　홈쇼핑에서 2차 방송을 재촉했으나, 한우 가격이 상승하고 특수부위 물량 확보가 힘들어 판매단가를 도저히 맞출 수가 없었다. 금액을 재조정하고 어렵게 물량을 확보해 한 달 만에 방송 날짜를 잡았다. 2차 방송은 7월 22일, 방송 45분 만에 준비한 물량보다 더 많은 2160세트가 조기 매진되었다. 홈쇼핑 측에서는 곧바로 3차 방송을 제안했으나, 이번에도 한우 가격이 오르고 물량 확보가 어려워 힘들게 준비했다. 9월 2일, 방송 43분 만에 2104세트가 조기 매진되어 3회 연속 완판이라는 기적적인 성과를 거뒀다. 기쁜 마음도 잠시, 이번에는 주문물량을 맞추느라 정육부 직원들은 밤샘 작업을 하고 전 직원이 나서서 포장을 거드는 등 홍역을 치러야 했다.

　홈쇼핑 방송을 3회에 걸쳐 추진하면서 많은 것을 느끼고 배웠다. 신규 고객 발굴을 위한 새로운 도전이었던 홈쇼핑을 통한 판매금액은 4억 600만원이었다. 수수료 26%를 제외하고 약 3억원의 매출증대에 기여했으며, 전국 방송으로 월아농협을 알려 홍보에도 많은 도움이 되었다. 홈쇼핑 방송 이후 월아한우 구입 문의가 급증하고, 이에 따라 급속한 매출증대가 이뤄지면서 홈쇼핑 3차 완판의 효과를 새삼 실감하고 있다.

'월화수목금금금' 궁리 또 궁리

▲ ▼ ▲

직파농법을 생각하면 1980~90년대의 담수직파가 연상되고, 연이어 가장 큰 문제점인 제초와 도복피해를 먼저 떠올리게 된다. 그러나 제초 문제는 약효가 뛰어난 약제가 나오면서 해결의 기미를 보이고 있다. 또 도복피해 부분은 무논점파 초기 벼 생육과정을 지켜보면 해결된다고 생각한다. 무논점파는 오히려 도복에 강하고, 뿌리의 활착으로 건강한 벼로 성장하기 때문에 병해충에도 일반 이앙벼보다 강하다.

2016년 8농가, 11ha로 시작한 벼 직파(무논점파) 재배사업은 2017년에는 52농가, 58ha로 증가되었고 직파 작황도 좋아 앞으로 직파농법에 의문을 갖고 있던 농가들의 참여가 확대될 것으로 예상된다. 우리 조합에서는 조합원의 일손을 덜어주기 위해 볍씨종자 발아사업을 직원들이 무료로 실시하고, 볍씨소독약과 살충제 농약대를 전액 무상으로 지원했다. 특히 깜부기병 예방에 대해서만큼은 확실한 차별화를 보임으로써 많은 농가들로부터 호응을 얻고 있다.

조합장에 당선되면서 새벽에 잠에서 깨어 이 궁리 저 궁리 하는 습관이 생겼다. 궁하면 통한다는 이야기가 있는데, 잠에서 깨면 먼저 오늘 하루 할 일을 정리해본다. 사무실, 마트, APC, 주유소 등 각 사업장에서 무슨 일을 해야 할 것인가! 생각이 깊어지고, 거기에다 조합원의 요구사항들을 더하면 할 일이 너무 많아 우선순위를 정하고 하루 한두 가지 일만이라도 꼭 해야겠다고 다짐하며 출근을 한다. 근무 시간을 마치면 각 영농회에서 일어났던 일들을 정리하며 현지 확인이 필요한 사항에 대해서는 관련된 조합원을 만나 대화를 하면서 해결방안을 함께 고민하는 시간을 갖는다. 그리고 농협 관련 종사자들과 만남의 시간을 통해 새로운 정보를 얻으려고 주로 저녁시간을 이용하고 있다.

요즘은 주5일 근무가 보편화되었지만 연중 근무하는 농협 경제사업장의 정서와는 별로 맞지 않는 것 같다. 직원들이 모두 토·일요일 없이 근무하는데 조합장이라고 쉴 수가 있겠는가! 토요일은 각 사업장을 돌아보면서 근무하는 직원들을 격려하고, 일요일은 성당 미사에 참석해 지역 주민과 소통하는 시간을 갖고 있다. '월화수목금금금'의 생활이 계속되고 있는 것이다.

합병 권고의 위기, 거액적자 조합의 오명을 극복하기 위해 임기 4년 중 2년을 보냈다. 2017년은 전 임직원의 노력으로 이제 정상에 오르기 위해 열심히 달렸다. 그동안 조합원들에게 특별히 출자배당을 못해드렸지만 이번 결산기부터는 어떻게든 월야농협을 지켜준 조합원들에게 보답하고자 한다. 우리 농협의 힘은 조합원들의 '끝없는 농협 사랑'에 있다는 것을 항상 명심하며, 주어진 조합장의 직무에 충실할 것이다.

전창희 조합장
2015년 전남 함평 월야농협 조합장에 당선됐다(초선).
1981년 월야농협에 입사해 과장·상무·전무 등으로 33년간 근무했다.

직거래 장터에서 발휘된
'주부대학의 힘'

정문기 조합장
경남 양산 물금농협

농가들의 가장 큰 고민 '판로'

"농사짓기 힘드시지요?"

"말해 뭣해…. 농사일 힘든 거야 참으면 되지."

"그럼 다른 걱정이라도 있으신가요?"

"몰라 물어. 저온저장고에 쌓인 밤 좀 봐. 이대로 가면 모두 버려야 될 판이야."

조합원과 대화를 나누다 보면 십중팔구는 판로에 대한 걱정을 한다. 애써 농사를 지어놓고도 판로 걱정에 밤잠을 설치는 조합원들을 대하면서 조합장으로서 늘 민망했다. 직원들과 머리를 맞대고 숙의를 거듭했다. "우리 농협에서 직거래 장터를 만들어 농민들의 고민을 해결해주자"는 데 의견을 모았다.

"직거래 장터를 만듭시다"

양산은 전국적인 명성을 얻고 있는 원동미나리와 매실, 물금토마토뿐만 아니라 고구마·단감·밤·버섯·사과·수박·쌀·양파·호박 등 다양한 농작물이 재배되는 곳이다. 직거래 장터를 열면 상품의 구색을 맞추는 데는 전혀 문제가 없을 정도다.

그런 우리 농협에서 직거래 장터를 연다니까 물금농협 주부대학동창회에서 팔을 걷고 나섰다. 판매와 홍보를 전담하겠다고 나선 것이다. 직거래 장터는 양산시의 대표적인 가을축제인 '가을국화향연'과 때를 맞춰 개장하기로 하였다. 이때가 2014년 10월 24일이다.

24일간 계속된 '가을국화향연' 축제장의 농산물 직거래 장터에서 발휘된 주부의 힘은 역시 대단했다. 누구도 예상치 못했던 폭발적인 반응에 모두가 놀랐다. 하루에 수백명의 소비자가 4개 부스에 진열된 농산물을 구매하고 다시 찾아오면서 하루 매출액이 평일은 400만원 이상, 주말은 700만원에 달했다. 농산물값 하락으로 판로가 막힌 농가는 "고맙다"라는 한마디에, "구입해 간 농산물이 맛있어 또 사러 왔다"는 소비자 칭찬에 조합원·주부대학동창회원·직원 모두가 힘든 줄 몰랐다.

"청정지역인 원동에서 생산된 우수한 지역 농산물입니다. 맛 한번 보세요. 싱싱하고 저렴해서 사시면 절대 후회하지 않을 거예요." 판매에 나선 주부대학동창회원들의 낭랑한 목소리에도 활력이 넘쳤다.

원동면 내포리에서 밤농사를 짓는 한 조합원은 "시장 가격이 너무 낮아 팔기가 마땅치 않아 고민했는데 농협에서 직거래 장터를 열고 500kg 이상 팔아줬다"며 "썩혀서 버릴 뻔한 밤을 농협 직원과 주부대학 동창회원들이 대신 잘 판매해 줘서 얼마나 고마운지 모르겠다"고 칭찬을 아끼지 않았다.

이렇게 시작한 물금농협 직거래 장터는 2014년 24일간 열려 43품목에 8500만 원의 판매 실적을 올렸다. 2015년에는 18일간 장터 운영으로 50품목에 1억 300만 원, 2016년에도 18일간 운영해 65품목에 1억 2800만 원의 실적을 기록했다. 2017년에도 17일간 운영해 88품목에 1억 5000만원의 실적을 기록했다. 티끌 모아 태산이라고 10년이면 10억 이상의 지역농산물이 직거래 장터에서 판매될 것이다.

'조합원의 고민을 조금이라도 덜어주자'고 시작한 직거래 장터가 농민들에게 실익을 돌려준 것은 물론, 우리 농협 조직의 열정과 역량을 대내외적으로 알린 것이다.

직거래 장터 성공으로 이끈 '주부대학 동창회'

▲ ▼ ▲

'국화향연'과 함께 진행하는 직거래 장터는 다양한 볼거리와 먹거리 덕분에 많은 인파가 몰린다. 이곳 직거래 장터는 단순한 판매장이 아니다. 사람·춤·노래가 함께 어우러지는 흥겨운 분위기 속에서 갓 수확한 지역의 특산품이 시중가보다 20~30% 저렴한 가격에 판매되는 축제장이다.

직거래 장터 옆 공연장에선 주부대학 노래자랑을 개최하여 주부대학 동창회원은 물론 지역 주민과 수많은 관광객 들이 자리를 잡고 앉아 노래도 부르고 다양한 경품도 받아 간다. 물금농협이 처음 직거래 장터를 개설할 때 당초에는 농가들이 직접 나와 농산물을 팔게 할 계획이었다. 하지만 축제기간이 농번기와 겹치자 주부대학 동창회에 도움을 요청했다. 주부대학 동창회는 기수별로 매일 10여명의 회원이 순번을 정해 장터에 나와 자원봉사를 했다.

농협 직원들도 3~5명씩 돌아가며 동참했다. '오이소! 보이소! 사이소!'의 슬로건을 건 2015년 이후에는 판매장을 찾는 고객이 붐벼 하루에 20명 이상이 나와 봉사를 했다.

물금농협의 직거래 장터는 '국화향연'과 함께 어우러져 입소문을 타고 양산은 물론이고 부산·울산·김해 등 다른 대도시 지역에서도 많은 사람들이 찾아와 지역농산물 홍보에도 큰 도움이 되는 등 커다란 시너지 효과를 내고 있다. 주부대학 동창회원들의 적극적인 지원으로 직거래 장터가 지역 농산물을 홍보하고 농가를 돕는 기폭제가 된 것이다.

직거래로 도농상생의 미래 다져야

2011년 처음으로 조합장에 당선되었다. 양산에서 태어나 농사를 지었다. 제대 후에 농지를 임대해 3만평 규모의 농사를 지으면서 한우와 젖소도 키웠다.

정균기 조합장(왼쪽 세 번째)이 주부대학 동창회원들과 함께 농산물 직거래 장터 알리기에 나섰다.

기부와 봉사에 앞장서는 물금농협 주부대학 동창회는 농협뿐 아니라 지역사회의 든든한 여성 일꾼들이다.

그러다 1980년대 초 소값 파동이 몰아치자 모든 걸 접어야 했다. 학업을 계속하기 위해 부산에 나가 대학을 다니면서 자그마한 가게를 운영하여 가족의 생계를 돌보다 보니 무척이나 힘들었다. 다시 고향에 돌아와 새마을금고에도 잠시 몸담았고, 적극적인 성격으로 양산시 체육회 사무국장 등 여러 가지 사회활동을 하였다.

농협 조합장에 도전을 했다가 낙선한 아픔을 뒤로하고 그 다음날부터 농민들과 함께하면서 생산한 농산물을 직접 팔아주었다. 오전에 트럭 한 차를 몰고 도시로 나가서 다 팔고, 오후에 또 한 차를 채워서 나가는 식이었다. 이때 농촌 현장의 실상을 직접 몸으로 체험하며 많은 것을 깨닫게 되었다.

물금농협은 신도시로 변모해 하루가 다르게 상전벽해를 이루는 물금읍과 인근 대도시를 주요 판매처로 확보한 원동면을 관할 구역으로 두고 있다. 전형적인 도농 복합형 농협이다. 도시형 농협과 농촌형 농협에서 볼 수 없는 독특한 환경인 것이다.

나는 이러한 환경 속에서 우리나라 농협의 새로운 미래상인 도시와 농촌의 결합을 모색하면서 상생하는 길을 찾아야 한다고 믿고 있다. 그리고 그 해답의

하나가 직거래 장터라고 나는 생각한다. 직거래 장터는 도농이 상생하고, 생산자와 소비자가 교류할 수 있는 기회의 장이자 지역농산물 판매의 장인 것이다.

이를 가능하게 하는 것이 우리 농협 여성조직의 저력이다. 이들은 꾸준한 봉사활동으로 지역의 소외된 곳을 환히 비추어왔을 뿐 아니라, 최근에는 도시와 농촌을 연결하는 '도농상생 도우미' 역할도 앞장서 펼치고 있다. 이들과 함께 우리 물금농협은 농촌과 도시, 생산자와 소비자 모두가 만족하는 21세기 농협의 미래상을 만들어가고자 한다.

정문기 조합장
2015년 경남 양산 물금농협 조합장에 당선됐다(2선).
현재 농협중앙회 대의원을 맡고 있다. 양산시체육회 사무국장, 민주평화통일자문위원 등을 지낸 바 있다.

농업인이
행복한 그날을 꿈꾸다

최한교 조합장
충북 충주농협

농업의 현실, 조합장의 숙명

▲ ▼ ▲

2015년 3월 11일 최초로 전국에서 동시에 실시된 조합장 선거에 출마하면서 가장 염두에 둔 것은 '조합장이 주도하는 판매농협 구현'이었다. 조합장 출마 전 비상임 이사로 활동하던 시기에도, 그 이전 농협 직원으로 근무하던 시절에도 마찬가지였다. 세계경제나 국내경제의 어려움을 말하지 않더라도, 농업·농촌이 어렵다는 것은 누구나 알 수 있는 이야기가 되었다. 매일같이 농업 현장을 누비며 살아온 나로서는 이 같은 현실을 온몸으로 느낄 수 있었다.

경제상황, 일기상황, 소비자의 수요량 등은 농민이나 조합장인 내가 컨트롤할 수 없다. 그러나 좋은 농산물을 생산하도록 지도·지원하고, 올바른 선별을 통해 출하처에 제대로 납품하면서 국민들의 관심과 성원을 이끌어낸다면 농민이 흘린 땀은 더 큰 소득으로 돌아올 거라고 믿는다. 그 믿음을 가지고 농민 조합원의 꿈을 함께 실천하는 것은 조합장의 피할 수 없는 숙명이라 생각한다.

'맞춤형 선별기'로 농가소득 견인

우리 농협은 사과·복숭아·방울토마토가 대표 작물이며, 이들 판매액이 전체 판매사업의 60%가 넘는다. 이에 따라 2007년부터 이들 품목에 대한 선별장을 건립 운영하고 있다. 공동선별·공동정산 시스템의 운영을 통해 농가일손 감소와 농산물가격 수취 제고에 큰 기여를 하고 있으며, 이를 바탕으로 2013년에는 지점(중앙탑지점)에 복숭아 선별장을 추가 설립하기도 했다.

그런데 문제가 생겼다. 바로 노후화된 선별기다. 10년이 다 된 선별기는 작업속도가 더딘 것은 물론이고 종종 멈추기도 하는 등 손볼 데가 점점 많아졌다. 교체를 해야 하나 신규 선별기 및 부대시설 교체로 15억 원 정도 소요될 만큼 비용이 만만치 않았다. 하지만 선별기 교체는 고품질 농산물 출하를 위해 꼭 필요했기 때문에 하루속히 계획을 수립해야만 했다. 이에 따라 우리 농협만의 특성에 맞는 기계를 설계하기 위해 담당 부서와 작목회를 중심으로 하는 태스크포스(TF)팀을 구성해 선별기 교체를 추진했다.

선별기 교체를 위한 TF팀은 최신 선별기가 설치된 다수의 국내 현장 방문과 수십 차례의 회의를 거쳐 우리 농협만의 특화된 선별기 도입 설치를 위한 기본 설계도를 완성했고, 다시 수많은 시행착오를 거친 끝에 최종 설계도가 나와 2016년도 사업계획에 반영할 수 있었다. 그후 시청으로, 도청으로, 농협중앙회로, 국회의원 사무실로 발 빠르게 다니며 해당 사업의 필요성과 이에 대한 간절함을 호소하고 보조금 획득을 위해 혼신의 힘을 기울였다.

그런 노력에도 불구하고 추진 첫해엔 씁쓸한 결과만 돌아왔다. 포기하지 않고 다시 1년의 시간 동안 계속해서 문을 두드렸다. 누군가 그런 말을 했다. "돈 많은 농협에서 무슨 보조금을 받으려고 그러냐? 그냥 돈 주고 사면 될 것이지." 자괴감이 밀려왔다. 이렇게 하는 것이 나만, 농협만 위한 일인가. 사회적으로 소외받고 상대적으로 약자인 농민을 위한 일임을 왜 몰라줄까. 이런 마음이 통했을까. '비용을 아껴 더 많은 농민에게 혜택이 돌아가게 하겠다'라는 우리의 의지가 받아들여져 마침내 보조금이 확정되었다.

일단 복숭아·사과 선별기만 확정되었지만 1년을 더 외치고 다닌 결과 방울토마토 선별기 보조금까지 획득할 수 있었다. 조합원들이 그토록 원하던 숙원사업이 이뤄지는 순간이었다. 최신 시설의 선별기가 도입되면서 이전보다 다양한 규격과 많은 물량을 취급할 수 있게 되었고, 보다 신속하고 정밀한 선별 능력으로 최상의 농산물을 출하할 수 있었다. 이는 농산물 수취가격 인상으로 이어졌고, 농가소득이 향상된 것은 너무나 당연한 결과였다.

전국 최고 수준의 영농지도

▲▼▲

나는 조합원들에게 항상 이렇게 말한다. 농사만 잘 지으시라고. 판매는 조합장인 내가 책임진다고. 그런데 농사만 잘 짓는다는 것도 쉬운 일은 아니다. 농산물의 판매도 중요하지만 농민들이 농사를 잘 짓도록 뒷받침해줘야만 한다. 우리 농협은 종합농협이지만 조합원들의 생산작물 특성상 원예작물에 특화된

최한교 조합장(앞줄 가운데)이 직원들과 함께 총화상 수상을 자축하며 '1등 농협' 실현을 다짐하고 있다.

농협이다. "사과 하면 충주, 충주 하면 사과"라는 말처럼 사과의 주산지이며, 복숭아의 최강자인 장호원 '햇사레 복숭아'와 버금갈 정도로 우수한 복숭아가 생산되는 곳이기도 하다.

원예작물은 각 과수원별 철저한 맞춤 방제와 시비가 필요하다. 우리 농협은 2017년에 영농지도사를 추가로 증원해 현재 영농지도사 5명으로 전국 최고 수준의 영농지도를 함으로써 우수한 농산물 생산에 기여하고 있다. 작물별·시기별 방제약제 및 비료 살포 등에 대한 정형화된 매뉴얼이 있지만 좀 더 우수한 영농지도를 위해서는 우선 과수원의 상황을 꼼꼼히 체크해야 한다. 몇 년생 나무인지, 지리적 위치가 어떠한지, 수세가 어떠한지, 품종은 어떠한지 등 현재의 상태를 일일이 살펴 맞춤처방을 해야만 우수한 영농지도사라 할 수 있다. 그러기 위해서는 과수원 방문이 수시로 이뤄져야 한다.

얼마 전 모 신문사 인터뷰에서 조합원이 이런 말을 하였다. "여기 영농지도사가 내 과수나무의 상태를 나보다 더 잘 알고 있다." 50년 넘게 사과농사를 지어온 농민이 자신의 경험보다 농협의 의견을 더 중시한다고 말할 정도로, 우리 농협이 꼼꼼하고 정확한 처방을 내려 고품질 농작물 생산에 기여하고 있다는 이야기다. 우리 농협이 영농지도사를 늘려가며 더 많은 농가가 더 많은 영농지도를 받도록 한 이유가 여기에 있다.

  농가의 영농활동에 대한 지원도 빼놓을 수 없다. 우리 농협은 농기계서비스센터를 운영 중이다. 트랙터·콤바인·이앙기 등이 주 기종으로 수도작 및 시설채소 농가가 많이 이용하지만, 과수농가는 고성능분무기(SS기)나 운반차 정도밖에 농기계를 사용하지 않는다. 그동안 SS기도 농기계서비스센터에서 취급해 달라는 요청이 있었으나 인력도 부족하고 전문 수리기사가 없는 관계로 운영을 하지 못했다. 그런데 SS기 수리를 사설업체에 맡기면서 그 비용이 만만치 않다는 이야기가 들린다. 과다한 수리비용은 농가의 부담이며 결국 소득감소로 이어진다. 마침 SS기 수리를 전문으로 하다가 업을 접은 기사를 접촉해 직원으로 채용하게 되었고, 이에 따라 저렴한 가격에 SS기 수리를 하게 되면서 보다 많은 조합원들이 혜택을 누리게 되었다.

  교육의 필요성은 아무리 강조해도 지나치지 않다. 새로운 농업기술의 습득, 변화되는 농업환경에 맞는 맞춤형 농법 개발, 개인의 영농환경에 맞는 기술교육 등은 농업에 있어서 너무나 중요하다. 우리 농협은 농민의 영농기술 발달을

충주농협은 농가별 맞춤처방 등 전국 최고수준의 영농지도를 통해 고품질 농산물 생산을 지원한다.

위해 각종 교육을 실시하고 있으며, 특히 애플스쿨 및 복숭아스쿨은 전국적으로 손꼽히는 충주농협만의 과수 전문 교육·교류체로 자리매김했다.

'농업이 미래의 가장 유망한 직업'

'2006 구글 최고의 미래학자' 상을 수상한 토머스 프레이 다빈치연구소장은 "농업은 미래의 가장 유망한 직업"이라고 예측한 바 있다. 과거뿐 아니라 현재에도 농업은 삶의 근본이고, 앞으로도 국가의 미래 성장동력 산업으로서 무한한 가치가 있다고 믿어 의심치 않는다.

농작물은 농부의 발소리를 듣고 자란다고 한다. 이른 아침 힘차게 발을 내딛는 농부처럼 나 또한 농민들을 위한 발걸음을 내딛는다. 비록 미약한 힘일지언정 더 나은 농민들의 삶을 위해, 국민으로부터 관심받고 사랑받는 농협을 위해 헌신하는 것이 숙명처럼 다가온다. 모든 국민이 머물고 싶어 하는 농촌, 잘사는 농촌, 그래서 농업인이 행복해지는 그날을 기대해 본다.

최한교 조합장
2015년 충북 충주농협 조합장에 당선됐다(초선).
현재 농협사과전국협의회 부회장, 토마토생산자협의회 이사를 맡고 있다. 조합장 당선 전 충주농협 비상임 이사를 지낸 바 있다.

로컬푸드 매장 확대로 승부한다

한진섭 조합장
광주광역시 광주농협

농업 강국 네덜란드를 꿈꾸며

37년간 농협에서 일하고 정년퇴직 후에는 직접 농사를 지었다. 땀을 흘리며 농사를 지으니 다시 한 번 이 땅의 농민이 가장 소득이 낮은 사람임을 실감해야 했다. 꿈과 희망이 사라져가는 농업을 되살리기 위해 내가 직접 조합장으로 일해볼 것을 결심했다. 2013년 조합장으로 당선되자 농업 강국 네덜란드를 모델로 삼았다. 농업기반을 새롭게 조성해 농업인들 주머니를 두둑이 불려주겠다는 야심찬 다짐 아래 로컬푸드직매장 10곳을 개설하고자 결심했다.

네덜란드 농업은 정부가 자금지원 및 기술개발과 교육에 집중 투자하고, 학계에선 수준 높은 교육과 새로운 농업기술을 제공한다. 또 각급 농업협동조합이 가교 역할을 제대로 수행함으로써 개별 농가가 스스로 경쟁력을 갖고 고품질의 농축산물을 수출하여 국가경제에 크게 기여하고 있다. 정부와 학계와 농업협동조합이 함께 국토의 절반이 해수면보다 낮은 극히 열악한 농업환경을 극복하고 농업 강국이 된 것이다.

나는 농협이 제 역할을 다하고 농업에 대한 애정과 열정을 제대로 살린다면 우리도 네덜란드처럼 농업 강국이 될 것을 확신하고 있다.

무등산 일대에 친환경 농업단지 조성

농업은 '국민의 먹거리 해결'과 '환경보전'이라는 두 가지 최고의 가치를 가진다. 따라서 이를 실현하기 위해선 쉽지 않지만 친환경농업이 반드시 자리 잡아야 한다. 나는 2014년부터 친환경농산물 생산을 기본으로 하는 기반조성 사업을 시작하였다.

첫째, 전남대 농업생명과학대학과 협약을 맺어 친환경농업대학을 개설, 현재 3기까지 180명의 졸업생을 배출했다. 또 전남대 친환경농업연구소의 기술 지원을 받아 친환경 미생물 배양시설을 설치하여 관내 전 지역에 친환경 미생물을 상시 공급할 수 있도록 하였다.

둘째, 2015년 초 1420m^2(430평) 규모의 보관창고와 저온저장고, 선별장을 갖춘 친환경농산물 유통시설을 준공하여 친환경농업 유통기반을 조성하였고, 농가 여건에 맞는 친환경농산물 생산을 위한 시범포도 1650m^2(500평)를 운영하고 있다. 이를 통해 친환경농산물 생산과 유통에 필요한 여러 가지 기능을 수행하고 친환경농업 기술을 농가에 직접 보급하고 있다.

광주농협 특화품목인
'무등골 애플수박'
시범재배 농가와
함께한 한진섭 조합장
(뒷줄 가운데).

셋째, 친환경농업을 실천하는 데 필요한 지원을 아끼지 않고 있다. 우리 농협은 도시농협이라는 한계에도 불구하고 우여곡절 끝에 친환경 벼재배단지를 성공적으로 조성하여 무등산에 위치한 충효동 전 지역을 친환경 벼재배단지로 만들었다.

"친환경 농사가 잘될 수 있을까?"

"고생만 하고 안 팔리면 어떻게 하지?"

처음 친환경농업을 도입하고자 할 때 농민들은 상당한 우려를 표명했다. 가보지 않았던 길을 가려니 두려움이 앞섰던 것이다. 하지만 결과는 성공적이었다. 벼 수매가도 공공비축미 가격에 비해 약 42% 정도 높게 받았다. 이에 따라 무등산 일대를 중심으로 친환경 벼재배단지를 확대해가고 있다.

'애플수박'으로 무등산수박 명성 잇다

청정지역인 국립공원 무등산을 친환경농업지역으로 만들기 위해서는 무엇보다 농가의 소득을 높이는 방안 마련이 최우선되어야 했다. 그 주요 방안이 무등산을 테마로 하는 특화작목 개발과 로컬푸드 품목 확대였다. 2015년부터 현재까지 우리 농협은 시범포를 직접 운영하여 새로운 품목을 친환경적으로 재배하여 농가에 보급하면서 농가들의 호응을 얻고있다.

우선 '무등산' 하면 무등산수박이 유명하다. 그러나 갈수록 재배가 어렵고 판매가 되지 않아 농가가 점점 줄고 있다. 이를 대체할 특화품목을 개발하고자 여러 가지 신품종 수박을 시험재배한 끝에 친환경적으로 재배가 가능한 '무등골 애플수박'과 '무등골 황금수박' 두 가지 품종을 선발하여 2017년부터 농가가 재배를 시작하였다. '애플수박'은 크기가 사과만 하다고 하여 붙여진 이름이다. 당도도 좋고 크기가 작다 보니 1인 가구 등 소규모 가정에서 인기가 높고 관광객들에게도 반응이 좋다. 자연스레 지역 로컬푸드의 인기상품으로 등극했다. 특히 이들 신품종 수박은 생산농가가 재배에 매력을 느끼며 반가워하고 있어 2018년부터는 작목반 중심으로 농가수가 크게 확대되고 무등산 특화품목으로 자리를 잡을 것으로 예상한다.

이렇게 친환경적으로 생산한 농산물을 잘 팔아주고 출하 농가의 소득을 올리는 가장 현실적인 방법은 로컬푸드직매장을 직접 운영하는 것이다. 그래서 로컬푸드직매장 확대에 모든 역량을 집중하고 있다.

광주는 인구 150만명의 거대 소비시장이어서 도심 요소요소에 로컬푸드직매장을 개설한다면 확실한 판매를 기대해볼 수 있다. 나는 로컬푸드직매장을 10호점까지 설치할 계획으로 생산부터 교육 그리고 매장 개설까지 필요한 모든 것을 차근차근 준비해오고 있다. 현재 2곳이 운영 중이고 3호점(1층 로컬푸드직매장, 2층 신용점포)을 2017년 12월경에 개점할 목표로 현재 공사가 진행 중이며, 4호·5호·6호점은 2018년 중으로 개점을 목표로 추진 중이다.

로컬푸드직매장 10곳으로 확대

▲ ▼ ▲

처음 로컬푸드직매장을 개설하려 할 때 갖추고 있던 것은 하나도 없었다. 생산자도 준비가 되어 있지 않았고 로컬푸드에 대한 소비자 이해도 부족했다. 하지만 일단 작게라도 추진하여 하나하나 만들어 가는 것이 중요하다고 보고 차근차근 준비를 해나갔다. 사업을 시작하면서 보니 로컬푸드 사업이 생산자와 소비자 모두에게 좋은 사업이라는 것을 다시 한 번 확인할 수 있었다. 매출액도 매년 30~80% 지속적인 성장을 하였고 출하농가도 처음 20명 정도에서 180명 대까지 증가하였다. 이처럼 농산물을 생산하여 팔 곳이 없었던 농가에 팔 곳을 마련해주고 그에 따라 농가소득이 날이 갈수록 올라가는 것을 보며 나와 우리 직원들은 큰 보람을 느낀다.

로컬푸드직매장의 운영 효과는 크게 세 가지다.

첫째, '조합원을 부자 만들어 주는 사업'으로, 판매액을 농가 통장에 직접 입금하니 노력한 만큼 소득을 올릴 수 있고 출하농가가 도심권에 직접 판매점포를 운영하는 효과가 있다.

둘째, 운영하는 농협 입장에서 자금 부담과 재고 부담이 없기 때문에 사업 추진이 용이하고, 신용점포와 복합적으로 운영함으로써 인터넷 은행 시대에 대면고객을 확보하는 등 농협 사업의 시너지 효과를 올릴 수 있다.

셋째, 출하 농산물 진열과 관리를 출하주가 직접 함으로써 생산자와 소비자 간 신뢰를 쌓아갈 수 있어서 좋고, 운영 면에서 종사 직원이 많이 필요 없는 사업이라는 점도 장점이다. 이 밖에도 좋은 점이 많은데 그 이유는 지역과 생산자와 소비자가 모두 필요로 하는 사업이기 때문일 것이다.

광주농협은
로컬푸드직매장을 10곳으로 확대,
지역·생산자·소비자 모두에게
기여하고자 한다.

　소규모 농가가 많은 우리 농협 조합원이 소득을 올릴 수 있는 유일한 길은 친환경으로 재배한 안전하고 신선한 농산물을 로컬푸드직매장에 출하하여 제값을 받고 파는 것이라고 생각한다. 앞으로도 지속적으로 소득작물과 특화품목을 개발하고 로컬푸드직매장을 10개점까지 확대 개점한다면 농가소득 5천만원 시대를 조기에 달성할 수 있을 것으로 확신한다.
　협동조합이 지향하는 최종 목표인 농업인 삶의 질 향상과 조합원이 행복한 복지농가·복지농협을 만들어가는 데 선두에 서서 모든 역량을 기울이고자 한다.

한진섭 조합장
2015년 광주광역시 광주농협 조합장에 당선됐다(2선).
현재 농민신문사 대의원, 도농상생협력위원회 위원을 맡고 있다. 조합장 당선 전 농협에 37년간 몸담았다.

옥수수 축제로
새로운 희망을 품다

한창진 조합장
강원 원주 문막농협

강원도 찰옥수수는 참 맛이 좋다

　강원도 찰옥수수는 언제 먹어보아도 참 맛이 좋다. 갓 수확해 삶아낸 옥수수를 먹을 때마다 그 맛에 언제나 감탄을 하곤 한다.
　국민 간식으로 사랑을 받고 있는 찰옥수수는 50% 이상이 수분이어서 다른 곡류에 비해 칼로리와 지방 함량이 낮고 섬유질이 풍부해 다이어트 식품으로도 애용되고 있다. 옥수수의 풍부한 토코페롤 성분은 노화를 방지하고 면역력을 향상시켜주며, 비타민B는 여름 더위에 늘어지는 무기력증을 이기는 데 도움이 된다고 한다. 옥수수수염은 이뇨작용을 촉진하여 한방에서 부기를 빼는 약재로 사용하는데 요즘은 날씬한 몸매를 추구하는 신세대를 겨냥한 다이어트 음료로 개발되어 인기리에 판매되고 있다.

많은 찰옥수수 중에서 강원도에서 생산된 것이 유독 맛이 좋은 것은 지역 특성상 낮과 밤의 온도 차가 크고 기온이 서늘한 고지대가 많은 덕분이다. 이런 곳에서 생산한 찰옥수수는 특유의 달콤 쫀득한 맛이 난다고 한다.

2012년 조합장에 처음 당선된 나는 '참 맛이 좋은 강원도 옥수수만큼은 제값을 받을 수 있게 하겠다'고 다짐을 하고 또 다짐을 하였다.

가락공판장에서 받은 '충격'

서울의 가락시장을 찾아가 경매현장을 지켜보았다. 전국에서 다양하고 많은 농산물이 쉴 틈 없이 쏟아져 들어오고, 한편에서는 경매가 한창 진행되고 있었다. 가만히 지켜보니 '저렇게 낮은 가격을 받아도 되나' 할 정도로 내가 생각했던 것보다 한참 낮게 낙찰되고 있었다.

드디어 옥수수 경매가 시작되었다. 첫 경매는 30개들이 한 자루에 고작 5000원이 나왔다. "옥수수 한 개에 160원밖에 안 된다니…." 나는 할 말을 잃었다. 한여름에 뙤약볕에서 고생을 해서 키운 옥수수 한 개가 껌값도 안 되는 160원이라는 사실에 나는 '충격'을 받았다. 더 놀라운 일은 옥수수 한 자루가 1000~2000원에 거래되는 경우도 있었다.

농가의 입장에서 보면 참으로 기가 찰 노릇이 아닐 수 없었다. 뜨거운 날씨에 땀으로 범벅이 되어 어렵게 농사를 지은 옥수수가 그저 그날그날 시세에 따라 가격이 결정되고, 아무 소리 못하고 팔아야 하는 현실 앞에서 나는 한참을 멍하니 지켜보고 있었다.

옥수수 축제를 기획하다

▲ ▼ ▲

가락시장에서의 충격에서 벗어나자 나는 어렵게 농사지은 농산물을 제값 받고 팔 수 있는 방안이 무엇이 있을까 고민에 고민을 거듭했다. 그러자 불현듯 떠오른 것이 '옥수수 축제'였다. 우선 조합원들이 어떤 작목을 얼마나 재배하고 있는지부터 조사를 하였다. 문막은 강원도 제2의 곡창지대로 벼농사가 가장 많았고, 그 뒤를 이어 옥수수가 약 100ha 정도로 연간 30개들이 포대로 약 10만자루가 생산되는 것으로 조사되었다.

축제를 하려면 예산이 얼마나 들어가는지조차 처음에는 가늠이 잘되지 않았다. 이벤트 기획사를 통해 대략 어느 정도 돈이 들어갈지 문의를 하니 기획사마다 천차만별로 가격차가 심했다. 농산물축제를 하고 있는 타 지역에 알아보아도 속 시원하게 이야기해주는 곳이 없었다. 축제 비용이 얼마가 들어가든 예산 확보가 급선무였다.

원주시와 강원도에 필요한 예산 지원을 요청하기로 하고, 시의원과 도의원을 일일이 찾아가 '옥수수 축제'의 취지를 설명하고 지원을 요청하였다.

'2017 문막농협 옥수수 축제'에는 김병원 농협중앙회장(가운데)도 방문해 격려를 아끼지 않았다.

"취지는 좋은데…, 그걸 행정기관도 아닌 농협에서 개최해서 성공할 수 있겠습니까?"

"축제가 보기는 별것 아닌 것 같아도 여간 복잡하고 힘든 게 아닙니다. 자칫하면 헛돈만 쓰는 행사가 되기 십상이에요."

"도와드리고 싶어도 예산이 있어야지요."

모두들 걱정만 해주고 흔쾌하게 지원을 약속하는 사람은 없었다. 처음에 예산이 없다고 손사래를 치던 시청의 담당 공무원은 나의 간곡한 부탁에 "더 이상은 어렵다"고 거듭 강조하면서 1000만원 지원을 약속했다.

2013년 시에서 지원한 1000만원으로 제1회 문막농협 옥수수 축제를 개최하였다. 주말인 7월 20~21일 문막체육공원에서 열린 옥수수 축제는 농축산물 직거래 장터, 제1회 문막농협 옥수수 축제배 축구 대회와 테니스 대회, 지역주민 노래자랑 대회를 함께 개최하여 성황리에 마무리할 수 있었다.

옥수수 홍보를 위해 '옥수수 빨리 먹기' '옥수수 OX 퀴즈' '옥수수 껍질 벗기기' '옥수수 3종 경기' '옥수수 알 멀리 던지기' 등의 게임을 개발하고 이를 통해 축제장에 온 방문객이 함께 참여하고 즐기는 행사가 되도록 하였다.

'하늘은 스스로 돕는 자를 돕는다'

축제가 해를 거듭할수록 내용이 알차지고 성공적으로 진행되자 5회째를 맞는 2017년에는 도비와 시비, 농협중앙회 지원금까지 1억 5000만원을 지원받았다. 쌀과 옥수수 축제를 병행하기는 했지만 그동안 아침 일찍부터 찐 옥수수를 준비해 도청과 시청, 농협중앙회를 찾아가 꾸준히 옥수수 축제를 홍보하고 노

한창진 조합장(오른쪽)이 문막농협을 대표해 '2016 대한민국 명품쌀 종합평가회'에서 우수상을 받고 있다.

력한 결과가 아닌가 생각한다.

'하늘은 스스로 돕는 자를 돕는다'는 옛말처럼 발로 뛰며 노력한 결과가 현실로 나타나니 보람도 남달랐다. 무슨 일이든 해보지도 않고 안 된다고 낙심하고 주저앉아 있는 것보다는 일단 부딪쳐보아야 한다. 하다 보면 정답이 보이고 하나둘 도와주는 분들도 생겨나게 되어 불가능하다고 생각했던 일들도 현실화되는 것이 세상의 이치가 아닌가 싶다.

그동안 5차례의 축제를 하면서 얻은 것도 많다. 무더운 날씨에 비를 맞아가며 고생하는 직원들을 보면서 조합원들의 생각이 변하기 시작한 것이다. 처음에는 직원을 위한 농협이라고 큰소리치던 조합원들이, 지금은 "직원들이 일을 열심히 했으니 상도 주고 고생 그만 시키고 휴가 좀 보내줘라" 한다.

축제를 통해 5년 동안 판매한 옥수수가 10만박스에 달하고 농축산물 총 판매금액이 18억원이 넘는다. 공판장에 보내는 것보다 축제를 통해서 농가에 추가소득으로 5억원을 더 받아주었다. 조합원들의 생각도 많이 바뀌었고 무엇보다 축제를 하면서 우리도 할 수 있다는 자신감과 새로운 희망을 품게 되었다.

올해 옥수수 축제에는 김병원 농협중앙회장도 방문해 읍면 단위의 작은 농협이 농산물을 판매하는 큰 축제를 개최해 조합원들에게 새로운 희망을 주고 있는 것에 대해 많은 칭찬을 아끼지 않았다. 김 회장은 "앞으로 농산물 판매만큼은 농협에서 주관하여 해야 한다"는 점을 거듭 강조하면서 축제를 보고 깊은 감명을 받았다고 했다.

눈보라 속에 피는 꽃이 더 아름답고 가치 있다

갈수록 농사짓기 힘들고 어렵다고들 한다. 농사짓는 것도 어렵지만 제값 받고 농산물을 판매하는 것은 더욱 어렵다. 폭락하는 쌀값과 늘 제자리걸음만 하고 있는 농산물 가격에 비해 매년 영농자재 가격은 올라간다.

옥수수 축제를 통해서 조합원들에게 희망을 주고, 농업·농촌에 새로운 활력을 불어넣고 싶었다. 결과는 성공적이었다. 농민 조합원과 소비자 모두가 만족하는 축제를 만들었다. 무더위와 싸워가며, 비가 오는 가운데 포클레인으로 도랑을 만들어가며, 양수기로 물을 퍼내고, 비옷과 장화를 신고 훌륭히 옥수수 축제를 성공적으로 이끈 직원들에게 나는 이렇게 말했다.

"계절 속에 피는 꽃보다 눈보라 속에 피는 꽃이 더 아름답고 가치 있다"라고. "장대비를 이겨내고 땀과 노력으로 이룬 축제의 성공은 결코 헛되지 않았다"라고.

한창진 조합장
2012년 강원 원주 문막농협 조합장에 당선됐다(2선).
농협중앙회 대의원을 지냈으며, 조합장 당선 전 문막농협 미곡처리장장을 지낸 바 있다.

3장

결실을
거둔다,
명품을
꿈꾼다

표고버섯 차로
만리장성을 넘다

강경일 조합장
전남 정남진장흥농협

바로 이거야! '표고버섯 차'

▲ ▼ ▲

언제부턴가 텔레비전에 차(茶)나 건강음료와 관련한 광고가 나오면 유심히 살펴보는 습관이 생겼다. 그것들을 유난히 즐겨서가 아니다. '혹시 우리 농협도 표고버섯을 이용해 저런 것을 만들 수는 없을까?' 하는 생각에서다. 실제로 지난해 정남진장흥농협이 국내에서, 아니 세계 최초로 출시한 '표고버섯 차'도 바로 이런 데서 힌트를 얻어 만들었다.

장흥은 조선 시대부터 표고버섯의 오랜 주산지이자 명산지로 이름을 떨쳐 온 곳이다. 남녘 끝, 표고 원목으로 쓰이는 참나무와 같은 활엽수가 울창한 높은 산이 많고, 그 앞의 바다에서 불어오는 해풍의 습기를 머금은 맑은 공기 등

표고를 재배하기에 더없이 좋은 환경을 갖추었다. 그래서인지 원목으로 생산하는 국내 건표고의 48%가 장흥에서 나온다. 설이나 추석에 선물코너를 채우는 단골 상품인 건표고의 상당량이 또한 장흥산이다.

하지만 배지로 키운 중국산 생표고가 홍수를 이룬 여파에다 국내 생산이 늘어난 건표고 시장도 포화상태가 되면서 장흥 건표고도 외국 수출이나 가공용 소비 같은 방향으로 탈출구를 찾아야 했다. 우리 농협도 이미 15년 전부터 표고 음료를 개발해 성공적인 판매를 하고 있지만 많은 표고를 처리하기에는 역부족이었다. 이 때문에 조합장인 나의 머릿속은 항상 '어떻게 하면 표고버섯 소비를 늘릴 수 있을까' 하는 생각으로 가득 차 있었고 자연스레 건강 차나 음료, 음식 등에 관심을 갖게 되었다.

그러던 나에게 옥수수수염차, 17차, 보성녹차와 같은 건강 차의 TV 광고가 눈에 확 들어왔고, 나는 "바로 이거야!" 하고 무릎을 쳤다. '항암식품인 표고버섯으로 만든 차를 들고 다니며 음료수처럼 마실 수 있게만 한다면…'

"표고 음료나 잘 팔지 또 무슨 표고버섯 차야"

표고버섯 차에 대한 이런저런 생각으로 밤잠을 설친 나는 출근하자마자 직원들을 모아 회의를 열고, 열정과 확신에 차서 '표고버섯 차'를 만들어 지역명산품으로 특화하려는 나의 생각을 털어놓고 구체적인 계획을 세우도록 지시했다. 우리 농협은 이미 표고버섯 음료를 생산하고 있던 터라 시설비 부담을 덜기 위해 OEM(생산자주문방식)으로 일찌감치 방향을 정하고 시음과 수요조사를 위해 시제품부터 만들었다.

하지만 "표고버섯으로 차를 만들면 어떻겠느냐" 하고 주위에 의견을 묻자 나의 기대와는 달리 반응은 냉담했다. "만들고 있는 표고 음료나 잘 팔지 무슨 놈의 차를 만든다고 하느냐" "전문기업도 성공하기 힘들다는 차 시장에 가공식품으로 농협이 뛰어들어 성공할 수 있겠느냐" 하고 손사래를 치는 사람이 많았다. 조합의 대의원들이나 이사들도 잘못될 경우의 경영 부담에 대한 우려가 커 부정적이었다. 또 표고버섯으로 수많은 경쟁을 뚫고 소비자의 선택을 받는 품질의 차를 만들 수 있겠느냐는 점에서는 더욱 회의적이었다.

시제품 맛본 바이어들 '호평'

▲ ▼ ▲

나는 시제품을 들고 달려나가 닥치는 대로 시음을 권하며 평가를 청했다. 직원부터 시작해 농협 이사회, 대의원회는 물론 노래교실, 실버대학, 게이트볼대회 등 사람이 모인 곳이라면 찾아가 시음과 평가를 받았고 반응은 기대 이상으로 좋았다. 원료인 표고의 함량과 배합 비율, 맛과 향을 달리해가며 수십 번씩 샘플을 바꿔 만들어 반응을 체크했다. 특히 어린이와 성인, 세대별로 기호도가 달라 어디에 품질을 맞춰야 할 것인지 가늠하기가 가장 어려웠다. 결국 제품의 성분은 표고 함량 100%로 결정했고, 상품명은 단순하면서 표고의 이미지를 선명하게 살리도록 '표고버섯 차'로 정해 음료수처럼 병에 담아냈다.

일본·대만·홍콩 등지의 바이어들과 건표고 수출 상담을 할 때마다 표고버섯 차를 대접했더니 엄지손가락을 치켜세우며 감탄사를 연발할 정도로 반응이 뜨거웠다. 가격은 표고 함량이 높아 생산단가가 높았지만 소비자가 지갑을 열 수 있는 선을 고려해 결국 옥수수수염차 등 경쟁제품보다 저렴하게 책정했다. 나부터도 승용차 안에 항상 표고버섯 차를 가지고 다니며 회의장이나 사람을 만나는 곳이면 어디든 항상 표고버섯 차를 마셔보라고 자부심을 갖고 권하고 자랑한다.

중단 없는 '도전과 변화'

정남진장흥농협의 '표고버섯 차'는 나와 우리 농협의 자랑일 뿐 아니라 세계로 뻗어나가는 장흥표고의 상징으로 자리 잡아가고 있다. 산통을 이기고 출시한 지 1년 만에 '성공적'이라고 자평할 만큼 실적을 올려 판매고 20만병에 2억원 상당의 매출고를 기록하고 있다. 국내뿐 아니라 중국과 일본의 바이어들로부터도 높은 관심을 끌고 있다. 중국으로부터 연락이 와 3만 4000병을 첫 수출해 500여개의 현지 점포에서 판매되고 있는데 현지인의 반응이 좋다는 희소식이 들렸다. 1500kg의 표고버섯을 차의 원료로 사용해 장흥표고의 수요 창출은 물론이고 여기서 발생하는 부가가치 또한 적지 않다.

처음에 냉소를 보냈던 지인들과 조합원들이 이제는 "농협 최고" "역시 우리 조합장"이라고 치켜세울 때면 '우리 농협이 해냈구나' 하는 안도감을 느낀다.

정남진장흥농협 임직원 등이 표고버섯 차의 중국 첫 수출을 계기로 농가소득 증대에 매진할 것을 다짐하고 있다.

강경일 조합장(왼쪽 두 번째)이 농산물산지유통센터에서 홍콩에 수출할 표고 선별과정을 살펴보고 있다.

급변하는 환경 속에서 생존하려면 끊임없는 도전과 변화가 필요하다는 사실을, 이는 우리 장흥의 표고버섯 농가와 농협에게도 마찬가지임을, '표고버섯차'를 만들고 팔면서 나는 피부로 체감했다. 조합장은 '숲'도 보고 '나무'도 보는 안목과, 개척자 정신이 있어야 한다는 것도 새삼 느꼈다.

"행복한 사람은 얻는 것만 생각하고 불행한 사람은 잃은 것만 생각한다."

"칭기즈 칸에게서 열정을 빼면 한갓 양치기에 불과하다."

나는 느슨해지려는 생각이 들 때마다 이런 말들을 떠올리며 마음 자세를 가다듬곤 한다. 조합장의 긍정적인 생각, 도전적인 열정이 힘든 농업·농촌에 희망의 밀물시대를 열어가는 원동력이 아닐까 생각하면서. "새로운 도전 없이 한 가지 성과에 만족한다면 발전은커녕 현재의 위기조차 감당하지 못할 것이다"라는, 인류 역사상 가장 큰 제국을 건설한 칭기즈 칸이 남긴 말과 함께…

강경일 조합장
2015년 전남 정남진장흥농협 조합장에 당선됐다(2선).
현재 광주·전남하나로마트 선도조합협의회 회장, 농협유통 이사, 버섯전국협의회 이사, 광주·전남 농협미곡종합처리장(RPC)운영협의회 부회장, 전남농협 도 인사위원장을 맡고 있다.

멜론으로 고소득 희망을 열다

고진국 조합장
세종 전의농협

나는 왜 멜론을 선택했나

2015년 전의농협 조합장으로 취임 후 고민에 빠졌다. 전의면장으로 재직 시절 외부에서 보던 농협과는 많은 차이가 있었다. 전의농협을 대표할 수 있는 작물은 조경수와 고추 외에는 전무했기 때문이었다.

전의 지역 조경수를 얘기하자면 전국 조경수 묘목 생산량과 생산액에서 3위를 차지할 만큼 규모가 크다. 더구나 1번국도와 전의역 등이 있어서 시장 접근성이 좋으며, 해발 200~300m의 고지대에서 자라 냉해에 강하고 전국 어디에서나 잘 자라는 강인한 특성을 갖고 있다. 전의 지역 묘목 재배면적은 면 단위로는 전국 최대 규모로, 전국 묘목 생산자들이 견학을 다녀갈 정도로 인기가

전의농협 멜론작목반원들이 관내에서 재배한 기능성 멜론 '칸달루프'의 작황을 살펴보고 있다.

좋다. 전의 지역 조경수의 우수성을 알리기 위한 '세종 전의 조경수 묘목축제'가 해마다 전의면 읍내리 일원에서 개최되고 있기도 하다.

"농민 조합원이 좀 더 고소득을 올릴 수 있는 작물은 없을까?"

조경수 외에 전의농협을 대표할 수 있는 작물로 무엇을 할까 고민하며 우리 직원들과 몇 차례 회의를 가졌지만 해답은 요원했다. 그때 마침 관내에서 유일하게 멜론을 재배하는 농가의 도움으로 멜론의 판매 전망 및 향후 비전에 대해서 설명을 들을 기회가 있었다.

멜론은 북아프리카나 중앙아시아 또는 중동이 원산지이다. 고대 이집트 시대에도 키웠다 하니 재배 역사는 오래되었다. 우리나라에 들어온 것은 1956년으로 다소 늦다. 열대 식물이므로 국내에서는 온실에서만 재배가 가능하다. 전 세계에 100여가지 품종이 있는 것으로 알려져 있으나 교배종이 다양하게 개발되고 있으므로 실제로는 훨씬 더 많은 품종이 있을 것이다.

국내의 멜론 재배가 증가한 배경에는 2000년대 들어 본격화된 일본 수출에 따른 영향이 컸다. 여기에다 일본 수출 덕분에 국내 수요까지 촉진시켜 재배면적이 늘어나는 데 한몫을 하였다. 또 일본 수출 농가가 한 포기에 한 덩이의 멜론을 달아 키우는 농법을 확립하여 품질을 올린 것도 주효하였다.

"맞아, 우리 지역에 적합한 멜론 품종을 골라 생산해보자."

전의면은 해발 200~300m 위치에 있고 일교차가 적당해 단단하고 맛과 향이 진한 멜론 생산이 가능하다는 전문가의 조언을 듣고, 나는 이 일대를 기능성 멜론 생산단지로 변화시키겠다고 결심했다.

첫해 최상품 생산하고도 시세 낮아 낙담

나는 우리 농협을 대표할 작물로 멜론을 선택하여 조합원들에게 홍보를 하였다. 하지만 조합원들은 시큰둥한 반응뿐이었다.

"경험이 없는데 덜컥 시설투자를 했다가 실패라도 하면 어쩌누?"

이런 염려를 잠재우기 위해 나는 밤낮으로 시설 하우스 농가를 방문하여 설득하고 지원을 약속하였다. 조합원들도 조금씩 반응을 보였다.

드디어 우리 전의농협이 지역 특산물로 멜론 생산에 나서기로 했다. 2016년 2월 조직한 멜론작목반 14농가를 시작으로 8210여평의 면적에 '홈런스타' 2만 6500포기, '네트멜론' 2만 7000포기를 심었다. 우리 지역은 토질과 기후 조건이 멜론을 생산하는 데 알맞고, 연작장해를 입지 않아 최상품의 '홈런스타'와 '네트멜론' 생산 적지라고 할 수 있었다. 2016년 작목반이 수확한 '홈런스타'는 5kg들이 3만상자였다. 조마조마했던 첫 수확에서 품질이 우수해 안심했다. 기대 반 우려 반의 전의 멜론 사업은 이렇게 시작되었다.

두근거리는 마음으로 첫 출하가 시작되었으나 생산 원가에도 못 미치는 공판장 시세에 조합원들과 직원들은 낙담하고 말았다. 몇몇 조합원들의 원망과 질책도 있었으나 전 직원들이 열정적으로 업체 방문 및 홍보활동을 시작하였다. 때마침 정부세종청사 직거래 제안도 들어왔다.

직거래로 위기 돌파

▲ ▼ ▲

우리는 관내에서 생산되는 '홈런스타' 멜론에는 '세종멜론' 상표를 부착하였다. 내가 그렇게 제안하였다. 그리고 세종시와 연계해 정부세종청사에서 1상자당 1만 6000원씩 받고 대부분 직거래로 판매하였다. 농산물도매시장엔 소량만 출하했다. 첫 수확한 멜론에 대한 소비자 반응을 직접 눈으로 확인하기 위해서였다. 조합장 이전 공직생활로 다진 인적 네트워크를 활용하여 인근 공단의 업체, 충남농협지역본부 금요 농산물 직거래장터, 정부세종청사 등의 적극적인 협조를 얻어냈다. 그리하여 2016년 첫해 14농가에서 2억 3000만원의 매출을 대부분 직거래로 올렸다. 선물용으로 인기를 끌면서 주문 신청 문의도 쇄도하였다. 2017년부터는 재배농가와 면적을 더욱 확대해 멜론 생산 단지화에 박차를 가하였다. 멜론작목반 소속 농가는 2017년에 들어서면서 더 늘어나 19농가가 3만 6300m^2의 시설하우스에서 '홈런스타' 멜론을 수확하여 3억원 이상의 농가소득을 올렸다.

우리 농협의 희망, '칸달루프'

▲ ▼ ▲

2017년 들어서 나는 멜론 중에서도 건강기능성면에서 뛰어난 '칸달루프'를 주목했다. 다양한 멜론 품종을 크게 두 종류로 나누면, 열매의 표피가 그물처럼 갈라져 있는 '네트멜론'과 그물 무늬가 없는 '무네트멜론'이 있다. 네트멜론도 애초에는 그물 무늬가 없다. 꽃이 지고 나서 달걀 같은 매끈한 열매가 달리는데, 이 열매가 급격히 부피를 키우면서 표피가 갈라지게 되고 그 갈라진 틈이 아물면서 생기는 것이 그물 무늬이다. '칸달루프'는 무네트멜론이다.

'칸달루프' 멜론 재배를 통해 농가소득을 높이기 위해 세종시농업기술센터 등에 농가 재배기술 교육을 의뢰하였다. 작목반원 가운데 일부 농가가 '칸달루프' 멜론을 시범 재배해 전의면에서 생산된 이 멜론이 식감이 좋고 당도가 높은 것은 물론 향도 뛰어난 것을 확인할 수 있었다.

작목반은 2017년 9월 네트멜론을 수확하고 나서 '칸달루프' 멜론으로 품종 전환에 나서 2018년부터 본격적인 생산에 들어갈 채비를 갖췄다. 전기 작물로 '홈런스타'만 재배한 농가에서 2017년 처음으로 후기 작물로 일명 "혈관 청소부"라고 알려져 있는 '칸달루프' 기능성 멜론을 선보였다. '칸달루프' 멜론은 인체에 유익한 성분인 베타카로틴이 일반 멜론보다 무려 67배나 많이 들어 있고, 칼슘과 각종 비타민이 풍부한 것으로 알려졌다. 특히 몸 안의 활성산소를 제거하고 혈관벽 두께를 줄이는 데 탁월한 효과가 있는 것으로 의학계에 보고돼

고진국 조합장(가운데)은 시식회 등을 통해 '칸달루프' 멜론의 맛과 향, 기능성을 적극 홍보해왔다.

있다. 이 때문에 건강기능식품 업체들은 '칸달루프' 멜론 가루를 수입해 판매하고 있으며, 국내에서도 일부 농가들이 새로운 소득작목으로 재배에 나선 상태였다.

앞으로 '칸달루프' 멜론을 우리 지역의 새로운 소득작목으로 육성해나갈 생각이다. 이를 위해 나는 농가들에게 각종 농자재를 지원하고 유통망을 확보하는 데도 더 적극 나서야 한다고 독려하였다. 특히 관내 산업단지의 대표적인 기업인 한국콜마B&H가 우리 지역에서 생산한 '칸달루프' 멜론을 기능성 음료식품으로 개발하기 위하여 실험 중이다. 이것이 성사된다면 안정적인 판로를 확보할 수 있어서 큰 기대를 걸고 있다.

우여곡절 끝에 전의농협 멜론을 선보인 지 2년 만에 일단 큰 성공을 거뒀다고 자평할 만큼 좋은 성적을 거두었다. 이제 멜론이 농가소득 증대에 크게 기여하며, 전의농협을 대표할 수 있는 작물로 자리 잡을 수 있겠다는 확신이 든다. 누구도 시도하지 않았던 새로운 소득 작목의 발굴과 혁신적인 생각으로 사업을 계속적으로 진행한다면 우리 전의농협의 미래는 한층 밝으리라 확신한다.

고진국 조합장
2015년 세종 전의농협 조합장에 당선됐다(초선).
41년 6개월 동안 연기군에서 전의면장, 기획감사실장, 재무과장, 자치행정과장, 사회복지과장 등을 역임하고 지방서기관으로 정년퇴임했다. 녹조근정훈장, 대통령표창(2회), 장관표창 등을 받은 바 있다.

아홉 번 찌고 말리는 정성
'옹동 숙지황'

권혁빈 조합장
전북 정읍 칠보농협

'옹동 숙지황' 판촉사원 자처

"아홉번 찌고 말려 생산하는 옹동 숙지황 드시고 건강하세요!"

하루에도 수십명씩 만나는 사람과 인사를 하면서 하는 말이다. 나는 자타가 공인하는 '옹동 숙지황' 판촉사원이다.

예로부터 "약방에 감초"라는 말이 있지만 사실 한약을 지을 때 감초보다 더 많이 사용하는 것이 숙지황이다. 한약을 달이면 검은색이 우러나오는 것이 바로 숙지황이 들어갔기 때문이다. 이 숙지황의 원료가 지황으로, 여름철 기(氣)를 살려주는 것으로 알려져 있다. 지황은 현삼과의 여러해살이풀이다. 날것은 생지황, 말린 것은 건지황, 아홉 번 찌고 말린 제품을 숙지황이라 한다.

특히 숙지황은 술에 담갔다가 쪄서 말리기를 아홉번 반복해 만든 것은 혈을 보(補)하고 정(精)을 보충하며 허리와 무릎이 시리고 아픈 증상이나, 월경 이상, 어지럼증 등을 치료하는 효능이 있어 '약초 중의 약초'로 손꼽힌다.

우리 농협은 감초와 함께 한방에서 없어서는 안 될 소중한 약재인 지황을 30여년 전부터 재배하고 가공해 다양한 한방제품을 생산하고 있다.

고소득 지황의 위기

▲▼▲

우리 칠보농협이 지황재배에 나선 것은 1980년대 말이다. 우리 농협이 관할하는 정읍 옹동면 일대는 한때 고추 산지로 이름이 높았으나 1980년대 말 가격 폭락으로 고추농사에 대한 불안감이 커지면서 지황에 대한 관심이 높아지기 시작했다. 산세가 좋다 보니 당시에도 지황이 꽤 많이 생산되어 1990년 농림부로부터 지황 주산단지로 지정되었다.

우리 농협에서도 계약재배와 적극적인 판매에 나서자 옹동산 숙지황은 전국적인 유명세를 타게 되었다. 충남 서천이나 경북 안동 등과 함께 국산 지황의 최고 산지로 떠오른 것이다. 이 무렵 지황은 "소 누울 만한 자리에서 소 한 마리 값이 나온다"고 할 정도로 소득이 높았다.

중국산이 쏟아져 들어오기 시작하면서 값이 폭락하고 판로마저 막히는 어려움을 겪게 되었다. 무엇인가 특단이 대책이 필요한 시점이었으나 해법을 찾기가 정말 어려웠다. '어떻게 지금의 난국을 헤쳐 나갈 것인가' 하는 고민 끝에 칠보농협에서는 국산제품으로 차별화된 전통 숙지황 생산에 전력을 다하기로 결의하게 되었다.

전국 농협 유일의 제약회사 '옹동제약' 설립

나는 32세 때부터 농협 이사를 3차례 역임하고 농협 대의원으로 활동하다 2015년 조합장이 되었다. 나름 농협에 대해 많이 안다고 생각했는데 막상 조합장이 되고 보니 할 일은 많고 무엇부터 어떻게 해야 할지 막막해 마음고생이 적지 않았다. 그러면서 평소 생각했던 대로 '조합원과 소통하고 조합원을 섬기는 조합이 되도록 하겠다'고 마음을 다잡았다. '이 초심을 잊지 말고 지켜나가자'는 다짐도 수없이 반복했다.

조합장실에 토론방을 마련하고 원로 조합원에 대한 의료지원 사업과 조합원 자녀 장학사업 확대, 여성 조합원에 대한 문화·복지 사업 확대를 임기 중에 확실하게 챙겨나가겠다고 결심하였다. 영농과 유통 지원을 강화하여 '조합원을 찾아가는 농협' '변화하는 농협' '조합원을 위해 일하는 농협'을 구현해나가기로 하였다.

1990년 설립된 옹동제약의 노후화된 공장 시설을 개선하고 원료의약품으로서 혁신을 꾀하고자 정읍시 지황 클러스터 사업단을 조직하고 현대화시설을

2015년 치러진 칠보농협 지황가공공장 준공식. 여기서 생산된 '옹동 숙지황'은 전국적으로 이름높다.

갖춘 '칠보농협 웅동제약'이 재탄생하게 되었다. 2015년 11월 전국 농협 중 유일하게 제약면허를 획득한 우리 농협은 GMP(우수의약품 제조 및 품질관리기준) 인증을 갖춘 현대화된 지황 가공공장을 준공하고 '웅동제약'을 설립하였다. 참으로 잊지 못할 감격스러운 순간이었다.

칠보농협 웅동제약은 아홉번 찌고 아홉번 말린다는 '구증구포'의 전통적인 방법으로 '웅동 숙지황'을 만들어 전국의 한약방에 납품하고 있다. '웅동 숙지황'은 한결같은 품질을 유지하기 위해 온갖 정성을 들이는 데다 생지황을 비롯해 인삼·백복령 등 모든 재료를 국산만 고집하다 보니 전국 한의원과 한방기관들 사이에서 '믿을 수 있는 제품'으로 알려지면서 주문이 이어지고 있다. 특히 우리나라에서 국산 숙지황을 가장 많이 사용하는 업체인 한국인삼공사에 대한 적극적인 마케팅이 성과를 거둬 숙지황 20t(생지황 100t) 납품계약이 성사되었다.

'쌍화차' '지황고' 등 건강식품 출시

▲▼▲

지황 가공공장의 본격적 가동과 '웅동제약' 설립 이후 가장 역점을 둔 사업은 신제품 개발이었다. 제약업에 처음 도전하는 것이라 어려움이 많았지만 숙지황을 이용한 제품이라면 해볼 만하다는 자신감도 내심 있었다.

'쌍화차'는 '웅동제약'의 첫번째 상품이다. 국내에서 생산되지 않는 용안육·계피·감초 등을 제외하고는 모두 국산 한약재를 엄선해 사용했고, 기존의 쌍화차 재료에 용안육·갈근·진피 3가지를 추가해 모두 12가지 약재가 들어간다. 물론 우리 제품인 웅동 숙지황이 주원료이다. 특히 단미료를 전혀 첨가하

권혁비 조합장(왼쪽)이 칠보농협 '쌍화차'와 대표 의약품 '옹동 숙지황'을 소개하고 있다.

지 않은 대신 한약재와 대추를 넣어 고유의 단맛을 우려내는 데다 전통 제조방식인 18시간 저온중탕 방식으로 제조해 시판 중인 쌍화차와 차별화하는 데 성공하였다. 이에 대해 업계에서는 기존 쌍화차보다 효능 면에서 한 단계 업그레이드시켰다는 평가를 했다.

우리 농협은 '지황고'도 선보였다. '지황고'는 허준의 '동의보감'에 나오는 경옥고를 원전으로 하여 개발한 제품으로, 생지황을 주원료로 하고 인삼·백복령·벌꿀·하수오 등을 첨가해 4~5일간 달여 만든 것이다. 숨이 넘어가는 사람도 살린다는 비방 중의 비방으로 알려진 공진단을 원전으로 한 '침향 황제단'도 개발을 완료해 판매 중에 있다. 세계 3대 보약 중 경옥고·공진단도 인기리에 판매하고 있다.

국산 지황의 메카가 되다

2017년 9월 15일 지황의 주산지가 된 옹동면에서는 농진청 국립원예특작과학원에서 개발한 신품종 지황인 '원강'과 '다강'에 대한 재배현장 평가회가 열렸다. 전국의 지황재배 농가와 약용작물 담당자, 지황 가공업체, 유관기관 등에서 150여명이 참석한 가운데 열린 이 평가회는 기존 품종과 신품종을 한자리에서 비교하여 우리 지역에 맞는 품종을 선택하는 동시에 지황에 대한 관심을 높이기 위한 자리였다. 140농가에서 34ha의 지황농사를 짓는 우리 지역은 이제 명실상부한 국산 지황의 메카로서 자리매김을 확실히 하였다.

모든 농협 사업의 목표는 성공이다. 하지만 어떤 사업을 선택하든 어떻게 추진해 나갈지는 역지사지(易地思之)로 조합원의 입장에서 생각하고 조합원과 함께 가야 한다. 조합원의 호응이 없는 사업은 길게 갈 수도 없고 성공하기도 어렵다. 매년 지황 재배 의향조사를 하고 면적이 부족하면 인근 농협과 협조하여 더불어 같이 가고자 하는 것도 이 때문이다. 조합원과 함께 걷는 이 길 끝에 있는 것이 '성공'이라고 나는 믿는다.

권혁빈 조합장
2015년 전북 정읍 칠보농협 조합장에 당선됐다(초선).
정읍시 복분자연구회 회장, 정읍시 블랙베리연구회 회장, 칠보농협 이사를 지낸 바 있다.

금산에는 인삼 말고도 **지황**과 **백수오**가 있다

길호일 조합장
충남 금산 부리농협

부리농협과의 끈질긴 인연

2009년 3월, 금산 부리농협 조합장실에 들어서는 나의 마음속엔 온갖 상념이 교차하였다. 7선 조합장이 되었다고 모두들 축하해주었지만 내 마음은 납덩이를 달아놓은 듯 무겁기만 하였다. 1978년 35세의 나이에 조합장이 되어 내리 6선을 하고 조합을 떠난 것이 1997년이니 12년 만에 다시 돌아온 것이다.

10년이면 강산도 변한다는데 부리농협은 내 손때가 묻어 있는 사무실 집기며 모든 것이 옛 모습 그대로인 듯했다. 1970년대 과거 공간에 갇혀 있는 듯한 초라한 영업장, 구멍가게 같은 마트, 형식적인 영농자재 판매장, 사기를 잃고 지쳐 있는 직원들…. 마치 농협의 역사를 과거로 되돌려놓은 것 같았다.

길호일 조합장(왼쪽)이 인삼 후작지에서 수확한 백수오를 살펴보며 재배농가와 의견을 나누고 있다.

　20여년간 떠나 있던 조직에 조합장으로 다시 돌아온 것은 부리농협이 두 차례나 합병권고를 받고 말 그대로 역사 속으로 사라질 위기에 있기 때문이었다. 젊어서 모든 열정을 기울여온 부리농협이 없어질지도 모른다는 절박감이 들면 알지 못할 분노 같은 것이 가슴속을 파고들었다. 흔들리는 농협의 현실에 밤을 꼬박 새우기 일쑤였고, 일 또한 손에 잡히질 않았다. 그렇다고 어찌할 방법이 있는 것도 아니어서 벙어리 냉가슴 앓듯 나 혼자 가슴앓이를 하며 지냈다.

　그럴 즈음 2009년 조합장 선거가 다가오자 많은 분들이 출마를 권해왔다.

　"자네가 만든 조합이나 마찬가진데 이 지경이 됐으니 어쩌겠나. 다시 한 번 수고해주게."

　"무슨 말씀을요. 제가 떠난 지도 10년이 넘었는데 가당키나 한 일입니까."

　"그래도 자네만 한 사람이 없어 그러네. 조합 사정을 자네만큼이나 아는 사람이 없잖은가."

　"그래, 길호일 자네라면 조합을 살려낼 수 있을 거야."

　조합 걱정에 밤잠을 설치던 나였지만 조합장 출마 여부는 쉽지 않은 결정이었다. 번민의 나날 끝에 출마했고, 7선 조합장이 되었다.

"다 바꾸자! 바꿔야 길이 보인다"

"어떻게 할 것인가?" 나는 수도 없이 나 자신을 향해 되물었다. 그 끝에 돌아온 답은 '변화'였다. "다 바꾸자! 바꿔야 길이 보인다."

우선 낡고 우중충한 사무실과 사업장에 대한 대대적인 리모델링에 착수했다. 군청 시가지 정비사업 예산을 지원받고, 없는 예산을 쥐어짜 모든 사업장을 현대화하는 과감한 시도를 하였다.

쾌적한 영업장과 농약·비료·사료 등의 종합 농자재를 갖추면서 판매장도 변화를 주었다. 다양한 생필품과 식재료 코너를 갖춘 하나로마트, 주유소 등 지역 편의시설을 세우고, 농협 주변 3개 주차장에 70여대의 주차 공간도 마련하였다. 사무실 분위기를 바꾸니 직원들 얼굴에 생기가 돌았다. 조합원들도 "조합이 달라진다"며 좋아했다. 무엇보다 부리농협의 미래에 대한 긍정적인 생각이 임직원과 조합원 가슴에 자리 잡게 된 것이 가장 큰 성과였다.

분위기 반전에 성공했다는 생각이 들면서 이번에는 임직원과 조합원을 대상으로 '우리 농협 살리기' 교육에 대대적으로 나섰다. 교육이 확산되자 농협 조직뿐 아니라 지역사회 전체에 '우리 농협은 우리가 살리자'라는 희망의 불씨가 되살아나는 계기가 되었다.

모두가 농협의 후원자는 아니었다. 일부 비판적인 조합원들은 "농촌 인구는 줄어들고 조합원들은 못사는데, 농협 직원만 배불리고, 고정투자로 겉만 번드르하게 한다"며 혹독한 비판을 하였다. 이런 비판을 겸허하게 수용하며 오해를 푸는 데 많은 시간을 투자했다.

농협을 찾는 조합원들에게 언제든 이용할 수 있는 쉼터를 제공하고, 영농자재 판매장에 영농정보와 기술을 나눌 수 있는 조합원 사랑방을 열어 열린 공간으로 활용하였다. 또 조합원들과 지역민들이 이용할 수 있도록 수시로 조합장실을 개방하였고, 우수 영상자료 청취를 통해 '열린 농협! 강한 농협!'을 만들자고 호소하였다.

농가소득 향상을 위해 최우선적으로 집중한 것은 농산물 순회수집이다. 부리농협의 농산물 순회수집은 1982년 처음으로 생활물자 이동판매용 4.5톤 화물차량을 구입하면서 활성화되었고, 이는 농산물 유통체계 개선의 계기가 된 바 있다. 나는 이에 머물지 않고 영농회 순회차량을 운영하면서 영농자재와 생활용품 등 이용물품 주문식 배달로 조합원의 편익을 도모하였다.

이러한 시도를 바탕으로 최근에는 고령 조합원과 여성 농업인의 삶의 질 향상에도 힘쓰고 있다. 특히 매년 실시하고 있는 대전대학교 한의예과 한방무료진료와 2016년 서울대학교병원 의료봉사는 의료 사각지대에 놓인 조합원들과 지역민들로부터 큰 호응을 얻었다. 농기계 순회수리 역시 매년 실시하면서 농작업 향상에 기여함은 물론이고 고령화되고 있는 조합원들에게 더욱 큰 힘이 되고 있다.

또 매년 농한기(12·1·2월)에 관내 32개 경로당에서 고령 조합원들이 공동취사를 할 수 있도록 경로당마다 월 15만원(3개월간 45만원)을 지원하여 농협에 대한 신뢰도 쌓아가고 있다. 이러한 지역 사랑과 사회공헌 활동은 조합원을 주인으로 모시는 협동조합 이념과 "조합원에게 믿음주고 사랑받자"는 나의 경영철학과 맥락을 같이한다.

인삼을 뛰어넘을 전략작목 지황·백수오

금산에서는 인삼과 깻잎 이외에는 돈 되는 작목이 없다고 생각하고 작목 전환 시도조차도 안 하는 분위기가 팽배해 있었다. 나는 "인삼 후작지와 곳곳의 많은 휴경지에서 농가소득을 올릴 수 있는 새로운 소득작목은 없을까" 하고 고민하던 중 몇몇 조합원들로부터 지황과 백수오가 전망이 좋다는 이야기를 들었다. 지황과 백수오 같은 약용작물을 금산의 제3의 소득원으로 육성하여 각 제약회사와 전국의 약령시장, 특히 금산의 인삼·약초시장을 기반으로 하는 친환경 약초산업을 시작해보자는 것이었다.

제안을 받고 이사회 논의와 운영공개 등을 통한 조합원들과의 토론을 거쳤고, 금산군농업기술센터와 약초시험장의 지도도 받았다. 2009년 5월에는 지황과 백수오를 '소득작목 입식을 위한 특색사업'으로 제안하여 지자체 협력사업으로 선정되는 성과를 거두었다.

2011년 종자대와 자재비를 지원하는 조건으로 약초재배 희망 농가를 선정하고, 2012년 14농가가 지황 5만 2900㎡(1만 6000평)를 재배해 16t을 생산,

부리농협은 고품질 지황 생산과 판매를 위해 약용식물 관계기관 등과 긴밀히 협의하고 있다.

6000만원이 넘는 소득을 올렸다. 이어 2015년 6월에는 약용작물 관계기관 태스크포스(TF) 회의를 통해 부리농협이 백수오 주산지 및 거점농협으로 지정되었다. 지황은 2016년 82농가에서 154t을 생산하여 7억 5000만원의 소득을 올렸고, 백수오는 69농가에서 30여t을 생산하여 11억원의 소득을 올렸다. 생산된 물량은 전량 (주)내츄럴엔도텍에 출하하는 성과를 올렸다. 또한 10여개 제약회사 등을 대상으로 활발한 판촉활동을 펼친 결과 2017년 8월 9일에는 한국인삼공사와 79농가에서 재배한 지황 170t을 납품키로 계약을 체결하였다.

농가소득 5천만원, 꿈이 아니다!

▲ ▼ ▲

약체 조합으로 전락해버린 부리농협에서 마음이 떠나 외면하는 조합원들을 되돌려 함께 다시 일어서는 데에는 피눈물 나는 노력이 필요했다. 하지만 지금 그 노력의 결실을 조금씩 맛보고 있다. 우리 부리농협은 6차산업 활성화를 목표로 작지만 강한 강소농을 육성하고, 2020년까지 전 농가가 참여하는 친환경 약용작물 단지를 조성할 것이다. 그리하여 농가소득 5천만원 시대를 열어가는 흐름의 중심에 부리농협이 있을 것이라 확신한다.

길호일 조합장
2015년 충남 금산 부리농협 조합장에 당선됐다(8선).
현재 농협약용작물전국협의회 이사를 맡고 있으며, 농협학원 감사와 충남농협인사업무협의회 의장을 지낸 바 있다.

떠오르는 '부안 노을감자'

김원철 조합장
전북 부안농협

요리사가 필요 없는 감자

▲ ▼ ▲

'농민신문'에 '지금 맛볼래요?'를 연재하는 강레오 셰프가 우리 부안을 찾았다.

"아니, 감자를 비닐하우스에서 길러요? 감자는 노지에서 재배하는 것 아니에요? 나도 감자밭에 많이 가봤는데…."

식재료에 대해서라면 누구보다 잘 안다고 자부하는 강 셰프도 모르는 게 있었다. 봄에 나오는 햇감자는 비닐하우스에서 재배한다는 사실이다. 눈이 동그래진 강 셰프에게 천년의솜씨조합공동사업법인 김권수 팀장이 친절하게 설명해준다.

"노지감자는 6월부터 나와요. 5월까지는 여기 부안이랑 바로 옆 김제와 남원 등지에서 하우스감자가 나오고요."

신기한 듯 감자 비닐하우스 여기저기를 둘러보던 강 셰프의 눈이 점점 더 커진다. 비닐하우스 안에서 펼쳐지는 감자 수확작업을 보고서다. 감자수확기가 땅을 깊게 뒤집어엎으며 지나간 자리에 땅속에 묻혀 있던 노란색 감자가 얼굴을 드러내고, 뒤이어 대기하고 있던 아주머니들이 감자를 크기에 따라 선별해 상자에 담는다. 감자는 호미로 캐는 줄만 알았다는 강 셰프로서는 다시 한 번 놀라지 않을 수 없는 광경이다.

하지만 놀란 것도 잠깐, 강 셰프는 이내 비닐하우스 안으로 들어가 막 캐낸 감자 하나를 집어 들었다. 요리조리 살펴보더니 감자에 묻은 흙을 두 손으로 싹싹 닦아내고는 거침없이 한입 깨문다.

"맛있어요. 감자 특유의 아린 맛도 없고, 살짝 간기도 있는데요?"

"여기가 옛날에는 바다였어요. 일제 강점기 때 간척했는데 아직 소금기가 남아 있어서 감자에 따로 소금을 더하지 않아도 간간하니 맛있지요."

"간이 다 되어 있으니 요리사가 필요 없는 감자네요."

하우스 감자의 강자 '천년의 솜씨 부안 노을감자'

▲▼▲

부안이 최근 몇 년 사이 하우스감자 생산의 강자로 급부상하고 있다. 2000년대 들어 전형적인 수도작 중심의 부안 지역에 몇몇 농가들이 하우스 봄감자 재배를 시도했다.

매서운 겨울바람과 급작스런 이상기후로 실패를 거듭하던 끝에 마침내 재배법 정착으로 풍작을 거두면서 급속히 재배면적이 확대되기 시작했다.

강레오 셰프(왼쪽)가 하우스감자 생산의 감자로 급부상한 부안을 찾아 설명을 듣고 있다.

부안농협은 하우스감자를 지역을 대표하는 소득작목으로 육성하기 위해 부안 지역 내 하우스감자 재배농가들을 조직화해 통합 마케팅을 하고 있다. 이렇게 해서 태어난 것이 '천년의 솜씨 부안 노을감자'이다.

부안농협은 우선 고품질 감자 생산과 연작피해 방지를 위해 토양개량제 석회 1만 1000포대와 왕겨액·왕겨숯 4000만원어치를 무상 공급했다. 또 농작업 편의를 위해 트랙터 부착형 비닐수거기 7대와 퇴비살포기 2대를 지원했다. 아울러 상품화를 위해 매년 감자박스 2만~4만개를 공급하고 있다.

봄감자는 재배법 못지않게 선별과 출하시기가 민감한 문제로 떠올랐다. 이에 따라 '천년의솜씨조공법인'과 협력해 선별사 20명으로 구성된 4개 작업반을 조직했고, 엄격한 선별과정을 거쳐 포장·유통되도록 지원했다. 아울러 출하시기와 출하처를 조정하면서 홍수출하 방지에 힘써 농가수취가격을 높였다.

이런 지원에 힘입어 현재 감자작목반은 모두 6개 작목반에 88농가로, 재배면적은 116ha로 늘어났다. 2017년 전체 매출액 40억원 중 부안농협 공선출하액은 약 30%로 12억원에 달한다.

'노을감자'는 4월 중순부터 5월 말까지 단경기에 출하되기 때문에 비교적 높은 가격을 받고 있다. 더욱이 간척지인 알칼리성 사질토양에서 해풍을 맞고 재배되어 껍질이 얇고 단맛이 뛰어나 서울 등 수도권에서 인기가 높다.

합병 농협 성공사례가 되다

▲▼▲

'노을감자'의 성공을 바라보는 감회가 새롭다. 1999년 우리 농협은 미곡사고로 자본이 잠식된 동진농협과 백산농협을 흡수 합병해야 할 처지에 놓였다. 미곡사고로 인한 손실금액이 55억 5400만원으로 자칫 잘못하면 부안농협의 경영까지 위험할 수준이었다.

하지만 합병은 피할 수 없는 현실이었다. 어차피 피할 수 없다면 극복하는 수밖에 없다. 농협의 주인인 농민의 재산을 보호하기 위해 합병에 적극 나선 후 뼈를 깎는 자구노력을 기울였다. 그때 모두가 한마음으로 위기를 극복하기 위해 힘을 쏟은 기억은 지금도 잊을 수가 없다.

그리고 마침내 2003년 말 미곡사고 손실금액 55억 5400만원과 합병연도 결산 결과 이월결손금 47억 9900만원을 모두 정리해 적자조합·부실조합이라는

부안농협이 조성한 고품질 쌀 생산단지를 둘러보는 김원철 조합장(오른쪽).

오명을 벗은 데다 당초 계획보다 3년을 앞당겨 경영정상화를 이뤄냈다.

2004년 회계연도 결산 결과 1999년 합병 뒤 처음으로 출자배당 5%, 이용고배당 2%, 무상 영농자재 공급 5.5% 등 12.5%의 배당과 사업준비금 배당 11.14% 등 괄목할 만한 성과를 거뒀다. 신용사업도 예수금 1000억원 달성, 상호금융대출금 500억원 돌파, 연체비율 5%대 진입, 순자본비율 3%대를 유지하는 등 합병 농협의 전형적인 성공사례가 됐다.

나는 지금도 "우리 부안농협이 어려웠던 상황을 지혜롭게 극복하고 남들이 부러워하는 복지농협으로 거듭난 것은 우리 농협을 사랑하는 조합원들이 있었기에 가능했다"고 입버릇처럼 말한다. 가장 어려웠던 시절을 우리 농협의 뼈를 깎는 자구 노력과 조합원의 관심과 협조로 이겨낼 수 있었던 것이다.

몽골에 조곡 첫 수출 '쾌거'

▲ ▼ ▲

부안의 대표 농산물은 쌀이다. 하지만 쌀이 더 이상 농가소득의 중추 역할을 하지 못하면서 고품질 쌀 생산과 생산비 절감방안에 눈을 돌렸다. 맨 먼저 품종교체를 추진했다. 종자부터 가공까지 조합원이 함께할 때 고품질 쌀 생산이 가능하다는 신념으로 임원·대의원·영농회장 등 쌀 생산농가들을 만나 밥맛 좋은 '신동진' 품종을 재배하도록 설득했다. 관행농법에 익숙한 농가들은 쓰러짐 피해를 우려해 '신동진'을 꺼렸지만, 밥맛 좋은 쌀만 살아남을 수 있다는 호소에 하나둘 동참했다. 그렇게 고품질 쌀 전문생산단지 $300ha$가 조성됐다.

고품질 쌀 생산기반이 마련됨에 따라 벼 자동화 공동육묘장을 서둘러 신축했고, 종자부터 육묘까지 일관된 고품질 모를 농가에 공급했다. 또한 병충해 방제를 위해 무인 헬기로 공동방제를 실시해 방제효과를 극대화한 데다 농가들의 방제비용을 줄여 생산비를 획기적으로 절감했다. 수확한 벼는 산물벼로 수매해 미곡종합처리장에서 건조·보관·저장·가공·유통함으로써 쌀의 품질을 높였다. 이처럼 고품질 쌀 전문생산단지 조성, 벼 자동화 공동육묘장 운영, 병충해 무인 헬기 공동방제, 미곡종합처리장 가공으로 농촌 고령화 및 부녀화에 따른 일손부족을 해소하고 농업생산비 절감에 크게 기여했다.

고품질 쌀 생산단지를 위해 부안군과 적극 협력하기도 했다. 부안군은 고품질 쌀 참여농가에 1kg당 40원과 톤백을 지원했고, 우리농협은 1kg당 50원씩을 추가해서 수매해 농가소득을 지지했다. 또한 쌀 생산농가에 왕겨액과 왕겨숯, 유기질퇴비 공급을 확대하며 고품질 쌀 생산에 더욱 박차를 가하고 있다.

우리 조합의 노력은 단지 고품질 쌀의 생산에만 그치지 않았다. 쌀 소비부진으로 인한 재고 누적이 농정 최대 이슈로 불거지자 쌀값 하락을 예상하고 수출로 활로를 모색했다. 2014년에는 몽골에 조곡 74t을 첫 수출하는 쾌거를 거뒀다. NH농협무역과 쌀 수출을 시도한 지 4년 만에 결실을 맺은 데다 정부가 쌀 시장개방을 선언한 직후라 의미가 컸다. 더욱이 가공하지 않은 조곡으로는 국내에서 첫 수출한 사례로 평가받았다. 이듬해에도 몽골에 조곡 36t을 수출해 지속적인 쌀 수출의 가능성을 활짝 열어놓았다.

김원철 조합장
2015년 전북 부안농협 조합장에 당선됐다(5선).
현재 농협중앙회 이사를 맡고 있으며, 농협미곡종합처리장(RPC)운영전국협의회 회장을 지낸 바 있다.

'애플수박' 농민을 미소 짓게 하다

박상홍 조합장
경북 고령 쌍림농협

'애플수박'을 마음에 품다

30여년 전만 해도 경북 고령군 쌍림면은 전국에서 가장 유명한 딸기 집단 생산지였다. 서울 가락시장에서 딸기를 서로 구입하기 위해 하루가 멀다 하고 300km가 넘는 고령까지 왔을 정도로 유명세를 탔다. 그때만 해도 딸기농사만 잘 지으면 돈 버는 건 걱정도 안 했을 정도로 인기가 대단하였다.

그러나 지금은 기후가 변하고, 다른 지역에도 시설재배가 늘어나면서 고령 딸기의 명성은 나날이 그 빛을 잃어가고 있다. 농가소득 또한 해를 거듭할수록 하락하고 있다. 특히 4월 이후는 기온은 높아지는 반면 하우스 제반시설은 열악해 딸기 품질이 떨어진다. 가격이 제대로 나오기 힘든 상황이 되는 것이다. 일부 농가에서는 돈이 되지 않으니 수확철보다 1~2개월 앞당겨 딸기농사를 포기하기도 한다.

딸기에 이어 몇 년 전부터는 인근의 '고령우곡그린수박'이 KBS의 '신화창조' 프로그램에 소개될 정도로 떴으나, 핵가족화와 소포장 등 소비 패턴의 변화로 요즘은 딸기처럼 그 명성을 찾기 힘들어졌다. 시장에서도 10㎏ 이상 나가는 큰 수박은 천대를 받는다고 하니 이 얼마나 기가 찰 노릇인가.

그런 와중에 딸기 후작으로 '애플수박'을 하면 소득이 좋다는 이야기를 들었다. 논산의 '애플수박' 농가를 찾아갔다. 사실 그때만 해도 하우스 2중 파이프에 '애플수박' 순을 올리고 있는 논산 농가를 보면서 '이게 과연 되겠나' 하고 생각한 것이 사실이다. 그래도 딸기 후작이나 대체작목을 목마르게 찾던 중이라 딸기농가들과 함께 농가를 견학하면서 해보자고 마음을 먹었다.

생산 · 선별 · 판매 '3박자가 척척'
▲ ▼ ▲

'애플수박' 농사를 잘 지은들 누군가 잘 팔아주어야 돈이 되는데, 수박 재배와 판매에 대한 경험이 없는 우리 농협에서는 도저히 엄두가 나지 않았다. 그런 와중에 논산의 '애플수박' 모종 공급부터 재배기술 지원, 유통까지 모두 책임지고 운영하는 'A.G.S(에이지에스)'라는 농업회사법인 대표와 만나 '애플수박' 재배에 대해 구체적인 이야기를 하게 되었다. 우리 농협과도 딸기 거래를 수차례 한 연고가 있는 회사였다.

우리 농협은 전국의 '애플수박'을 선별하고, 업체는 4월부터 10월 말까지 이를 매입 · 출하하는 내용의 계약을 체결한 후 본격적인 계약재배에 들어갔다.

23농가가 참여해 90여동의 하우스에서 '애플수박' 재배가 시작됐다. 논산·창원·진주·하동·합천 등의 산지에서도 계약재배에 참여했다.

4월 말 첫 출하 물량인 논산의 '애플수박'부터 선별하기 시작하였고, 이후 딸기 후작으로 심은 것들이 5월 말부터 본격적으로 출하하기 시작되므로 이때부터 휴일 없이 매일 작업을 한다. 그러다 보니 우리 농협의 수수료 수익도 쏠쏠한 편이다. 이와 같이 생산, 선별, 유통의 3박자가 맞아떨어지지 않으면 농산물이 아무리 맛 좋고 건강에 좋아도 시장에서 살아남기 힘든 것이 사실이다. 더구나 '애플수박' 같은 새로운 품목은 농협이 판로를 개척하거나 마케팅을 전담하기에는 여러모로 어려운 면이 많다. 그러나 판매는 전문 유통업체가 맡고 품질 관리와 농가와의 소통은 농협이 전담함으로써 서로 윈윈(win-win)하는 시스템을 구축하면 리스크를 크게 줄일 수 있게 된다.

'애플수박'의 경우 농가는 좋은 품질의 수박을 생산하기 위해 노력하고, 농협은 업체와 재배농가 간의 가교 역할과 행정지원을 하고, 유통업체는 홍보에 주력하면서 완전히 자리 잡게 되었다.

박상홍 조합장(맨 오른쪽)이 쌍림농협 공동선별장에서 '애플수박'을 살펴보고 있다.

사과만 한 수박, 과연 돈이 될까

▲ ▲

요즘 큰 수박은 인기가 없다. 예전에는 여름이면 가장들이 한 손에 커다란 수박을 하나씩 들고 퇴근하는 모습을 자주 보곤 했으나, 요즘에는 복날이나 특별한 날 아니면 큰 수박 사는 것을 부담스러워한다. 요즘 같은 핵가족 시대에 집에 큰 수박 하나 사가지고 가면 반도 먹기 힘들고, 냉장고 공간도 부족하다. 더구나 매스컴에서 냉장고에 음식을 장기간 보관하면 대장균이 발생한다고 보도하는 통에 남은 수박은 결국 쓰레기통으로 들어간다. 형편이 이러니 슈퍼나 대형 매장에서는 아예 수박을 반이나 4분의 1로 잘라 팔기도 하는데, 통수박보다 값이 비싼데도 소비자들의 손길은 자른 수박으로 간다.

그런 점에서 볼 때 '애플수박'은 아주 매력적이다. 크기가 사과 큰 것만 해서 칼로 깎아서 먹기도 하고, 반 잘라 둘이서 숟가락으로 파먹은 후 버리면 끝이다. 껍질이 얇아 쓰레기 또한 한 주먹거리밖에 되지 않는다. 대형마트 매장에 깔려 있는 '애플수박'을 본 아줌마들 입장에선 반갑지 않을 수 없다.

올해 시장에서의 반응은 아주 좋았다. 특히 대형마트에서 인기가 높아 납품 요청이 들어와도 물량이 부족한 경우가 많았다. 홍콩에 시범적으로 1000통을 수출했는데 현지 반응도 좋았다. 8월에 전주 한옥마을에 가보신 분들도 우리가 출하한 '애플수박'을 보았을 것이다. '애플수박주스'는 한옥마을 내 3군데 매장에서 성황리에 판매된 '핫'한 아이템이다. 수박 판매뿐 아니라 우리 농협 간접 홍보효과까지 1석2조의 효과를 거뒀다.

7월 말 기준으로 출하 농가 전체 매출은 약 20억원이며, 우리 지역 재배농가 수익은 하우스 1동당 약 400만원으로 타 지역 복수박이 1동당 250만원인 것을

쌍림농협 '애플수박'은 재배 첫해인 2017년 홍콩 수출길에 올라 현지의 호응을 얻었다.

감안하면 상당한 편이다. 더구나 단일 수박재배가 아닌 딸기재배 후작이므로 괜찮은 수익이다. 재배농가들도 농사 기술이나 재배 방법만 조금 보완된다면 아주 돈 되는 작물이라고 하나같이 이야기한다.

'애플수박'은 다른 수박에 비해 연속 착화가 잘 이루어진다. 다른 수박은 1주당 1개 또는 2개를 수확하면 농사가 끝이 나지만 '애플수박'은 최소 3회에서 많게는 5회까지 수확이 가능하다. 또 한 번에 2개에서 3개까지 수확할 수 있다. 수박 1개당 단가는 낮으나 모종 1주당 단가로 보면 그 어떤 큰 수박보다 좋다. 물론 수박이 많이 달리면 일도 많아지는 건 사실이다. 하지만 딸기에 비해 노동력이 덜 들어가고 부부 간에 선선한 아침저녁으로 쉬엄쉬엄 하면 충분히 가능하다는 것이 참여한 농가의 이야기다.

'애플수박', 고령 농업의 돌파구

국내 과일 소비 패턴은 계속 변화하고 있으며, 열대성 과일의 수입도 매년 큰 폭의 증가세를 보이고 있다. 한반도 기후 또한 아열대성으로 점점 변해가면서 품목별 재배지역의 변화도 하루하루가 다르다. 제주도 전유물이던 '한라봉'이 내륙에서 재배된 지도 수년이 지났으니 말이다.

'애플수박'이 영원하리라 보지는 않는다. 다만 우리 '고령'이라는 지역이 '수박'이라는 과일의 변화를 선도하는 거점이 되고자 한다. 농업이 주력산업인 고령군에, 과거 인기 품목이던 딸기·수박·참외·멜론의 뒤를 이어 '애플수박'이 또 하나의 돌파구가 되기를 기대한다.

'애플수박'은 우리 농협뿐 아니라 관내 다른 농협에서도 관심이 높고, 군에서도 지원을 아끼지 않고 있다. 이미 군으로부터 내년 '애플수박' 작목반에 대한 전폭적인 지원을 약속받았고, 이로 인해 재배농가 또한 비용 절감을 통해 소득 증대를 실현할 수 있을 것이다. 첫걸음을 순조롭게 디뎠으니 앞으로 도약할 일만 남았다.

나를 비롯한 우리 농협 임직원들은 유통구조 개선으로 농가소득을 증대하기 위해 다양한 방법을 구상 중이다. 더구나 나는 고령 쌍림면 토박이로 딸기 하우스 농사를 35년째 짓고 있는 농민이다. 그러기에 농민의 사정을 누구보다 잘 안다. 농민이 잘살아야 농업도 살고, 농협도 산다. 농협이 농가소득 5천만원 시대를 열기 위해 온갖 노력을 기울여야 하는 이유도 여기에 있다.

박상홍 조합장
2015년 경북 고령 쌍림농협 조합장에 당선됐다(초선).
현재 농민신문사 대의원, 전국딸기자조금협의회 이사를 맡고 있다.

가야산 정기 받아
사과에서 오미자까지

배수동 조합장
경북 성주 서부농협

우리 서부농협의 역사는 1970년대로 거슬러 올라간다. 1971년 4월 20일 금수면 봉두리·무학리·후평리·영천리·중산리 5개 마을의 이동조합으로 탄생하여 1973년 10월 1일 기존 5개의 이동조합과 여타 금수면 지역을 합병하여 금수리농협으로 개편되었다. 1972년에는 가천면 일원 이동조합이 합병하여 가천농협으로 발족하였다가, 1977년 8월 26일 금수단위농협과 가천단위농협이 합병하여 서부농협으로 새 출발을 하게 되었다.

설립 초창기에는 워낙 농촌이 어려운 시기라 농협 경영여건도 열악하여 직원 인건비도 제대로 못 주는 등 많은 어려움이 있었다. 농촌의 힘든 현실을 바라만 보다가 이 어려움을 극복하려면 농협이 중추적인 역할을 해야 한다는 생각에 이르렀고 마침내 농협 운동에 투신하기로 결심했다.

가야산 황무지에 오미자 단지 조성

▲▼▲

1994년 서부농협 비상임 이사에 취임하여 농협 경영에 참여하였다. 하지만 시간이 지나면서 농업·농촌과 농협 발전에 기여하는 데 한계가 있다고 판단, 1997년 4월 조합장 선거에 출마해 제8대 서부농협 조합장에 당선되었다.

당시 농촌에는 현대식 장례식장이 없어 대부분 집에서 전통 장례로 초상을 치렀다. 우리 농협은 일찍이 이에 관심을 갖고, 그간 불편과 폭리로 농민들을 괴롭히던 기존 장례의 문제점을 해결하고자 1994년 7월 15일 장제사업을 시작했다. 아마도 전국 농협 중 가장 빠른 것이 아니었나 생각한다. 조합장 취임 후 얼마 지나지 않아 장제사업소를 확장하여 우리 조합원뿐만 아니라 성주 관내 많은 농협 조합원에게 편익을 제공하였다.

1970~80년대 농촌의 살림은 매우 어려웠다. 변변한 소득기반이 없었고 소작농 위주로 주 소득 작목도 없었다. 나의 고민은 어떻게 하면 이곳 성주의 천혜의 자연조건을 이용하여 소득을 창출할 수 있을까 하는 것이었다. 첫번째 작품은 사과 생산이었다. 한강 이남 최고의 명산인 가야산 자락과 성주호 주변 지역에 사과 단지를 조성하여 명품 가야산 사과를 생산하는 것이었다. 사업은 성공적이었다. 한편 소득 작목으로 가야산 자락 황무지를 임차 개간하여 기후 특성에 맞는 오미자 단지를 만들었다. 고품질의 오미자 또한 농가 소득 증대에 크게 기여하였다.

가야산 자락 하죽천 주변의 비옥한 토지에는 시설하우스를 설치하여 명성이 높은 가야산 상추를 재배하고, 성주 지역 특산품인 참외도 재배하여 많은 농가 소득을 올리고 있다. 그 외 벼·감자·고사리·양봉 등 다양한 고품질의

서부농협은 지역 특산물인 '가야산사과'를 동남아 지역에 수출하여 농가소득 증대에 기여하고 있다.

농산물로 농가 소득을 높이고 있다.

　나는 늘 농협의 역할을 잊지 않으려 노력한다. 항상 조합원 입장에서 농협 사업을 추진하고 있다. 그래서 농업인 조합원이 피땀 흘려 농사지은 농작물을 책임지고 판매해주고 있으며, 소량의 농산물은 우리 농협 파머스마켓에서 로컬푸드 방식으로 판매해준다. 조합원들이 판로 걱정 없이 안전한 농산물 생산에만 전념토록 해드리고 싶은 것이다.

　농산물 수출에도 관심을 두었다. 그 결과 어려운 여건 하에서도 3년 전부터 '가야산 사과'를 홍콩 등 동남아 지역에 수출하여 농가소득 증대에 기여하고 있다. 이 밖에 공공비축미 수매 후 남은 물량을 다사농협 미곡종합처리장과 연계하여 높은 가격에 매입함으로써 농가에 도움을 주기도 하였다.

파머스마켓의 멋진 성공

　우리 서부농협 주 소재지인 가천면은 과거 경제적·지리적으로 삼도 접경 지역에 위치했으며, 충북 영동, 경남 거창 등지의 주민들도 찾는 5일장인 천

배수동 조합장(오른쪽 두번째)이 농협주유소 공동이용 활성화를 위해 노력할 것을 다짐하고 있다.

창장이 있어 경제적으로 번창하였던 곳이다. 이런 역사를 지닌 가천면에 위치한 우리 농협 마트는 2011년 이전까지는 규모가 작아 농업인 조합원에게 필요한 생필품을 공급하는 데 한계가 있었다. 더구나 5일장이 쇠퇴하면서 농가들이 박스 단위 판매가 어려운 소량의 농산물을 처리할 마땅한 곳이 없었다. 이를 해결하기 위해서는 마트 매장을 대폭 확장해 대형 파머스마켓으로 발전시킬 필요가 있었다. 그런데 의외로 많은 반대와 걱정에 직면했다.

"우리 같은 시골에서 이게 되겠어요?"

"잘못하면 큰 손해가 날 수 있는데…."

하지만 미래를 위해서 마트 확장이 꼭 필요하다는 확고한 신념으로 2011년 1월 교통의 요충지인 가천삼거리에 대형 파머스마켓을 오픈하였다. 이로써 조합원과 고객이 필요로 하는 각종 생활용품의 원스톱 쇼핑이 가능해졌고, 농가에서 생산한 소규모 농산물을 직거래로 판매할 수 있게 되었다. 조합에서는 마트 이용고객의 편의를 위해 다마스차량을 구입하여 교통이 불편한 조합원과 고객에게 교통편을 제공하고 있다.

파머스마켓은 우리 농협 경영에도 크게 기여하고 있다. 2011년 파머스마켓

오픈 전에는 마트 매출액이 연 5억원이던 것이 2016년 말에는 약 50억원으로 괄목할 만한 신장을 하면서 우리 농협 건전 결산에 이바지하고 있는 것이다. 또한 기존 소규모 자재백화점을 대형화하여 농가에서 필요로 하는 비료와 농약 등 모든 농자재를 저렴하게 공급함으로써 농가에 실익을 제공하고 있다.

한편 2015년 7월에는 가천의 민간 주유소를 저비용으로 장기간 임차하여 서부농협 주유소를 개점하였다. 당시 조합 자체 주유소가 없어 조합원들이 면세유를 구입하는 데 불편을 겪는 등 막대한 손해를 보고 있었었기에 주유소 사업을 추진하였지만 여건이 맞지 않아 진척되지 못하는 상황이었다. 그러던 것이 주유소 개점에 따라 정량 정품의 유류와 면세유를 공급하여 농가 경제에 많은 도움을 주게 되었다. 또 하나 특징적인 점을 들자면, 성주군 관내에서 주유소가 없는 농협이 관할하는 초전면, 월항면, 수륜면의 대농가를 대상으로 우리 서부농협이 간이 유류탱크 설치를 지원하고 면세유를 공급함으로써 이들 주유소 없는 농협의 역할을 대신하고 있는 것이다.

'요람에서 무덤까지' 복지 확대

이제 농협은 심각한 고령화 사회가 된 농촌에서 조합원의 삶의 질을 책임져야 한다. 말 그대로 '요람에서 무덤까지' 조합원을 보살펴야 하는 것이다.

서부농협과 나는 힘들고 벅차기는 하지만 조합원의 삶의 질 향상을 위해 최선을 다하고 있다. 수년 전부터 대구한의대학교와 연계한 어르신 무료 한방진료와 전 조합원 건강검진을 해오고 있다. 2015년부터는 계명대학교 동산의료원에서 조합원을 대상으로 정밀 종합검진을 실시했고, 올해는 독감 예방접종도 무료로 제공하고 있다. 또 전국에서 최초가 아닐까 생각되는데, 출산장려금 지원부터 조합원 자녀 장학금 지원, 원로 조합원 전기장판 지원, 농업인 안전보험 지원, 가톨릭병원 안과와 연계한 무료 백내장수술 및 안과진료 지원, 대구 유명병원의 조합원 병원비 감면 등 다양한 복지대책을 확대해가고 있다.

2015년 3월 나는 5선 조합장으로 취임하였다. 그동안 연륜과 경험으로 경영능력을 발휘하여 우리 농협을 성주 서부권 중심 농협으로 만들기 위해 최선을 다해왔다. 직원에게는 동기 부여와 사기 진작으로 적극적이고 긍정적으로 일할 수 있도록 여건을 만들어주고, 조합원과 고객에 대해서는 무한 봉사를 실천하자는 초심을 잃지 않으려고 노력한다. 2009년 예수금 300억원 달성, 2015년 예수금 500억원 달성, 2014년 총화상 수상 같은 일련의 업적은 그러한 노력의 결실로 맺어진 우리 농협 발전상의 작은 단면이라 하겠다.

배수동 조합장
2015년 경북 성주 서부농협 조합장에 당선됐다(5선).
현재 농협품목별전국협의회 의장, 한국참외생산자협의회 회장, 농민신문사 이사를 맡고 있다. 대통령 산업포장, 법무부 장관 표창, 내무부 장관 표창, 도지사 표창 등을 수상한 바 있다.

천연기념물
'제주 흑한우' 맛보세요

송봉섭 조합장
제주 서귀포시축협

임금님 진상품 '제주 흑한우'

전국 한우 사육 규모에서 제주도가 차지하는 비중은 1%가량에 불과하다. 당연히 전국 유통시장에서 인지도가 떨어지고 경쟁력이 약한 것이 사실이다. 그런데 제주도에는 특별한 한우가 있다. 바로 고려시대 때부터 임금님께만 진상된 검은색을 띠는 제주 흑한우이다. '조선왕조실록' '탐라순력도' '탐라기년' 등 옛 문헌에 제수품과 진상품으로 공출된 기록이 있다. 조선 정조 당시 가파도에 있는 목장에서 흑한우가 생산되었으며, 진상품으로 반출 직전 흑한우를 임시 사육하는 국영목장이 관리되었다는 역사 기록도 남아 있다.

나는 조합장으로 취임한 이후 일본·호주산 와규나 한우와 비교해도 손색 없을 만큼 무한한 가능성을 지닌 '제주흑우'를 살릴 수 있는 방법이 무엇일까를 늘 고민하였다. 그래서 내린 결론은 우리 서귀포시축협이 앞장서서 '제주 천연기념물인 제주 흑한우를 명품 브랜드 사업으로 추진하자'는 것이었다.

이미 제주 흑돼지는 없어서 못 팔 정도로 전국적인 명품이 되었듯이 제주 흑한우도 충분한 가능성이 있다는 확신이 들었다. 그러나 제주 흑한우가 전국적인 명품 한우로 가는 길에는 넘어야 할 산이 많았다.

멸종 위기 극복, 우수 혈통으로 개량

제주 흑한우는 1964년까지만 해도 1000여마리가 사육되면서 지역 토종 소로서의 명맥을 유지해왔다. 하지만 1980년대 육량 위주의 소 산업정책으로 교잡우가 대량 사육되면서 제주 흑한우는 빠르게 자취를 감추며, 급기야 멸종 위기에 다다랐다. 그러다가 1990년대 초부터 제주도 전역에 남아 있는 연령 15~20세 이상의 순종 제주 흑한우 10마리를 수집해 종을 보존하고 사육에 나서면서 고비를 넘겼다.

서귀포시축협은 축산농가, 관계기관과 삼위일체가 되어 '제주 흑한우' 육종개발을 추진 중이다.

이후 제주 흑한우는 우리나라 고유의 한우 품종으로서 2012년 국제연합 식량농업기구(FAO)에 등록됐고, 2013년 7월 국가지정 문화재인 천연기념물 제546호로 지정되었다. 또 2013년 10월에는 남양주에서 열린 슬로푸드 국제대회에서 연산오골계와 칡소에 이어 제주 흑한우가 세 번째로 '맛의 방주' 가축으로 등재되었다.

제주 흑한우는 상강육(霜降肉·서리가 내린 것처럼 흰 지방이 고루 퍼져 있는 고기)이 잘 조성되어 있어서 구울 때 잘 타지 않고 육질이 무척 부드럽다. 류연철 교수(제주대)는 "제주 흑한우 지방산을 조정 분석한 결과, 감칠맛과 풍미증진에 관여하는 올레인산의 함량이 한우에 비해 높게 나타났다. 또한 포화지방산 함량이 낮고 불포화지방산 함량이 높으면서 일본의 '와규 올레인 55'와 같은 브랜드로서의 가능성이 확인됐다"고 발표한 바 있다.

제주 흑한우 도체(屠體·도살한 몸체) 성적을 보면 체중 345.3kg(일반 한우 371kg), 등심면적 78.8cm²(일반 한우 80.2cm²), 육량지수 67.0(일반 한우 67.4) 등으로 일반 한우와 비슷하거나 다소 떨어진다. 하지만 지방두께는 12.8mm(일반 한우 11.5mm), 근내 지방도 5.1(일반 한우 4.0), 1등급 출현율이 84.6%(일반 한우 75%)로 일반 한우보다 높은 것으로 조사되었다.

하지만 흑한우가 한우보다 성장성이 더디다는 점이 사육농가의 발목을 잡았다. 먼저 흑한우는 한우에 비해 비육 출하 월령이 6개월 정도 길어 농가 입장에서는 경영비가 더 들어갈 수밖에 없으며, 평균 지육량도 한우보다 적어 소득 손실을 감수해야 하는 실정이었다.

그래서 성장률을 높이기 위해 우성인자 확보를 위한 육종개발에 투자하고, 행정기관과 육종개량협회에 대해서도 지속적인 발전방안을 제시하였다. 그리고 축협 TMF(완전혼합발효사료) 조사료공장에서 전용 발효사료를 개발하여 성장률을 높이기 위해 노력하였다. 흑한우 사육농가들이 해썹(HACCP) 인증을 받을 수 있도록 사양관리 및 컨설팅에도 주력하는 한편 사육기간이 다소 긴 점 때문에 사육을 기피하는 사육농가에게 앞으로 특화된 품종으로 개발되면 높은 경제적 효과를 볼 수 있다는 점을 적극적으로 알렸다.

이렇게 서귀포시축협은 축산농가, 축산진흥원 육종개발단체와 삼위일체가 되어 제주 흑한우를 일본의 화우보다 우수한 혈통으로 거듭나게 만들어나갔다.

'명품관' '대축제'로 대중화 나서

▲▼▲

이제 남은 문제는 마케팅이었다. 제주천연기념물 제주 흑한우의 참맛을 관광객과 도민들에게 선보여 제주 흑한우의 우수성을 널리 알릴 필요가 있다고 생각했다.

흑한우는 사육농가가 적어 소비자가 맛볼 기회가 적은 점을 해결하고자 명품관 개관을 추진하였다. 명품관은 소비자들이 직접 제주흑우를 맛보고 구매할 수 있는 홍보의 전초기지가 되었다. 이를 계기로 명품관 단지에 하나로마트를 개설하여 축산농가와 상호 윈윈(win-win)할 수 있는 계획을 수립하여 추진 중이다. 그리고 전국 특산물로 발돋움시켜 사육농가 확대를 촉진하기 위해서는 흑한우 고기의 소비촉진 이벤트가 필요하였다. 이것이 우리 조합이 지난 2013년부터 제주지역 방송국인 JIBS와 함께 '제주 흑한우 대축제'를 매년 개최하고 있는 이유이다.

제주 흑한우 대축제는 흑한우를 전국 특산물로 인지시키기 위하여 피서객

송봉섭 조합장은 제주 흑한우의 우수성을 널리 알리고자 '제주 흑한우 대축제'를 기획하였다.

이 많이 찾는 여름철을 기해 추진하였다. 또 축제 기간에는 제주 흑한우의 참맛을 관광객과 도민이 쉽게 접할 수 있도록 가격을 대폭 할인하여 판매하고, 무료 시식코너도 마련하였다. 또 도민과 관광객을 위한 흑한우 씨름대회, 팔씨름대회, 사생대회 등 다양한 이벤트 행사도 진행해 생산자와 소비자를 위한 축제의 장을 펼쳤다.

지금은 흑한우 가격이 다소 높지만 소비가 촉진되면 축산농가가 늘어나 공급이 확대되어 점차 가격 경쟁력을 갖출 것이라고 믿는다.

제주 흑한우 명품화 전략

제주흑우가 세계 최고의 품종이 되기 위해서는 디지털 정보통신과 생명공학 분야와의 협력이 필요하다. 그저 천연기념물로 보호하는 차원이 아니라 제주흑우 육종을 위한 정보를 공유하여 세계 최고의 육종품종으로 개발해야 한다고 생각한다. 나는 우리 흑한우를 세계 최고의 특산물로 수출할 수 있도록 인공지능을 활용한 품종육성 방안을 추진하는 태스크포스(TF)팀을 지방행정

조직 및 연구단체와 함께 구성하여 보다 적극적으로 추진할 계획이다.

최근에는 제주흑우 유전체 정보를 담고 있는 단일염기서열변이칩(SNP Chip)이 완성될 경우 흑우의 품종 정립과 판별, 생산 이력과 친자 확인까지 가능한 체계를 갖추게 되어 흑우 성장과 개량에도 기여할 수 있을 것으로 기대되고 있다. 이렇게 현재 제주흑우 연구는 대량 증식뿐만 아니라 유전자 정보 규명부터 관리체계 구축, 이력 관리, 품종 정립, 실용축 특성 규명 등 기초부터 산업 활용까지 폭넓게 아우르고 있다.

이밖에도 한우 능력 개량 촉진과 흑우 브랜드 경쟁력 향상을 위해 소 수정란 이식사업이 2017년부터 추진되어 한우와 젖소, 육우 등의 대리모 100마리에 우량 한우 및 제주흑우의 수정란을 이식하였다. 2012년부터 2016년까지 총 64농가를 대상으로 수정란 이식 사업을 벌여 90여마리의 송아지를 생산해 농가에 우량 한우를 보급했다. 서귀포시축협과 나는 제주도 축산진흥원과 함께 앞으로 수정란 이식에 따라 태어나는 송아지에 대해 대리모 및 혈통 등을 확인하고, 혈통 등록을 유도하는 등 사후 관리를 더욱 강화해나갈 계획이다.

송봉섭 조합장
2015년 제주 서귀포시축협 조합장에 당선됐다(3선).
현재 농민신문사 대의원, 제주특별자치도 및 서귀포시 연합청년회 자문위원, 대한노인회 서귀포지회 자문위원, 서귀포시 배구연합회 회장을 맡고 있다.

대한민국을 넘어 세계로
'횡성축협한우'

엄경익 조합장
강원 횡성축협

전국에 몰아친 '가짜 횡성한우' 파동

"횡성한우는 워낙 유명합니다. 그런데 횡성을 한번 지나가기만 한 소도 횡성한우냐…. 물론 아니겠지요. 지나가기는커녕 근처에도 못 와본 소라면 더 말할 것도 없습니다." (앵커)

"강원도 횡성의 한우직판장이 몰려 있는 거리입니다. 주차장은 횡성한우를 맛보기 위해 찾아온 사람들의 차량들로 빼곡합니다. 간판에도 횡성한우라는 이름을 내걸고 장사를 하고 있는데요, 진짜 횡성한우를 팔고 있는지 직접 들어가 구매해 보겠습니다." (기자)

"농림축산식품부가 운영하는 애플리케이션으로 쇠고기 이력을 조회해 보았습니다. 가게 이름은 횡성한우지만 실제로는 전북 정읍에서 태어나 인천 강화에서 자라고 도축된 소였습니다." (기자)

"농수산물 원산지 표시법에 따르면 1년 이상 횡성에서 키우면 횡성한우로 표시할 수 있습니다. 하지만 횡성군은 조례로 횡성에서 수정되고 자란 한우만 진짜 횡성한우로 인정하고 있습니다. 진짜 횡성한우를 드시고 싶으면 '횡성군수가 인정하는 횡성한우입니다'가 적혀 있는 인증마크를 확인하셔야 합니다. 횡성축협 상표와 쇠고기 이력번호를 확인하는 방법도 있습니다." (기자)

2015년 9월에 방영된 모 방송사의 보도를 모니터한 내용이다. 수년 전 전국을 뒤흔든 '가짜 횡성한우' 파동은 국민들에게 큰 실망을 안겨주었고, 언론은 이를 대대적으로 보도하였다. 충격의 여파는 쉽게 가라앉지 않았다. 대법원까지 간 '가짜 횡성한우' 판결은 더디기만 하였다. 1심 무죄, 2심 유죄, 대법원 파기환송 결정, 그리고 2015년 8월 춘천지법 제2형사부의 최종 유죄 판결을 거치는 동안 횡성한우 이미지는 크게 손상되었다. 법원의 판결 요지는 "축산물의 생산은 농업인이 소를 출생·사육·출하까지의 1차 산업상의 생산행위를 의미하는 것으로, 유통업자가 단순히 도축만 하거나 매우 짧은 기간 보관하다가 도축한 경우는 축산물의 생산이라고 볼 수 없다"였다. 외지에서 소를 사다가 2개월 정도 키워 횡성한우로 판 행위를 불법으로 판시한 것이다.

위기를 기회로

▲▼▲

횡성의 한우 농가들은 1990년대부터 남보다 일찍 각고의 노력을 기울여 품질 고급화에 나섰다. 그 결과 우리 국민들은 '횡성' 하면 한우, '한우' 하면 횡성을 떠올릴 정도가 되었다. 그러자 여기저기서 '짝퉁'이 판을 치기 시작해 10년 이상 이 문제로 시달려야 했다. 횡성 관내에 우리와 유사한 횡성한우협동조합이 생겨나면서 더 큰 위기에 봉착하였다. 소비자들이 헷갈리기 십상이었다.

 과거 횡성한우가 유명해졌던 시기에 나는 횡성축협 상무로 근무하면서 '도대체 이 문제를 어떻게 극복하나' 하는 생각에 밤잠을 설치며 힘든 시간을 보내야 했다. '횡성한우'라는 명칭은 누구나 사용할 수 있는 고유명사여서 '진짜'를 '가짜'로부터 보호할 방법이 마땅치 않은 것이 가장 큰 문제였다.

 그러던 어느 날 '생각을 바꾸면 새로운 길이 열린다'는 말이 불현듯 떠올랐다. 그래서 그 당시 조합장님과 합심하여 생각한 결과 "누구나 쓸 수 있는 횡성한우 대신 새로운 브랜드를 만들자" 해서 태어난 브랜드가 '횡성축협한우'이다. 브랜드 기준도 재정비하여 전국 최고의 브랜드로 자리매김을 하였고 지금도 끊임없이 보완하고 수정하여 정상의 위치를 고수하고 있다. 별도의 브랜드를 만든 것은 축협만을 위한 것이 아니냐고 할 수도 있다. 그러나 브랜드 차별화로 짝퉁을 방지할 뿐 아니라, 과거에 횡성축협 한우프라자가 들어서면서 우천면에 한우 식당가가 형성되었듯이 이 같은 브랜드 차별화가 횡성축협한우뿐

횡성축협은 독자적인 '횡성축협한우' 브랜드를 개발, 전국 최고의 브랜드로 발돋움시켰다.

엄경익 조합장(왼쪽)이 2015 축산물브랜드 경영체 연찬회에서 최우수경영체상을 수상하는 모습.

만 아니라 횡성한우 전체에 대한 신뢰도를 높일 수 있다고 나는 생각한다.

우리 횡성축협한우는 상표등록, 지리적표시제 등록, 대통령상 3년 연속 수상, 5회 연속 국가 명품 인증 등 각종 상을 휩쓸고 있다. 정부로부터 공신력을 인정받고 짝퉁이 넘볼 수 없는 명품 브랜드로 우뚝 선 것이다. 개인적으로는 2017년 9월 13일 서울 국회의사당에서 열린 '2017년 대한민국 탑 리더스' 시상식에서 축산업 발전기여 부문 대상을 수상했다. 축산업 분야에서 행정업무 능력과 대한민국 브랜드 가치를 높인 점을 인정받은 것이다.

명절 특수를 겨냥한 '홍수 출하'로 농가 실익 보장

설과 추석이 다가오면 한우 쇠고기 수요가 급증하고 가격도 오른다. 이른바 명절 특수인 것이다. 한우를 사육하는 농가들은 이 특수를 놓치지 않기 위해 많은 노력을 기울이게 마련이다. 그런데 이 명절이 지나고 나면 값이 하락하고 명절 특수를 놓친 농가들은 손해를 보는 현상이 매년 되풀이되고 있다.

나는 이 문제를 해결하고 조합원 모두가 수익을 창출할 수 있는 방법을 고민했다. 고심 끝에 6개월 평균 단가 정책을 시행했다. 우리 축협에서는 2016년 6월부터 등급별(육질과 육량)로 6개월 평균 단가를 적용해 정산함으로써 조합원들로부터 좋은 반응을 얻고 있다. 이 제도가 도입되면서 조합원들은 사육기간 단축, 사료비 절감, C등급 감소 등의 효과와 함께 시기에 상관없이 사육에만 전념할 수 있게 된 것이다. 전국에서 우리 축협만이 시행하고 있는 독자적인 제도이다.

주간 평균 단가보다 6개월 평균 단가가 낮게 나오면 그 차액을 축협에서 부담하여 전체 농가에게는 추가 부담금만큼 수익이 더 발생한다. 2016년 말 1차 정산 결과 1억 6000만원, 2017년 6월 말 2차 정산으로 1억원을 조합에서 추가 부담해 1년 동안 총 2억 6000만원의 농가 실익을 보장해 주었다.

홍콩 이어 캄보디아로, 세계를 향한 도전

국내 시장에서의 성과를 바탕으로 해외 시장 개척에 나섰다. 2016년 홍콩과 마카오 시장을 집중 공략했고, 홍콩에서 횡성축협한우 특유의 뛰어난 맛과 안전성을 인정받아 수출을 시작했다. 일본 화우를 뛰어넘어 홍콩 시장 연착륙에 성공한 횡성축협한우는 지난해 50만달러의 수출실적을 올렸다. 2017년에는 횡성한우축제 기간 중에 홍콩·태국·캄보디아 등지의 동남아 바이어 16명을 초청하는 등 적극적인 마케팅 활동을 벌인 끝에 지난 9월에 캄보디아로의 수출을 확정지었다. 지금의 추세라면 2017년 목표로 한 100만달러 수출은 무난히 달성할 전망이다.

횡성축협이 처음 개척한 홍콩시장에서의 한우에 대한 반응은 일본 화우보다 더 뜨겁다. 실제로 비슷한 가격에 내놓아도 홍콩 소비자들이 우리 것을 더 찾는다고 한다. 홍콩을 시작으로 다른 아시아 지역에서도 러브콜이 계속 들어오고 있는데, 이런 분위기가 고조된다면 우리 한우가 세계인의 관심을 받는 세계적인 명품이 될 수 있을 것이라 확신한다.

1등의 자리에 올라가는 것보다 1등의 자리를 지키는 것이 더 힘들다고 한다. 횡성축협한우의 가치를 높이고 모든 조합원의 소득 향상과 농가의 지속적인 성장을 위해선 차별화된 그 무엇이 필요할 것이다. 앞으로 어떠한 시련과 역경이 몰아치더라도 횡성축협은 '대한민국을 넘어 세계로'의 기치를 높이 들고 조합원과 함께 힘차게 달려 나갈 것이다.

엄경익 조합장
2015년 강원 횡성축협 조합장에 당선됐다(초선).
현재 농협사료 이사를 맡고 있다. 조합장 당선 전 강원양돈축협과 횡성축협에서 지점장과 상무 등으로 재직한 바 있다.

'웰컴 투 동막골' 무시래기

정연택 조합장
강원 평창농협

해발 700m 청정지역 평창

예로부터 시골에선 김장 후에 무청을 처마 밑에 매달아 무시래기로 만들었다. 잘 말리면 겨울 내내 아니 초여름까지도 먹을 수 있었던 무시래기. 이제 평창에선 무시래기가 깊어가는 가을을 장식하는 풍경이 되었다. 우리 평창농협 관내의 농가들은 깨끗한 자연환경을 바탕으로 친환경 작물을 재배하고 있는데, 대표적인 작물이 바로 무시래기다. 하지만 평창의 무시래기가 명품 작물로 인정받기까지는 많은 노력이 필요했다.

조선시대 초기 학자인 삼봉 정도전은 평창을 "하늘이 낮아 고개 위가 겨우 석 자"라고 표현하였다. 그의 표현답게 평창은 전체 면적의 65% 이상이 해발

700m의 고원으로 이루어져 있다. 이런 척박한 환경에서 우리 조합원들은 감자·배추·무 등 고랭지농업을 발전시켜왔다. 겨울로 가는 길목에서 평창은 고랭지 무를 수확하는 농민의 손길로 늘 분주하다. 하지만 가격이 폭락하면 농민들의 한숨은 땅이 꺼질 정도이다. 이런 어려움을 겪을 때마다 나의 가슴 또한 무너져 내리는 것만 같았다. 그래서 조합장에 취임하고도 늘 '우리 조합원이 어떻게 하면 농사를 지어 소득을 올릴 수 있을까' 하고 고민했다.

시래기 해장국에서 얻은 영감

▲ ▼ ▲

그러던 어느 날 직원들과 점심식사를 하기 위해 식당을 찾았다. 그날 메뉴판에 '시래기해장국'이 있었다.

"여기 시래기해장국 주세요~!"

잠시 후 시래기해장국이 나왔다. 순간 '구수한 고향의 맛! 맞아, 바로 이 맛이야!' 하는 생각이 퍼뜩 들었다. 우리네 토종음식에 꼭 따라다니는 재료가 바로 무시래기 아니던가? 된장국에 넣으면 시래기된장국이 되고, 생선조림을 할 때 무시래기를 바닥에 깔면 무시래기조림이 되고, 곤드레밥처럼 밥을 할 때 얹으면 시래기밥이 되는 우리의 전통 식재료! 누구도 싫어할 수 없는 그 맛, 무시래기에 그야말로 필이 꽂혔다. 순간적으로 생각난 것이 옥수수 후작으로 조합원들에게 재배를 강력하게 권장하는 것이 좋겠다는 판단이 들었다.

우리 농협 관내는 '웰컴 투 동막골'이라는 영화를 촬영한 곳으로, 옥수수 고유의 향기가 짙고 단맛이 나는 찰옥수수가 생산된다. 7월 말이면 평창의 찰옥수수는 전국 각지에 택배로 보내진다. 하지만 찰옥수수 재배는 농가 소득 면에

평창농협은 관내 30여 농가와 함께 무시래기 사업에 착수, 찰옥수수를 잇는 지역 특산물로 육성했다.

서는 그리 만족스러운 편이 아니었다. 3.3㎡(1평)당 소득이 2500원 정도밖에 되지 않았다.

"그래, 옥수수 후작으로 무시래기를 권장해보자!"

무시래기는 전국 어디서나 생산이 가능하지만, 청정한 강원 평창의 신선한 가을바람에 말린 무시래기라면 소비자들의 호응도가 높지 않을까? 청정지역에서 생산되고 식이섬유·철분·미네랄·칼륨 등 각종 영양소가 풍부하여 기력회복에 좋은 식재료라고 홍보하면 좋을 것이라는 판단이 들었다. 요즘 들어 새롭게 각광받고 있는 복고풍 웰빙 식품 무시래기를 웰빙 식품시장의 다크호스 상품으로 특화시켜보자고 굳게 마음을 먹었다.

무시래기는 무청에 비해 식이섬유가 다섯 배나 많아서 장운동을 촉진시켜 대장암 예방에 도움이 된다고 알려졌다. 비타민A와 C가 풍부하며, 칼슘을 함유하고 있어 골다공증에도 좋다. 우리 민족은 겨울 정월대보름에 묵은 나물과 부럼을 먹으며 그해의 액운을 쫓고 건강과 행복을 기원하였는데, 오곡밥과 같이 먹는 묵은 나물로 무시래기가 빠지지 않았다. 겨우내 부족하기 쉬운 비타민과 무기질을 보충하고 원기를 돕기 때문이다.

미탄 지역, 시래기마을로 '우뚝'

▲ ▼ ▲

나는 평창농협 미탄지점 농산물 담당 직원과 무시래기 재배와 관련하여 타당성을 검토하였다. 생산지와 대형마트 등을 견학하고 기후와 시장조사부터 실시했다. 그런 다음 마을 단위 운영공개를 통하여 무시래기가 겨울철 유휴 노동력을 이용하여 농가소득을 증대시키기에 적합한 품목이라고 역설하였다. 작업도 그리 어렵지 않다. 무 뿌리에서 무청을 떼어낼 때 줄기들이 흩어지지 않도록 포기째 떼어내서 응달에 빨래 말리듯이 널어서 건조시키면 된다.

무시래기 생산에 의욕을 가진 농가들이 자발적으로 조직을 결성하고 명품 시래기를 생산해줄 것을 요청하자, 관내 30여 농가가 재배 의사를 보였다. 이들을 대상으로 수차례 교육과 회의를 실시하는 한편 관련 자재 구입 및 판매는 농협을 통한다는 협약을 체결하고 본격적으로 평창 무시래기 사업에 착수하였다.

사업 첫해라 실패할 확률도 높았지만, 전 회원이 교육과 회의를 통해 문제점들을 슬기롭게 헤쳐나가며 단 한 농가도 실패하지 않고 품질 좋은 무시래기를 생산해냈다. 사업 첫해라 무성한 소문이 난무했다. 그러나 반원 모두가 열심히

정연택 조합장이 관내 고랭지
무 재배지에서 무청의 생육 상태를
살펴보고 있다.

노력한 결과 무시래기가 농가소득증대 품목으로 자리매김하며, 우리 평창농협 미탄지점 지역을 명품 시래기마을로 급부상시켰다. 사업 2년째인 2017년에는 재배면적도 1.5배나 증가하였다.

찰옥수수 이어 명품이 된 무시래기

남은 문제는 안정적인 판로 확보였다. 나는 찰옥수수 직거래 고객을 대상으로 홍보 문자를 보내고, 시중 대형마트와 연결하여 대량 판매처를 확보하기 위해 분주히 뛰어다녔다. 그런 우여곡절 끝에 관내 농가에서 생산한 무시래기 전량을 농협을 통하여 100% 판매 완료할 수 있었다. 이제는 행여 무시래기 사업이 실패하면 어쩌나 걱정하던 조합원들이 더 적극적으로 사업에 나서고 있다. 여기저기서 조합을 칭찬하는 소리가 들릴 때마다 조합장으로서 큰 보람을 느낀다. 나는 여름철 명품 찰옥수수에 이어, 겨울철 유휴 노동력을 이용한 평창의 명품 시래기를 조합 차원에서 적극적으로 나서서 전국에 홍보할 계획이다. 또 지자체 협력사업으로 건조시설과 포장재를 지원받아 명품 농산물에 관심 있는 농가로 법인을 결성, 농협과 상생하는 사업으로 발전시켜나갈 생각이다. 명품 무시래기 사업이 향후 평창농협의 발전과 농가소득 5천만원을 달성하는 초석이 될 수 있음을 믿어 의심치 않는다.

정연택 조합장
2015년 강원 평창농협 조합장에 당선됐다(초선).
현재 농협중앙회 및 농민신문사 대의원을 맡고 있다. 평창중앙라이온스클럽 회장. 평창군법원 민사조정위원을 지낸 바 있다.

"내 사랑 부추!"

정태연 조합장
전남 함평 천지농협

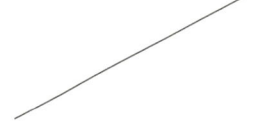

국민 간식 1위를 뽑아라!

어느 날 우리 조합에서 직원 대상으로 때 아닌 설문조사를 시작했다. 우리 국민이 가장 좋아하는 간식은 무엇인지 물은 것이다. 결과가 나왔다.

"1위 만두, 2위 떡, 3위 튀김!"

힘찬 박수와 함께 다음 사업이 결정된 순간이었다.

저간의 사정은 이랬다. 오래 전부터 우리 지역에서는 딸기를 재배했는데 갈수록 공판장 시세도 좋지 않고 가격과 판로에서 어려움을 겪었다. 대체 작목이 시급해졌다. 조합장으로서 진정 농사꾼들에게 돈이 될 만한 것이 무엇일지 고민과 연구를 하지 않을 수 없었다. 과거 농업기술센터나 농산과 등 행정기관의 농업 육성 정책은 결국 묘목 장수에게만 좋은 일일 뿐, 수확 후에 판로가 없어 농업인을 힘들게 한 경우가 많았다. 그 결과 많은 지역 농협들이 손해를 감수하고서 시행착오의 뒷수습을 해야 했다. 더구나 대다수 농촌 지역과 마찬가지로 우리 지역도 수도작 위주에 고령층·부녀자가 대다수여서 농업 조건은 열악해져가고 있었다.

이런 상황을 타개하기 위해 직원들과 삭목반원들의 중지를 모았다. 그리고 국민 식생활에서 가공 원료로 널리 사용되는 품목을 전 직원 회의를 통해 선정하기로 하였다. 그 결과 농산물 함량 30% 이상의 간식용 식품 순위 1위가 만두, 2위 떡, 3위 튀김 등으로 조사된 것이다. 만두의 주 재료가 부추다. 이렇게 해서 부추를 딸기 이후의 소득 작목으로 채택하기로 결정했다.

CJ와 연간 출하계약, 판로 확보

먼저 시장조사부터 실시했다. 부추 재배에 필요한 시설 투자에는 행정기관의 적극적인 협조가 필요하다는 점을 확실히 짚었다. 또 판로 문제를 해결하기 위해서는 대형 만두 생산 업체에 납품을 해야 하므로 하나로마트에 입점해 있는 CJ·동원·오뚜기 등을 공략 대상으로 삼았다. 부추 재배의 특성상 첫해 시설 투자만 하면 향후 5년 동안 다른 투자 없이 꾸준히 생산할 수 있고, 시설 재배가 아니고 비가림만으로도 충분하다는 점 등은 우리를 고무시켰다.

1차적으로 행정 지원을 받기 위한 노력을 시작했다. 연간 농가 매출액을 포함한 상세한 사업 계획서를 제출한 덕분에 농업기술센터 시범사업으로 선정되었다. 이와 함께 가공 업체인 CJ와 연간 출하 계약을 체결함으로써 가장 중요한

천지농협 대표 소득 작목으로 자리 잡은 부추. 하우스 5동에서 연 3000만원 소득을 올렸다.

판로의 어려움을 해소하였다.

사실 우리 지역에서 부추를 재배한 지는 20년이 넘었다. 하지만 대부분 노지에서 재배해 질도 떨어지고 여름 출하 경쟁도 심해 가격을 제대로 받지 못했다. 부추는 겨울에 생산되는 것이 가격이 훨씬 좋다. 결국 시설하우스로 가야 하는 것이다. 그래서 조합장에 취임하면서 제대로 된 소득 작목으로 부추를 선정하고 본격적인 준비 작업에 들어갔던 것이다. 농가 선정 작업은 비교적 순탄했다. 우리 지역은 근 30년 동안 하우스 딸기 재배를 해왔기 때문에 기본적으로 작물 성장에 대한 농가의 이해도가 높았다.

본격적인 재배를 시작하였다. 다행인 것은 연간 출하계약을 맺음으로써 판로에 대한 두려움 없이 품질에만 집중할 수 있었다는 것이다. 품질을 꾸준히 유지함으로써 CJ뿐만 아니라 수도권 공판장에서 좋은 평가를 받아 대량으로 출하할 수 있었다. 하지만 탄탄대로를 걸은 것만은 아니다. CJ와의 계약도 바로 된 것이 아니었다. 물량이 기준에 미달해 퇴짜를 맞은 것이다. 수차례 협의와 설득작업이 이어져야 했다. 이후 나는 작목반과 함께 군에 건의를 하고 10억원의 보조를 받아 모두 25억원을 들여 저온저장시설을 마련했다.

부추하우스 5동에서 3000만원 소득

현재 우리 농협 관내의 부추 전용 비가림하우스는 매년 20동 정도 증가하여 80여동이며 함평 전체로 보면 약 130동 규모다. 농가 수는 처음 3농가로 시작해 50농가 정도로 늘어났으며, 규모는 1동에서 10동 정도까지 제각각이다.

부추는 여름에는 5회전도 가능하고 겨울에도 3회전은 할 수 있다. 660m^2(200평) 하우스 1동에서 평균 연 소득 600만원 정도를 올린다. 5동이면 3000만원이니 농촌에서 이만큼 짭짤한 수익을 찾기는 쉽지 않다. 여름 출하로 7000만원의 소득을 올린 이도 있었다.

부추는 한 번 심으면 4~5년 갈 수 있지만 우리는 품질을 유지하기 위해 3년까지만 수확하는 것도 타 지역과 다른 점이다.

부추 작목반에는 젊은 층의 참여가 많다. 귀농인을 포함한 30대 농민 몇몇이 부추가 이른바 '가성비'가 좋다는 사실을 알고 참여하고 있다. 부추 작목반의 총무도 30대이다. 나는 부추에 관심을 보이는 젊은 조합원을 만나면 얘기한다.

"땅만 있으면 해라. 전망 있다. 부추에는 거의 약이 필요 없다. 조기에 예방하

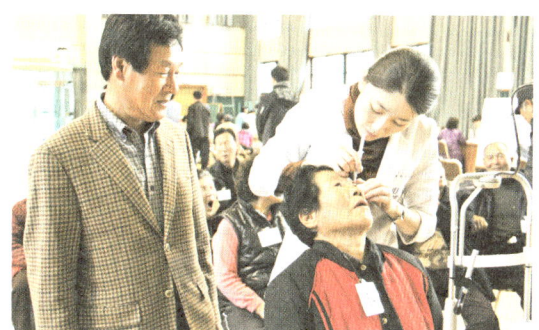

조합원 내상 의료봉사 현장에서 안과치료를 받는 조합원을 지켜보고 있는 정태연 조합장(왼쪽).

여 병을 막는다. 거름도 안 쓴다."

현재 여름철 재배를 하고 싶어도 급랭시설 등이 없어 못하는 게 가장 아쉬운 점이다. CJ에 여름 부추를 넣으려면 100동의 시설이 필요한데 엄청난 비용이 들어 고민하고 있다. 개인적으로 농협에서 부추유통센터를 건립하면 좋겠다는 바람을 가지고 있다.

사탕 한 봉지에도 환한 웃음

▲▼▲

판소리 단가로 유명한 '호남가(湖南歌)'가 있다. 호남 지역 내 50여곳을 두루 유람하는 방식으로 전개되는데 "함평 천지 늙은 몸이…"로 시작된다. '함평천지'는 여기에서 유래한 것이라 한다. 천지라는 표현처럼 함평은 높은 산이 없고 평야가 너른 지역이다. 일조량이 풍부해서 작물의 당도가 높은 것도 특징이다.

우리 함평천지농협에서는 부추 외에도 다양한 소득작목을 재배하고 있다. 양파가 대표적이며, 3만 3000㎡(1만평) 규모의 우렁이 사육은 전국에서 찾아보기 어려운 사례로 농업인 소득 증대에 한몫하고 있다.

나는 농협에서 32년을 근무하였다. 그동안 우리 농민 조합원과 함께 호흡하며 느꼈던 분명한 사실 하나는 우리 어르신들도 주머니가 불룩해지는 걸 제일 좋아한다는 것이다. 그래서 나는 근무하는 동안 항상 주머니에 사탕과 과자를 넣고 다니며 만나는 분마다 한 주먹씩 챙겨드리곤 한다. 그러면 "아니 뭘 이런 걸…" 하면서도 환하게 웃으신다. 별로 돈 드는 일도 아니다. 하지만 정성껏 쥐어주는 사탕 한 봉지에도 어르신들은 아이들처럼 좋아하신다.

이처럼 작은 것부터 시작해 진정 농민 조합원의 실익을 위해서 일하는 것이

농협의 역할이라고 생각한다. 이를 위해 나는 직원들과 함께 무엇을 어떻게 할 것인지 많은 고민을 하고 있다. 앞으로도 철저한 스왓(SWAT) 분석을 통해 농촌과 농협의 한계를 극복하고, 우리 천지농협을 강소 농협으로 만들어가고자 한다.

정태연 조합장
2015년 전남 함평 천지농협 조합장에 당선됐다(3선).
조합장 당선 전 천지농협 사거지점장 등을 지낸 바 있다.

'짭짤이'를 아시나요

최계조 조합장
부산 대저농협

새콤달콤짭짭…중독성 있는 맛

▲ ▼ ▲

"이 토마토 정말 중독성 있네."
"토마토 색깔도 검고, 크기는 작은데 맛이 독특해."
"육질이 단단하면서 새콤한 맛에 단맛도 나고 짠맛도 나고…."

대저토마토를 처음 맛본 소비자들의 반응은 한결같다. 일반 토마토에서는 맛볼 수 없는 그 무엇이 있다는 것이다. 이것이 대저토마토만이 갖고 있는 독특한 특징이고, 같은 종자로 재배를 해도 이곳 대저에서만 그 맛이 나온다.

부산 강서구 대저동의 대저(大渚)는 '큰 물가' '큰 모래톱'을 뜻한다. 이 일대는 낙동강 하류의 삼각주 지역을 대표하는 곳으로 퇴적층으로 이루어진 충적

평야 지대에 속한다. 이로 인해 토양 속에 유기물 함량이 많고 기후가 온난해 겨울에도 토마토 생육이 가능하다. 또 토마토 성숙기인 2~5월의 일조시간이 820시간에 달해 광합성 작용이 활발하여 과육이 단단하고 당도가 높다. 가장 큰 특징은 토양 속에 염분이 있어 토마토에서 짠맛이 난다는 것이다.

대저토마토 중에서도 가장 인기 있는 것이 '짭짤이'로 불리는 종류인데 평균 당도 8브릭스(Brix) 이상만을 선별한 것으로 말 그대로 없어서 못 파는 인기 상품이다. 다른 대저토마토도 일반 토마토보다 값이 높지만 '짭짤이'는 무려 3배나 값이 높다. 우리 농협은 2006년에는 '짭짤이 토마토' 상표를 등록하였고, 2012년 9월에는 3년간의 준비와 엄격한 심사를 거쳐 국립농산물품질관리원에 '부산 대저토마토'의 지리적표시 등록(지리적 표시제 제86호)을 하였다.

매년 10만명이 찾는 '대저토마토 축제'

'정열의 나라' 스페인에 '토마티나'로 불리는 토마토 축제가 있다면 우리나라에는 '대저토마토 축제'가 있다. 2017년 올해로 17년의 역사를 갖고 있는 '대저토마토 축제'는 매년 10만명 이상 방문하는 전국 대표 농산물 축제로 확고하게 자리매김을 하고 있다.

대저토마토 축제는 해마다 4월 첫 주말에 여는데 부산시 우수 축제 및 유망 축세로도 선정되어 대저토마토 소비촉진과 홍보에 일익을 담당하고 있다. 2017년에는 무엇보다 체험형 프로그램을 대폭 늘려 소비자의 참여를 유도한 것이 좋은 반응을 얻었다.

특히 '2017 마스터 셰프 토마토 요리대회'는 시민들의 뜨거운 관심을 받았다. '집밥' '혼밥' 등이 대세인 점을 감안해 혼자서도 간편하게 만들어 먹을 수 있는 요리를 사전에 공모받아 현장에서 요리대회를 여는 콘셉트가 제대로 적중한 것이다. 이 밖에도 토마토 생산 농가를 방문해 재배 환경을 보고 수확 체험도 하는 생태탐방 걷기 대회, 풍년 기원제, 토마토를 이용한 대형 스파게티 만들기, 무료 시식회 등 풍성한 프로그램으로 대저토마토의 명성을 전국적으로 알리는 데 많은 노력을 기울였다.

'명품' 대저토마토를 위한 기나긴 여정

▲ ▼ ▲

나는 대저 지역에서 5대째 농사를 이어오고 있는 농사꾼 출신이다. 농사와는 어울리지 않게 대학은 기계공학을 전공했다. 졸업 후 카펫사업을 하기도 했고 오리농장을 운영하기도 하였다. 조합의 이·감사를 10년 정도 하다가 처음 대저농협 조합장이 된 것은 1998년이다. 조합장에 취임하고 보니 최적의 생산 조건을 갖추고도 토마토를 제때 팔지 못해 폐기하는 농가가 있지만 농협은 이렇다 할 역할을 하지 못하는 실정이었다.

유통 체계화와 홍보 강화가 급선무라는 생각에 유통센터 건립에 착수했다. 2001년에는 유통센터 준공을 기념해 대저토마토 축제를 기획했는데 농가들의 반응이 별로였다. 일일이 농가를 설득하여 어렵사리 축제를 열게 됐고 해마다 규모를 늘려 전국적인 축제로 발전하였다.

대저토마토를 명품으로 만들겠다고 작심을 하고 가장 먼저 한 일이 생산자재 공동구매와 토마토 작목반의 일대 정비였다. 생산기반을 단단히 다지고 경영비를 낮춰야 경쟁력이 생긴다는 확신에서였다. 당시 농가들은 하우스용 필

'대저토마토 축제'는 매년 10만명 이상이 방문하는 전국 대표 농산물 축제로 자리 잡았다.

류을 업체와 직거래하고 있었는데 당연히 값도 비싸고 하자 발생이 잦았다. 광주원예농협과 계약을 맺고 공동구매를 추진하면 농가의 호응이 클 것으로 예상했는데 결과는 참담하였다. 참여 농가가 20%에 불과했다. 생각해보니 무엇보다 하자에 대한 확실한 담보가 필요했다.

사실 하우스용 필름 공동구매는 조합장으로서 직을 걸고 하는 큰 모험이다. 문제가 발생하면 그 책임은 모두 조합장이 져야 한다. 때문에 공동구매 필름에 대해 하자 보수와 품질 보증을 확인받은 것은 물론 수시로 생산농가를 방문해 상태를 확인하고 또 확인하였다. 지금은 모든 농가가 공동구매를 하고 있고 이를 통해 영농비를 절감하고 있다.

관내 농가에서 사용하는 토마토와 엽채류 박스도 연간 500만개 이상인데 골판지 상자가 비가 오면 물러지는 등 수시로 하자가 발생했다. 골판지 상자 품질 규격을 제시하고 공개입찰을 통해 가격을 낮추자 품질 향상과 가격인하의 일석이조 효과를 거둘 수 있었다.

다음으로 토마토 작목반도 대대적으로 정비했다. 기존의 29개 조직을 토마토작목반연합회와 공선출하회를 중심으로 19개 조직으로 개편하였다.

품질 향상에 승부를 걸다

▲ ▼ ▲

대저토마토의 명성은 지리적 특성에 기인하는 것이 크지만 여기에만 의존해서는 유지되기 어렵다. 부단하게 품질을 향상시키고 요즘 소비 트렌드인 안전성을 확실히 해야만 소비자의 선택을 받을 수 있다.

대저토마토 재배 농가는 품질 향상을 위해 한방 액비를 많이 사용한다. 처음에는 인삼·계피·누룩·당귀·감초를 조합에서 공동구매해 농가에서 액비로 만들어 사용했는데, 그 과정에 불편이 따를 수밖에 없었다.

이를 해결하기 위해 우리 농협이 액비공장을 건설, 지금은 물비료 상태로 공급하고 있다.

또한 미생물 제조공장을 건립하여 친환경 액비인 '짭짤이 1호 플러스' 및 '짭짤이 2호 플러스'를 농협 보조사업과 연계해 공급을 시작했는데, 2017년에는 유기농업자재로 등록되어 지자체 예산을 배정받을 수 있었다. 2016년 말 2700건의 토양분석을 한 토양분석센터 운영도 맞춤형 영농을 통한 품질향상 대책의 일환임은 물론이다.

최계조 조합장(맨 왼쪽)이 새콤달콤 짭짤한 맛으로 시장공략에 나설 대저토마토를 선보이고 있다.

소포장과 엄격한 선별로 신뢰 구축

토마토는 15㎏ 박스로 거래되는 것이 오래된 관행이었다. 우리 농협은 포장 단위를 10㎏, 5㎏으로 줄였으나 핵가족화와 1인 가구의 증가로 백화점이나 대형마트 등에서는 점점 더 작은 포장을 요구해왔다. 이에 대저농협은 산지유통센터에 토마토 소포장 시설을 추가로 설치하고 1㎏, 1.5㎏, 2㎏과 함께 750g, 800g들이 팩으로 생산하는 등 시대 흐름에 발 빠르게 대응하고 있다.

농가에서 토마토를 1차 선별해 농협으로 출하하면 유통센터에서 철저하게 다시 선별하고 포장한다. 비파괴 당도 측정을 통해 5브릭스(Brix) 이상은 일반 '대저토마토'로, 8브릭스(Brix) 이상은 '짭짤이 토마토'로 구분해 소비자에게 한결같은 품질과 맛을 제공하고 있다. 이런 노력을 통해 소비자의 신뢰, 고객의 충성도가 해를 거듭할수록 높아지고 있다고 나는 생각한다.

요즘 전국의 공판장이나 대형마트는 물론이고 거리의 좌판대에서도 대저토마토 박스를 쉽게 볼 수 있다. 소비자들도 대부분 짭짤이를 알 정도가 되었다. 소비자들이 좋아하니 상인들도 앞다퉈 대저토마토를 잘 보이는 곳에 놓고 판매하는 것을 볼 때면 벅찬 감동이 몰려온다. 그동안 겪었던 온갖 어려움이 한순간에 사라지며 더 열심히 해야겠다는 각오가 새로워지곤 한다.

최계조 조합장
2015년 부산 대저농협 조합장에 당선됐다(5선).
현재 (사)한국토마토대표조직 회장, 토마토생산자협의회 회장을 맡고 있다. 농협경제지주 이사, 농협품목별전국협의회 회장을 지낸 바 있다.

발상의 전환,
제주농업의 틀을 바꾸다

현용행 조합장
제주 서귀포 성산일출봉농협

겨울에 맛있는 무를 내놓는다면?

제주도의 작은 농촌형 농협 조합장으로서 내가 지내온 날들은 '발상의 전환'이라는 말로 요약할 수 있다. 남들이 생각하지 못하는 일, 남들이 해서는 안 된다고 하는 일들에 도전했고 이겨냈다. 시행착오가 없진 않았다. 하지만 그것이 밑거름이 돼 이제는 제주농업의 틀을 바꾸었다고 감히 자부한다.

첫 번째가 봄무 계통의 종자를 들여와 겨울에 생산·출하하게 함으로써 제주를 겨울무 주산지로 거듭나게 한 것이다. 조합장에 처음 당선된 2002년, 8월이 되자 나는 제주도를 벗어나 전국을 돌아다녔다. 전남 목포에서 서울 양재동까지 전국 도매시장과 대형 유통업체를 보름 동안 샅샅이 훑었다. 이른바 '농산물 신유통', 즉 소비지 유통환경이 급변하고 있음을 평소 직감하고 있었기에 그 변화의 양태를 눈으로 직접 확인하고 싶었다.

그 결과 그동안 제주 지역에서 재배하지 않던 봄무 계통의 '관동여름무'를 도입해 겨울에 생산하면 각종 성분이 농축되어 아린 맛은 없어지고 당도는 높은 싱싱한 무를 출하할 수 있어 충분히 승산이 있겠다는 확신이 들었다. 당시는 한·칠레 자유무역협정(FTA) 등 농산물 시장 개방으로 감귤 폐원이 잇따르고 주작목인 겨울당근과 감자가 연작피해를 보면서 제주 농업을 이끌어나갈 대체작목이 절실한 상황이었다. 제주의 따뜻한 기후환경을 고려해 겨울에 맛있는 무를 생산해 시장에 내놓는다면 가을무 위주의 전국 무 시장이 한층 성장할 것으로 판단했다. 이 판단은 대성공을 거뒀다. 제주산 겨울무가 높은 품질 경쟁력으로 시장에서 먹혔던 것이다. 제주무는 이제 연간 농가 조수입이 감귤에 이어 두 번째로 많은 1854억원(2016년 기준)에 달하는 등 제주도의 대표 소득작목 중 하나로 발돋움했다.

무를 씻어서 팔고, 수출까지 한다면?

제주 농업이 겨울무라는 작목으로 재편될 수 있었던 것은 유통과 생산 분야에서의 발상의 전환 덕분이었다. 대표적인 것이 세척무 유통이다. 무는 흙이 묻은 채로 출하·유통하는 게 관행이었다. 그러나 1인가구 증가, 외식산업 성장 등을 볼 때 간편함과 편의성을 중시하는 쪽으로 소비성향이 변화하리라는 것이 분명했다. 무 또한 세척무가 대세가 될 것임을 확신했다. 1980년대부터 무를 실제로 재배했던 농민이었기에 시장의 변화를 더 잘 체감할 수 있었다.

먼저 세척무 출하를 위해 당근자동세척기에 착안, 국내 최초로 무 자동세척 기계를 자체 개발했다. 이를 우리 농협 농산물유통센터에 설치해 세척·포장 작업을 직접 운용했다. 예기치 않은 효과를 보기도 했다. 세척·포장작업에는 100여명의 인력이 필요했는데, 지역 내 유휴노동력을 대거 활용하면서 고용창출에 따른 지역경제 활성화라는 부대효과를 톡톡히 거뒀던 것이다.

겨울무 재배 확대를 이끈 나였지만 겨울무에 대해 고민이 전혀 없던 것은 아니었다. 겨울무로의 작목 집중도가 높아지면서 농가소득이 시세에 따라 춤추는 상황이 종종 발생했기 때문이다. 해외시장 판로 개척에 눈을 돌렸다. 2000년대 중후반부터 10여년 동안 겨울무 수출을 지속했다. 수출은 쉽지 않은 일이지만 물량처리를 통한 가격지지 효과가 적지 않다. 지금은 미국 외에도 유럽·일본·대만 등으로 수출시장을 넓혔다. 여름과 가을에 수확할 수 있는 기장 330ha(100만평) 등 곡류와 봄감자를 재배하도록 한 것도 겨울무로의 농가소득 편중을 완화하기 위한 것이었다. 겨울무를 포함한 2기작 계약재배는 지력을 높이는 데도 도움이 되었기 때문에 농가 호응도가 높았다.

겨울채소와 6차산업을 접목한다면?

▲▼▲

우리 지역은 겨울무뿐만 아니라 당근·브로콜리·비트 등 다양한 겨울채소를 재배한다. 나는 제주알로에를 비롯한 여러 기관·단체와 업무협약(MOU)을 맺어 겨울채소의 가공제품 개발과 무 6차산업 활성화에 앞장섰다. 그 결과 우리 농협은 2014년 산업통상자원부에서 공모하는 제주무브랜드 경쟁력강화 사업(풀뿌리기업 육성사업)에 공동 참여기관으로 발탁되어 여러 가공제품을

현용행 조합장(왼쪽 두 번째)이 직원들과 함께 미국 수출용 세척무를 들어 보이고 있다.

출시하는 데 산파 역할을 했다.

실제로 검정무와 레드비트의 성분을 추출해 만든 화장품, 백무와 레드비트를 농축한 무조청, 비트를 첨가한 오메기떡, 유기농 농산물을 섞어 만든 무즙 음료 등 다양한 제품을 개발하는 데 힘을 보탤 수 있었다. 천연설탕의 재료인 사탕무, 건강기능성이 풍부한 검정무 등 이른바 유색무에 대한 시험재배도 지속했다. 한편으로는 위궤양을 막고 간을 보호하는 등의 무 효능을 연구한 논문들이 과학기술논문인용색인(SCI)에 수록되는 성과를 올리는 데도 기여했다.

이 밖에도 농업인과 관광객을 대상으로 무 시음회와 가공제품 전시회를 꾸준히 마련하고 언론 홍보를 적극 추진하는 등 농가가 생산하고 농협과 기업이 가공하여 만든 제품으로 제주관광과 연계한 6차산업 활성화에 기여하고자 노력하고 있다.

마당발로 뛰며 제주농업을 홍보한다면?

나는 '농업의 주인은 생산자'라는 소신을 갖고 있다. 때문에 농가를 교육하고 조직화하는 데 시간과 비용, 노력을 아끼지 않았다. 지역 내 농업인들로 구성된 무생산자협의회를 자율적으로 조직하게 함으로써 농가 스스로 정보를 교환하고 출하 물량과 시기를 조절하도록 독려했다. (사)전국무·배추협의회 부회장과 한국농촌경제연구원의 관측자문위원으로 활동하면서 쌓은 경험과 지식도 생산자협의회에 적극 보태고 있다. 농가와 농협 간 채소수급안정사업 계약 때도 시기별 품종 선택 방법, 지역별 파종 시기와 시비량, 재식거리 등을 농가에 수시로 교육함으로써 소비시장에 맞춘 단계별 출하체계가 구축될 수 있도록 지도했다.

친환경농업 확대를 위한 노력도 게을리 하지 않았다. 광역친환경농업단지사업으로 친환경 농산물산지유통센터(APC)를 설치하는 것은 물론 친환경육묘장도 마련했다. 친환경 육묘장에선 모종 생산에 필요한 상토, 작물 영양제, 병해충 방제약제 등 모든 자재를 친환경 인증품만으로 사용해 농가에 공급하고 있다. 또한 자체 미생물 배양센터에선 토양지력 증진 및 안전한 건강농산물 생산을 위하여 3종류의 미생물제제를 생산해 농가에 무상 보급하고 있다. 이와 함께 친환경연구회를 조직해 후계인력 육성에도 지속적으로 앞장서고 있다.

발상의 전환으로 제주농업의 틀을 바꾼 성산일출봉농협 월동무 수확 현장.

나는 농협 조합장으로서 리더십과 전문지식 함양에 누구보다 많은 열정을 가지고 있다고 자부한다. 지도자 역량을 강화하는 기회가 있다면 전국 어디라도 마다하지 않는다. 그 결과 각종 세미나와 토론회, 포럼 등에 빠지지 않고 참여하는 단골 인사라는 우스개 섞인 인사를 자주 받는다. 그러한 평가가 쑥스럽기도 하지만 정보를 교환하고 소통할 때 성산일출봉농협 나아가 제주농협을 알리는 홍보도우미가 되고 있다는 생각에 뿌듯하다.

제주농업의 지속가능한 발전을 위해 앞으로도 발상의 전환을 통한 농가 실익 제고를 계속해서 고민해나갈 것이다. 나는 농민은 이 땅과 생명창고를 지키는 주인이자, 국민과 국가의 미래를 지탱하는 뿌리라는 자부심으로 살아왔다. 앞으로도 농업과 농촌의 다원적 가치를 소중히 지키고 널리 알려 우리나라 온 국민이 농업과 농촌으로 인해서 행복한 국민이 되도록 몸이 허락할 때까지 힘쓸 것이다. 그것이 내 마지막 소원이다.

현용행 조합장
2015년 제주 서귀포 성산일출봉농협 조합장에 당선됐다(3선).
전국무·배추협의회 부회장, 농협산지유통센터(APC)운영전국협의회 부회장, 전국친환경농업협의회 이사, 농협대학 명예교수, 한국농촌경제연구원 농업관측중앙자문위원, NH무역 이사 등을 맡고 있다. 대산농촌문화상, 산업포장을 수상했다.

4장

맞들면 가볍다, 함께하면 든든하다

광역친환경농업단지로 이룬 도약의 꿈

권태현 조합장
경북 서포항농협

철벽 같은 반대에 맞선 도전

▲▼▲

"조합장님! 그것만은 절대 안 됩니다. 내로라하는 큰 농협들도 펑펑 나가떨어지는데 우리가 감당이 되겠습니까?"

"왜 안 된다고만 합니까. 서포항농협 관내 친환경농업 면적이 포항시의 90%나 된다는 사실을 모르고 하는 말입니까?"

"광역단지는 문제가 다릅니다. 시에서도 탐탁하게 생각지 않을 겁니다."

"그 문제라면 내게 맡기세요. 내가 시장님과 관계 공무원을 설득하지요."

"설사 광역친환경농업단지를 유치한다 해도 혐오시설인 퇴비공장 부지를 어디서 구하겠습니까?"

서포항농협 농축산소환자원화센터는
친환경농업의 핵심시설이자
농가실익 제고를 이끄는 견인차다.

서포항농협에 광역친환경농업단지를 유치하자고 하자 직원들의 반대가 만만치 않았다. 조합의 경영이 어려운데 그런 대단위 사업을 추진하기에는 리스크가 크다는 것이었다. 직원뿐만 아니었다. 시에서도 이야기를 듣자마자 손사래를 치며 왜 그 어려운 사업을 하려고 하냐며 만류하였다. 그러나 내 입장에서는 결코 포기할 수 없는 사업이었다.

포항 하면 누구나 포항제철을 떠올린다. 포철은 포항 시민뿐만 아니라 우리 국민 모두가 자랑스러워하는 세계 굴지의 제철기업이다. 그러다 보니 그동안 포항은 산업단지 이미지가 너무 강해 그곳에서 생산되는 농산물은 제대로 대접받기 어려웠다. 그런데 서포항농협 관내의 무농약 유기농단지만 440ha에 달하고, 포항시 친환경농업 면적의 90%가 우리 농협 관내에 집중되어 있다. 이를 지속가능한 농업기반으로 유지해 나가려면 '포항=포철'의 이미지를 뛰어넘을 뭔가 획기적인 대책이 필요했다. 그래서 생각해낸 것이 광역친환경농업단지였다. 직원들도 지적을 하였지만 요즘은 혐오시설에 대한 주민들의 반대가 심해 퇴비공장 부지를 구하는 것부터가 쉬운 일은 아니다. 그런데 때마침 우리 농협 관내에 4종 복비와 퇴비를 생산하는 업체가 부도가 나 법정관리에 들어가 있었다. 나는 이렇게 제안했다.

"그 업체를 우리가 인수해 노후화된 건물은 철거를 하고, 농축산순환자원화센터를 만듭시다."

농축산순환자원화센터에서 퇴비를 생산해 친환경농가와 관내 조합원의 절반 이상인 과수농가에 공급하면 반드시 성공할 것이라고 직원들을 설득했다. 지도상무도 내 의견에 공감을 표시했다.

"업체를 인수할 수만 있으면 부지 문제는 자동적으로 해결되는 것이고, 우리 농협이 한 단계 업그레이드되는 기반을 마련할 수 있을 것입니다. 제가 적극적으로 추진해 보겠습니다."

"망할려고 작정을 했나" 유언비어 나돌아

▲ ▼ ▲

직원들의 마음을 돌려놓자마자 바로 광역단지 조성을 위한 컨설팅을 의뢰하고, TF팀을 꾸려 1년여간 시장조사와 필요 시설 파악, 관련 자료 수집 등을 진행하였다. 그 결과 농축산순환자원화센터 설립, 학교급식센터와 시너지 효과를 낼 수 있는 친환경 채소유통센터 설립, 노후화된 과일유통센터 리모델링, 친환경 도정공장 부대시설 확충, 친환경 교육관 설립 등이 필요한 것으로 판단됐다. 이를 바탕으로 사업계획서를 만들고 시·도 공무원을 설득하는 한편 국회 농수산위원들을 직접 만나 '포항에 왜 광역친환경단지가 필요한지'를 설명하는 등 총력적인 유치전에 돌입하였다.

그런데 이번에는 조합원들이 반대를 하고 나섰다. 누구 입에서 시작되었는지 몰라도 "서포항농협이 광역단지를 유치하는 순간 망한다"는 것부터 "농협에서 퇴비를 제대로 생산하겠는가" "작은 농협에서 저런 큰 사업을 감당이나 할 수 있겠나" 등등 부정적 여론이 돌기 시작한 것이다.

조합원들의 인식을 바꿔놓기 위한 특단의 대책이 필요했다. 영농회별로 좌담회를 개최하고 조합원 교육 또는 작목반 회의 등을 통해 조합장은 물론이고 전 직원이 6개월간 조합원 설득 작업에 나섰다. 고진감래라고 했던가. 직원과 조합원, 지역의 시·도 의원, 시장과 친환경담당 공무원 모두가 사업 추진에 공감하고 일심동체가 되었다. 그 결과는 꿈에 그리던 광역친환경농업단지 유치라는 성과로 나타났다. 그때가 2012년이다.

광역친환경농업단지 모습을 드러내다

이런 노력과 열정으로 2016년 2월, 모든 사업이 순조롭게 완료되었다. 농축산순환자원화센터는 관내 가축분뇨만 사용한다는 조건으로 가축분 수거비 일부를 지원받을 수 있었다. 우리 농협은 이를 조합원에게 환원한다는 방침을 정하고 판매한 40만포에 포대당 400원씩 조합 자체 장려금으로 조합원에게 지원

포항시 연합유통사업단 공동브랜드 '영일만 친구' 홍보에 나선 권태연 조합장(오른쪽 세 번째).

하였다. 1억 6000만원의 경영비를 절감하는 효과를 거둔 것이다. 올해에도 45만포에 대해 200원씩 9000만원이 지원될 예정이다.

관내 친환경 벼 생산자 협의회에는 벼농사에 필요한 친환경자재를 시 보조사업(보조비율 70%, 사업비 1ha당 120만원)으로 농협에서 10여년간 일괄 공급하고 있다. 또 친환경으로 생산된 벼는 전량 산물벼로 수매하여 우리 농협에서 운영하는 포항시 학교급식지원센터에 공급하고 있다. 이를 통해 조합원들은 영농자재비 절감과 수매대금 수익으로 일반 벼 대비 가마당 6000~1만원을 더 받는 것은 물론, 판매 걱정 없이 농사에만 전념할 수 있게 되었다.

학교급식지원센터는 2016년 농산물 취급액 80억원 중 35억원이 지역농산물이었는데 2017년에는 42억원에 이를 것으로 보인다. 오는 2020년에는 61억원으로 확대한다는 야심찬 목표를 향해 힘차게 달려나가고 있다.

농산물 유통도 매년 업그레이드되는 모습을 보이고 있다. 2012년 포항시 관내 농협 10곳과 영농법인 3곳이 협약을 맺고, 전국 최초로 농협중앙회가 아닌 지역농협인 서포항농협이 운영 주체가 된 포항시 연합유통사업단을 구성하였다. 사업단은 공동브랜드인 '영일만 친구'를 개발하는 동시에 2015년 통합마케팅 조직 육성사업을 통해 공동선별·공동계산을 실시하고 있다. 지금은 2018년 완공을 목표로 20억원이 소요되는 제2산지유통센터 설립과, 지역 로컬푸드 매장을 겸한 990m^2(300평) 규모의 하나로마트 이전 설립을 위해 착공을 준비 중이다.

역경을 이겨내야 성공이 있다

그동안 서포항농협 주 품목이던 사과농사도 이제는 재미가 없다고 한다. 농사를 지어도 판로 개척에 어려움을 겪는다고 한다. 하지만 조합원과 농협이 똘똘 뭉치면 못할 일이 없다. 전 직원이 내 일처럼 걱정하고 현장을 뛰어다니고, 조합장이 적극적으로 새로운 일을 개척해나간다면 그 어떤 일도 못할 것이 없다. 비록 시작은 힘들고 괴롭지만 그 모든 역경을 이겨내야만 성공이라는 달콤한 열매를 수확할 수 있다고 나는 믿는다.

누군가 대신해주길 바라지 않고 내가 먼저 시작하고 내가 먼저 자신감을 가지고 다가서면 그 어떤 일이라도 반드시 성공이라는 고지에 올려놓을 수 있으리라 믿어 의심치 않는다.

권태현 조합장
2015년 경북 서포항농협 조합장에 당선됐다(3선).
현재 전국GAP생산자협의회 회장, 친환경농산물자조금관리위원회 부위원장, 포항시 농특산물 공동상표 관리위원회 위원, 경북 농어업 FTA대책 특별위원회 위원을 맡고 있다.

신념과 소통의 합작품
농축산순환자원센터

김일홍 조합장
경북 영천 북안농협

축산분뇨와 친환경농업의 상생

▲▼▲

"조합장님, 농협 농축산순환자원센터가 없었다면 우리 축산농가들은 우짤 뻔했을까예. 가축분뇨 처리도 그렇고, 냄새와 환경오염 때문에 쏟아졌을 이웃들의 비난을 생각하면 끔찍합니데이."

"순환자원센터 액비를 썼더니 작물 소출이 늘고 생산비는 줄었어예. 순환자원센터 덕택에 친환경농업단지도 자리를 잡았습니더."

요즘 지역을 돌다 보면 농업인들로부터 이런 칭찬을 자주 듣는다. 그럴 때마다 순환자원센터를 건립하면서 겪은 파란만장한 일들이 떠올라 가슴이 울컥하곤 한다. 시위와 농성, 격렬한 반대와 온갖 비난이 쏟아지는 아픔을 겪으면서 마련한 성과물이기 때문이다.

  나는 조합장이 된 후 줄곧 지역 환경도 지키면서 경종농가와 양축농가가 상생할 수 있는 묘책을 찾고 있었다. 경종농가 못지않게 소와 돼지를 키우는 양축농가도 많은 지역 실정에서 분뇨처리와 환경오염을 둘러싼 갈등을 피할 수 없겠다는 우려 때문이었다. 또 지역을 흐르는 낙동강 지천 금호강의 축산폐수로 인한 수질오염을 걱정하지 않을 수 없었다. 더구나 2012년부터 가축분뇨 해양투기가 금지되면서 분뇨처리 문제는 양축농가에게 절박한 문제로 대두하고 있었다.

농축산순환자원센터 '바로 이것이다!'

'북안농협이 축산분뇨를 활용해 퇴비를 만들면 어떨까?' 이런 궁리를 하던 차, 2008년 4월 정부의 광역친환경사업 모집 문서를 보고 눈이 번쩍 뜨였다. '바로 이것이다' 생각하고 주저 없이 농림수산식품부에 사업을 신청했다. 그리고 농식품부와 지자체 관계자, 지역 국회의원을 찾아가 끈질기게 필요성과 지원을 호소한 끝에 2009년 3월, 북안농협이 국비·지방비 지원과 자부담 등 총 사업비가 100억원이나 되는 이 사업의 대상자로 선정되었다.

  그러나 선정의 기쁨도 잠시, 농협 안팎에서 거센 반대의 바람이 불어닥쳤다. 조합 직원들부터 회의만 열면 "조합장님, 뜻은 좋지만 50억원이 넘는 시설투자비도 감당하기 어렵고, 만약 운영이 제대로 안 될 경우 경영 압박은 어찌하렵니까?" 하고 조심스럽게 반대를 하였다.

  나는 황량한 방어진 바닷가 모래벌판에 세계적인 조선소를 세운 고(故) 정주영 현대그룹 회장의 성공 신화를 들며 "왜 반대만 하는가? 우리 임직원이 똘똘 뭉치면 안 될 것이 무엇이겠는가?" 하고 직원들을 설득했다.

폭력 시위와 농성으로 사무실 '쑥대밭'

지역 주민들의 반대는 더욱 심했다. "악취가 많이 난다" "다른 지역에 들어선 자원화센터 주변 주민들이 질산가스에 중독되고 대상포진이 생겼다더라" 하는 괴담 수준의 근거 없는 유언비어가 나돌았다. 할 수 없이 주민 400여명을 데리고 전남과 충남의 자원화센터를 여러 차례 견학해 사실무근임을 확인시켰다. 또 완전 밀폐형 탈취시설과 2차 오염물질을 최소화하는 시설을 설치하도록 공장 설계도 보완하였다.

난관은 여기에서 그치지 않았다. 부지를 선정하는 과정에서 해당 지역 주민들의 격렬한 반대에 부딪혀 몇 차례 예정된 부지를 바꾸거나 확정된 부지마저 포기해야 했다. 부지 계약을 취소하고 되파는 어처구니없는 일이 되풀이됐으나 직원들의 갖은 노력으로 위약금과 같은 손실을 가까스로 면한 것은 그나마 다행이었다.

하지만 반대 주민들의 시위와 농성은 여전했다. 사무소로 몰려와 집기를 부수거나 간담회장에 들이닥쳤고, 나는 왼쪽 눈에 계란을 맞아 핏줄이 터져 전치 2주의 부상을 입기도 했다. 한밤중에 주민 30여명이 집으로 쳐들어와 불을 지르겠다고 위협하는 바람에 2개월이나 신경외과에서 치료를 받은 아내는 지금도 후유증에 시달린다. 심지어 음료수 병에 농약을 담아와 나에게 뿌리기도 했다. 그러다 보니 사무실은 난장판이 되어 업무가 마비됐고, 조합장실은 쑥대밭이 되었다. 오죽했으면 '이런 수모를 당하느니 차라리 사업을 접어버릴까' 하는 생각도 했었다.

사업 선정 5년 만에 착공

하지만 '이 사업은 우리 지역, 주민, 농업에 꼭 필요한 사업'이라는 신념을 꺾을 수는 없었다. 영천시의 협조와 지원으로 주민들에게 마을발전기금과 인센티브 지원 등을 약속하고 북안면 반정2리에 가까스로 부지를 확정했다. 드디어 사업을 따낸 지 5년 만인 2014년 4월 18일 착공해 10월 6일 완공했고, 10월 13일에는 가축분뇨재활용 등록 및 비료생산업 인·허가를 취득했다. 그날들의 감격을 지금도 잊을 수 없다. 농축산순환자원센터는 짓고 나서도 제자리를 잡기까지 예상하지 못했던 어려움을 극복해야 했다. 공장 진입로가 없어 임시로 이용했던 인근 도로공사 현장의 가설도로가 공사로 가끔씩 막혀 가축분뇨 수집에 애를 먹기도 했다. 이 문제는 다행히 영천시가 진입로 개설을 위한 9억 원의 예산을 반영해줘 한숨을 돌렸다.

농축산순환자원센터 준공식에 참석한 김일홍 조합장(왼쪽 여섯 번째). 사업 선정 5년 만에 착공, 7년 만에 완공했다.

농가가 주문한 액비를 농토에 살포하는 것도 주민들이 막아서는 바람에 쉽지 않았다. 작업을 나간 우리 직원이 악취가 날 것이라는 선입견을 가진 주민들로부터 심한 욕설을 듣고 그냥 돌아오기 일쑤였다. 할 수 없이 농업기술센터와 함께 영농회장들을 초청해 살포 시연회를 열어 냄새가 없는 것을 확인시켰고, 조합을 찾은 지역민마다 붙들고 이 사실을 설명했다.

농업인 · 농협 효자사업으로 '우뚝'
▲ ▼ ▲

농축산순환자원센터는 숱한 난관을 뚫고 이제 지역의 환경 지킴이로, 축산 해결사로, 친환경농업 도우미로, 북안농협의 효자사업으로 자리매김했다. 지난해 지역 내 액비살포 면적이 320ha나 되어 농가의 화학비료와 인건비 절감액만도 1억 3000만원이 넘었다. 액비를 뿌린 1980m^2의 논에서 200kg의 벼 증수 효과와 함께 미량요소와 토양미생물이 많아지는 토양개선 효과도 나타났다. 이러다 보니 요즘은 농가들이 서로 자기 논과 밭에 먼저 뿌려달라고 앞다퉈 신청하고 순번을 기다릴 정도로 인기가 높다.

북안농협 순환자원센터를 견학 중인 외국인 유학생들. 센터는 견학의 발길이 이어지는 지역 명소가 됐다.

농축산순환자원센터는 농가 심익뿐 아니라 우리 농협의 수익 증대에도 톡톡히 기여하고 있다. 지난해 3만 2650t의 가축분뇨를 수거해 8억 5900만원의 수수료를 받아 3억 5700만원의 수익을 올렸으니 그토록 사업을 반대했던 직원들에게 나도 한 몫이 있게 됐다. 무엇보다 크고 소중한 성과는 순환농업을 통해 별빛촌 광역친환경농업단지 조성사업을 정착시켜 안전한 먹거리를 생산할 수 있는 건강한 땅을 후손에게 물려줄 수 있게 된 것이라고 나는 자부한다.

우리 농협 순환자원센터는 다른 지역에서뿐 아니라 외국인들까지 관심을 갖고 견학을 오는 지역의 자랑거리가 되었다. 지난해 영남대학교에 유학을 온 16개국의 외국인 학생 80여명이 두 차례나 이 시설을 방문해 깊은 관심을 갖는 모습에서 나는 큰 보람과 기쁨을 느꼈다.

이제 나는 말할 수 있다.

"지역·농업·농업인을 가슴의 눈으로 바라보면 농협이, 농협인이 해야 할 일이 보입니다. 그리고 북안농협은 그 일을 해낼 수 있음을 확인했고, 나는 그 일을 해냈습니다."

김일홍 조합장
2015년 경북 영천 북안농협 조합장에 당선됐다(5선).
현재 농민신문사 대의원, 공동퇴비제조장 경북조합장협의회 회장을 맡고 있다. 바르게살기운동 영천시협의회 회장, 쌀전업농영천시연합회 회장을 지낸 바 있다.

로컬푸드에 날개를 달다

박영수 조합장
전남 무안 일로농협

"언제 또 오나요?"

▲ ▼ ▲

오전 7시, 회원농가들이 하나둘 로컬푸드직매장으로 모여든다. 오늘 수확한 농산물을 매대에 진열하고, 자율적으로 책정한 가격표도 붙인다. 어떻게든 조금이라도 더 소비자의 눈에 띄게 이리저리 진열을 바꾸다 보면 1~2시간쯤은 금세 지나간다. 여기까지는 여느 로컬푸드직매장과 크게 다르지 않다. 하지만 무안 일로농협 로컬푸드 회원농가들에게는 한 가지 일이 더 남아 있다.

직매장 진열을 마친 농가들은 서둘러 주차장 한켠에 세워진 4.5t 트럭으로 향한다. 덮개를 자동으로 여닫을 수 있는 윙바디 트럭 앞에는 또 다른 매대가 놓여 있다. 여기에까지 진열을 마치면 보통 11시. 바퀴가 달린 매대는 150가지가 넘는 싱싱한 농산물로 가득하다. 오후 2시, 점심을 마친 농협 직원들이 매대의 농산물을 점검한 후 리프트로 차에 싣고 정해진 순번에 의해 남은 회원농가와 함께 어디론가 향한다.

오늘 첫번째로 들를 곳은 남악신도시의 한 아파트다. 정문을 통과하기가 무섭게 길게 줄을 서서 기다리고 있는 주민들이 눈에 들어온다. 주부들은 물론이고 어르신에서 아이들까지, 모두들 편안한 복장으로 차가 도착하기만을 목을 늘이고 기다리고 있다. 리프트 게이트가 열리고 '오늘의 농산물'이 선을 보이자 모두들 입이 함지박만 하게 벌어진다. 상추며 깻잎, 대파 등을 앞다퉈 고르던 주민들의 입에선 연신 감탄사가 쏟아진다.

"와~ 싸다! 어쩜 이렇게 싸대?"

"게다가 물건까지 하나같이 싱싱하고 좋네."

거기에 한마디씩 덧붙인다.

"오는 날만 기다렸어요."

"언제 또 오나요?"

직거래 차량으로 아파트단지 누벼

오랫동안 농협에서 근무하고 조합장이 된 지금까지도 항상 눈에 밟히는 것이 지역 중소 고령농들의 현실이다. 급속한 고령화와 농업인구 감소 속에서 갈수록 농산물 가격은 하락하고, 일손은 부족하고, 대체작물이나 새로운 농법을 시도하기도 어렵고, 게다가 제값은 둘째 치고 판로조차 뚫기가 쉽지 않았다. 그들에게 희망을 줄 수 있는 길은 없을까. 무너지는 농촌경제 현실 속에서 더욱 설자리가 없어진 중소규모 고령농민들에게 새로운 기회를 주고 싶었다.

어려운 우리 농촌경제에 새로운 희망의 메시지라도 주고자 시작한 것이 '찾아가는 로컬푸드 직거래장터'였다. 지역 중소농들이 생산한 농작물을 우리 농협이 대신 판매해주면서 우리 농산물에 대한 소비자의 신뢰와 사랑을 이끌어낼 수 있는 방법이라고 생각했다. 우리 무안은 8200농가가 농업에 종사하는 농업기반지역으로, 특히 일로읍은 목포시와 전남도청이 있는 남악신도시의 소비인구 27만명을 인근에 둔 로컬푸드 직거래사업의 적지이기도 했다.

우리 농협은 2012년 9월 로컬푸드 중심의 직거래사업을 처음 계획한 후, 2013년 무안 지역 한우 240두를 판매하는 등 지역축산물 직거래사업을 먼저 시작했고 반응도 좋았다. 하지만 목포시와 남악신도시 등 인근 소비자와 연결되기에는 지리적으로 한계가 있었다. 이를 극복하고 직거래시장을 활성화하기 위해 시도한 것이 '찾아가는' 이동형 직거래매장 운영이었다.

2013년 1톤 화물차 2~3대로 인근 도시의 아파트로 직접 찾아가 농산물을 판매하는 직거래장터를 시작했다. 생산농가가 당일 출하한 싱싱한 농산물을 들고 직접 아파트까지 찾아가 시중보다 30~50% 값싸게 공급하는 직거래장터는 아파트 주민들에게 선풍적인 인기를 끌었다. 하지만 농산물 부피와 무게가 많이 나가는 데다 아파트에서 아파트로 판매해야 하는 특성상 일반 트럭 같은 차량으로는 어려움도 적지 않았다.

이에 따라 2013년 말 이동형 농산물차량 지원사업 공모에 도전한 끝에 4.5톤 차량을 지원받을 수 있게 되었다. 이와 함께 2013년 12월 16일에는 로컬푸드직매장을 개장하고 영업에 들어갔다. 직거래차량의 기동성과 농산물유통의 전진기지인 직매장의 접목이 시작된 것이다. 무엇보다도 직거래장터를 통해서 얻은 신뢰와 소통을 바탕으로 직매장으로까지 소비자를 이끄는 '로컬푸드사업의 확장'이 가능해졌다.

직거래장터로 생산자 · 소비자 대만족

우리 농협은 무안군 및 인근 지역 227개 생산자가 직접 생산한 농축산물을 로컬푸드직매장과 직거래장터에서 판매해 2015년 30억원, 2016년 41억원, 2017년 6월 말 기준 24억원의 매출을 달성했다. 로컬푸드 매출액은 2013년 이후 꾸준히 두 자리 수 이상 성장하고 있으며, 우리 지역 생산자들의 소득증대와 직접적으로 연계된다는 점에서 더욱 고무적이다.

로컬푸드직매장을 운영함으로써 우리 지역 고령농가들은 새로운 판로와 소득창출의 기회를 얻게 되었고, 남악과 목포의 소비자들은 신선하고 저렴한 가격에 안전한 농산물을 구입할 수 있게 되었다. 나아가 지역에서 생산된 농산물이 지역에서 소비됨으로써 지역경제 활성화에도 기여했다. 이는 곧 '농업인의 자주적인 협동조직을 통해 농업생활력의 증진과 농민의 경제적 · 사회적 지위

KBS 특집다큐 '도농 직거래, 신 유통바람이 분다'에 출연해 로컬푸드의 중요성을 역설한 박영수 조합장.

전남도청 앞에서 열린 일로농협의 '찾아가는 로컬푸드 직거래장터'를 찾은 도청 직원들.

향상을 도모'하는 농협의 설립이념을 충실히 실천한 것이라 할 수 있다.

현재 우리 농협의 '찾아가는 로컬푸드 직거래장터'는 전남도청 1곳, 남악 아파트단지 8곳, 목포 아파트단지 4곳에서 일요일과 우천 시, 추석·설 명절 시즌만 제외하고 연중 운영하고 있다.

기존 로컬푸드직매장은 소비자가 찾아왔다면 '찾아가는 로컬푸드 직거래장터'는 소비자가 있는 곳으로 찾아간다는 점이 다르고 이것이 성공이 요인이 되었다.

이를 통해 얻은 긍정적 효과는 장터의 고객이 일로에 소재하는 로컬푸드직매장 고객으로 연결되었다는 점이다. 매장 고객의 증가는 매출증대와 로컬푸드에 출하하는 생산자들의 소득증대를 동시에 이끌어낼 수 있었다. 또한 일로농협에서 전국 최초로 운영한 '찾아가는 로컬푸드 직거래장터'의 성공은 전국 각지에서 무안으로 선진지 견학을 오는 발걸음을 이끌었고, 무안군 로컬푸드가 지상파 3개 방송사를 통해 TV에 방영되는 동안 일로농협의 인지도도 매우 높아졌다.

"무안 농산물은 아름답습니다"

로컬푸드사업을 운영하면서 시행착오와 어려움도 많았지만, 농산물 가격 하락과 극심한 가뭄으로 어느 해보다 어려웠던 때에 로컬푸드직매장에 출하하는 농가들의 환하게 웃는 모습에서 보람을 느낄 수 있었다. 지속적인 쌀값 하락과 편중재배에 따른 무안 지역 주산물인 양파·마늘의 시세하락은 우리 지역 농가소득 감소, 무안군의 총소득 감소로 이어진다. 이런 점들에 비추어볼 때 다양한 대체작물 육성을 위한 교육·경영컨설팅·기반시설지원을 포함한 중장기계획 수립이 절실하다고 여겨진다.

지금까지 지자체와 정부의 지원과 협력으로 무안군 로컬푸드사업이 오늘에 이를 수 있었지만, 앞으로는 무안 고유의 로컬푸드 역량 강화를 위한 지원이 절실한 시점이다. '로컬푸드'는 말 그대로 우리 지역 농업인과 소비자에게 혜택과 재화가 돌아가 지역에 재투자된다는 점에서 그 중요성에 대해 아무리 강조해도 지나치지 않을 것이다. 우리 일로농협은 앞으로도 생산자와 소비자 모두가 만족하는 로컬푸드 중심의 직거래사업을 더욱 발전시켜나갈 계획이다.

"정말로 우리 무안군 농산물 좋습니다. 몸 건강에 좋습니다. 아름답습니다. 언제나 우리 무안군 로컬푸드를 이용해주시고 아껴주시길 부탁드립니다."

박영수 조합장
2015년 전남 무안 일로농협 조합장에 당선됐다(초선).
조합장 당선 전 일로·삼향·청계·몽탄농협에 40년간 몸담았다.

'하늘에서 내린 쌀' 구하기

박주호 조합장
강원 인제농협

"하늘이 내린 쌀입니다" 식당 돌며 판촉

▲ ▼

"이거 하늘이 내린 쌀이에요."
"우리 이웃 농가가 땀 흘려 농사지은 쌀이랍니다. 한번 보세요."
"아휴, 그럼 한 포대 더 주세요."

2017년 7월 '고향을 생각하는 주부모임' 회원 한 무리가 무더위 속에서 인제 읍내를 돌고 있었다. 이들은 어깨띠를 두르고 피켓을 든 채 일일이 식당들을 찾아다녔다. 이마에서 뚝뚝 땀이 흘렀다. 인제의 명품쌀 '하늘내린쌀'의 소비촉진을 위해 농촌 주부들이 앞장선 것이다.

"이거 농협에서 강매하는 거 아니에요?"

의심의 눈초리로 바라보는 이들도 있었다. 농협에서 억지로 떠맡긴다는 오해도 생긴 것이다. 그럴 때마다 '고향주부모임' 회원들은 농가의 어려운 사정을 이야기하며 우리쌀 소비를 부탁했다. 이렇게 세 차례에 걸친 헌신적인 소비촉진 운동으로 20t의 쌀을 더 판매할 수 있었다.

우리의 밥상이 흔들리고 있다. 식생활이 서구식으로 변하고, 편리한 식생활을 선호하는 1인 가구와 맞벌이 가구가 늘면서 쌀 소비가 감소하고 쌀 재고는 늘어만 간다. 거기에 2016년 청탁금지법 시행과 2014년부터 쌀 시장 개방으로 인한 의무수입물량이 증가함에 따라 쌀 재고도 더욱 크게 늘었다. 인제군도 예외가 아니다.

벼 수매가 대폭 인하…가슴앓이

인제는 태백산맥이 종관하는 내륙 산악지대로 논보다 밭이 많지만, 예부터 벼농사를 중시하여 열악한 환경에서도 지속적으로 벼농사를 지어왔다.

'하늘내린쌀' 브랜드는 2000년대 초 인제군이 만들면서 사용하기 시작했다. 품종은 철원 쌀과 같고 가격대는 남쪽 지역 쌀보다는 비싸다. 현재 8가지 포장 단위로 내보내고 있다.

2017년 인제 지역 조곡 생산(예상)량은 3500t으로 그중 60%가량을 농협에서 수매하고 나머지는 공공비축미 및 농가의 자가 판매에 의존하고 있다. 그러나 농협 미곡처리장은 높은 수매가로 인해 적자폭이 점점 커져만 갔다. 견디다 못해 2016년에는 벼 수매가격(40kg 기준)을 5만 6000원에서 4만원으로 대폭 인하하였다. 농협 경영적 측면에서 보면 쌀 판매가격을 현실화해야 하고, 농협의 설립 취지에서 보자면 조합원의 입장을 먼저 헤아려야 하는 상황인데, 전국 및 인근 쌀값을 고려하여 수매가격 인하를 단행한 것이다. 미(米)를 풀이하면 '八十八'이란 의미를 담고 있다. 한 톨의 쌀을 수확하기 위해서는 농부의 수고로운 손길이 88번이나 가야 한다는 것인데, 이런 정성 들인 쌀이 어디 몇 만원으로 환산되겠는가! 같은 농업인으로서 가슴이 아린다.

먼저 지역에서 소비촉진을 독려하고자 했다. 읍면별로 고향주부모임 등의 협조를 받아 소비촉진 행사를 벌여 판매량을 늘리고 관외 판매도 일부 증대시켰다. 관내 500개가 넘는 식당에도 주목했다. 일부에서 언제부터인가 '하늘내린쌀'보다 값이 싼 남쪽 지역 쌀을 선호하게 된 것도 소비 위축의 한 가지 이유가 되기도 하였다. 우리 농협은 한국외식업협회중앙회 인제지부(이하 외식업협회)와 2017년 6월 '하늘내린쌀' 등 지역 농산물 소비촉진 및 지역경제 활성화를 위한 상생협약식을 체결, 지역 경기 활성화에 힘쓰기로 합의하였다.

조례 바꿔 수매가 지원

이와 더불어 행정기관과 협조해 농정활동을 강화하였다. 그 결과 지자체 협력사업으로 외식업협회 회원이나 지역 상가에서 인제 쌀을 사용하면 인제군과 농협이 동률로 분담하여 쌀 20㎏ 한 포대당 1만원을 지원해주기로 하였다. 이 사업이 시행되면서 벼 수매가격이 가격차손만큼 인상되어 농가의 소득증대 효과가 최소 3억원 이상 될 것으로 추정된다. 사업이 계속되면 2021년까지 모두 14억원의 증대효과가 나타날 것이다.

하지만 그 과정이 순탄한 건 아니었다. 법적인 문제에 봉착했다. 이러한 지

박주호 조합장(오른쪽 세 번째)은 한국외식업중앙회 인제지부와 지역농산물 애용을 위한 협약을 체결했다.

원방안은 조례에 없고 선거법에도 저촉된다는 것이다. 선관위에 어떻게 하면 되겠는가 자문을 구했고 어렵사리 방안을 도출했다. 신속한 처리를 위하여 의원 발의를 하기로 하고 9월 마침내 조례를 바꿀 수 있었다. 이 사업이 정착되면 인제 지역의 쌀 생산농가와 지역상가의 상생을 실현하며 지역 경기 부흥에도 도움이 될 것이라 기대한다. 이를 쌀에 국한하지 않고 지역 농산물 전체로 확대시켜 농업과 상업의 발전을 전개해나갈 계획이다.

지자체 협력사업 성과는 2017년 10월 현재 농산물 색채선별기 품질향상 사업과 '오대쌀' 포장재 지원사업 등 8건에 금액은 총 4억 6800만원에 달한다.

사과 · 수박도 군납으로 판로 숨통

한편 강원도와 협의 하에 인제농협 미곡처리장의 노후시설 리모델링도 실시할 계획이다. 2018년 봄 리모델링 사업이 완료되면 고품질 쌀 생산으로 시장에서 경쟁력 우위를 확보할 것으로 기대된다. 또 공공비축 수매량 확대를 통하여 벼 재배농가가 판로에 대한 걱정을 접고 고품질 농산물 생산에 전념하도록 농업경영을 지원하는 사업을 검토 중이다. 도비로 미곡처리장 현대화 작업 지원을 받아냈지만 이것도 쉽게 이루어진 건 아니다. 강원도 농정국장에게 애로 사항을 읍소하고 도에서 직원이 내려와 실사를 하는 과정을 거쳐야 했다.

요즘은 쌀 소비촉진 대책의 일환으로 필리핀 쌀 수출을 검토하고 있다. 교민들을 대상으로 하는 것으로, 쌀을 조금만 가공하면 될 것으로 내다보고 있다. 쌀농사는 전 과정 기계화가 가능하므로 고령농가에서 쉽게 할 수 있는 작목이다. 따라서 당분간 쌀 생산은 지금 수준을 유지할 것이다. 소비자 입맛에 맞게 품종도 바꾸는 등 다양한 방법으로 소비 촉진을 계속 펼쳐나가야 할 것으로 본다.

우리 농협에서는 다양한 소득작목 개발에도 힘쓰고 있다. 대표적인 것이 사과다. 2009년부터 시작해 현재 농가가 100여곳을 헤아린다. 수박농가도 20여 곳에 이른다. 최근에는 사과와 수박을 군납하면서 판로를 확대했다. '접경지역지원에 관한 법률'에 따라 관내 3군단 지역에 급식으로 공급하게 된 것이다. 2016년 사과는 100t에 3억 4300만원, 수박은 205t에 3억 4500만원의 군납 계약을 체결해 농가의 판로 숨통을 틔어주었다.

인제농협 고향주부모임 회원들은 '하늘내린쌀' 소비 촉진을 위한 홍보 활동에 적극 나섰다.

나는 1972년 농협에 입사하여 2005년 정년퇴직했다. 조합장이 되기 전 3년간 공백기에 조합원들을 두루 만났다. 3년간 3번씩은 만난 것 같다. 지금도 여름에는 논밭으로, 겨울에는 경로당 등으로 나간다. 이렇게 자주 만나서 조합원들이 동지 의식을 갖게 되면 농협 사업에 적극적인 조력자가 된다는 것이 나의 지론이다. 그래서 직원들에게도 가능하면 현장으로 달려갈 것을 주문하고 있다. 조합원과 농협 사업의 성공적인 수행을 위한 필수 소통 방식인 것이다.

박주호 조합장
2015년 강원 인제농협 조합장에 당선됐다(2선).
현재 농협중앙회 대의원, 강원농협수출협의회 회장, 농협유통 이사, 한국풋고추생산자협의회 부회장, 농협자산관리회사 이사를 맡고 있다. 농민신문사 대의원, 농협중앙회 경제지주 이사를 지낸 바 있다.

이 시대의 **편농**便農, **공동방제**로 답을 찾다

박준화 조합장
전남 영광농협

다산 선생의 편농(便農) · 후농(厚農) · 상농(上農)
▲▼▲

공동방제단 운영은 내가 2007년 조합장 선거 출마 당시 조합원들에게 약속한 공약 중 하나였다. 농사일 중 가장 힘들다는 게 농약 살포였기 때문이다. 뜨거운 여름날 부부간에 농약을 치러 나와 줄잡기와 약량 조절을 하다 보면 시끄러운 경운기 소리에 의사 전달이 안 되어 부부 싸움이 곧잘 벌어지는 것이 웃지 못할 흔한 농촌 풍경이었다.

1993년 여름 어느 날, 나는 옆집 농약 치는 작업을 거들어주게 되었다. 아재는 기계를 보고 아짐은 농약 줄 잡고 나는 농약을 살포하는데, 아짐이 한 말씀 하신다.

"너랑 약 하니 너무 좋다. 너그 아재한테 욕 안 먹으니 너무 좋다."

나로서는 약줄 조절과 약량 조절이 잘 안 되어도 뭐라고 할 수가 없는 처지라 묵묵히 약제를 살포하고 있는데, 아짐은 그런 나를 보면서 너무 좋다는 말을 여러 번 하면서 얼마나 환하게 웃으시던지, 그때 일을 지금도 잊을 수 없다.

일찍이 우리나라 최고의 실학자인 다산 정약용 선생께서는 농민들이 노동자에 비해 힘드니 농민이 편하게 일할 수 있도록 농업기술을 개량하고 정부 정책으로 적극 지원해야 한다며 삼농(三農)을 주창하였다. 이른바 편농(便農, 농사를 편하게 짓게 함)·후농(厚農, 농업으로 돈을 벌게 함)·상농(上農, 농업인 지위를 향상시킴)을 통해 농업문제 해결을 역설한 것이있다. 그래서일까. 벼농사는 그동안 편농에 근접하도록 기계화가 정착되었으나 농약 살포만은 아직도 가장 힘든 과제로 남아 있었다. 오랜 고민 끝에 나는 이를 해결하는 방안으로 공동방제단을 운영하기로 마음먹었다.

드디어 '드론방제단' 결성

"우리도 다른 농협처럼 농약 살포용 원전지원사업 광역방제기를 구입해 공동방제를 해봅시다."

"조합장님! 광역방제기가 좋기는 한데요, 문제가 많습니다."

"무슨 문제요?"

"이게 평지에서만 농약 살포가 되거든요. 산간지역 같은 곳에는 안 되는데, 농협에서 평지에만 방제를 해주면 다른 데 농지가 있는 조합원이 뭐라 안 하겠습니까?"

일리가 있는 지적이었다. 지도팀의 반대는 계속되었다.

"그리고 농사일은 농민이 하고, 농협은 영농지원과 판매만 잘해주면 되지, 병해충 방제까지 농협이 나설 일은 아니라고 생각합니다."

우리 농협이 사업 착수를 못하고, 한농연(농업경영인영광군연합회)에 원전지원사업 광역방제기 방제단 운영을 제안하여 한농연에서 처음 방제단을 운영하고 이후 몇 개 단체에서 광역방제기 방제단과 헬기 방제단의 방제사업이 진행되었다. 그러나 차량 진입이 용이하고 들이 넓은 일부 농지에서만 진행되었다. 지도팀의 우려가 현실로 나타난 것이다.

나는 이 문제를 어떻게 해결할까 고민에 고민을 거듭했다. 그러던 차에 2016년 지형에 관계없이 전체 지역을 방제할 수 있는 방법을 마침내 찾았다. 드론 방제기였다. 선임이사를 비롯한 일부 임원들의 적극적인 협조와 응원으로 우리 농협 공동방제사업 TF팀을 구성·운영하여 드디어 2017년 우리 농협 관내의 전체 벼 재배 지역을 공동방제할 수 있는 방제단을 구성하고, 영광군과 협력하여 지자체 협력사업으로 공동방제 추진에 나섰다.

3월에 추진계획을 수립하여 3월 28일부터 4월 10일까지 영농회별 신청을 받았다. 이후 7월 7일 공동방제단과 협의회 개최, 7월 10일 공동방제 약제 선정, 7월 31일 공동방제 협약 체결, 8월 22일 공동방제 연시회, 8월 상순 1차 방제, 9월 상순 2차 방제를 하여 신청 농지 전체를 대상으로 공동방제를 실시했다.

이 방제 작업에는 영광군과 영광농협이 각각 1회씩 방제비를 지원하였고 약제, 살포 일정, 방제기기와 방제단 선정은 영농회에서 협의 결정하여 민원 발생을 최소화하였다. 또한 신청 일정에 따라 공동방제 약제를 농협에서 일괄 구매하여 영농회 단위로 공급하고, 주체별로 역할을 분담해 체계적인 공동방제 시스템을 구축한 것도 특징이다.

시간·비용 과다…산 넘어 산
▲▼▲

진행 과정에 어려움도 많았다. 전깃줄, 계단식 논의 높은 논둑, 논둑의 나뭇가지도 걸림돌이었다. 방제가 어려운 농지는 살포가 잘 안 되어 애를 먹었다. 드론이 장애물에 걸려 추락하여 수리비가 과다하게 발생하였고, 경지정리가 안 된 논은 방제 시간이 많이 걸려 방제단이 작업을 기피하는 일도 발생하였다. 또한 농가별로 벼 생육 시기가 달라 방제 시기에 대한 의견이 분분했고, 친환경단지는 격리를 했지만 바람에 농약이 날아가 몇 개 필지가 친환경인증이 취소되는 등 우여곡절이 많았다.

이에 따라 조합에서는 민원 내용을 일일이 확인해 협의점을 도출하고, 몇 차례씩 마을 대표 회의를 열어 방제단의 어려움을 이해시켰다. 생육 시기가 다르더라도 예방 위주의 방제로 효과를 충분히 거둘 수 있다는 등 소소한 내용까지

영광농협의 벼 병해충 공동방제 시연 모습. 헬기 대신 드론을 이용, 지형에 관계없이 방제가 가능하다.

박준화 조합장(앞줄 가운데)이 공동방제단 대표들과 함께 벼 병해충 공동방제 협약서를 들어보이고 있다.

도 설명하였다. 이 같은 적극적인 소통을 통해 해결점을 찾아낸 결과 공동방제 사업은 성공적으로 마무리되었다.,

말로만 듣던 '드론 공동방제'를 실제로 경험해본 농업인들은 이구동성으로 영농 작업과 농가 소득에 많은 도움이 되었다며 고마움을 표시했다. 농사일 중 가장 어렵다는 게 농약 살포인데, 지자체와 농협이 나서서 방제비 지원, 예방 위주의 농약 살포, 공동구매를 통한 약제비 절감 등 일석삼조의 효과를 농가에 제공했으니 조합장인 나 자신도 여간 뿌듯한 것이 아니었다. 이번 공동방제 작업으로 방제비 지원 3억 228만원, 방제비 절감 간접소득 1억 5114만원, 공동구매 정량 사용 등으로 약제비 절감 1억 7884만원 등 총 6억 3226만원의 농가 소득에 기여한 것으로 나타났다.

농가소득 5천만원 달성을 위하여

▲ ▼ ▲

하지만 앞으로도 할 일이 많다. 지자체와 협의를 통해 지속적인 방제사업을 추진하고, 방제 불편 농지의 방제비를 확대 지원하고, 친환경약제 방제로 친환경단지로의 비산 방지 문제를 해결해야 한다. 또한 지자체와 농협, 영농회장과 이장의 중복 업무를 일원화하여 업무 효율성을 높이는 등 안정적인 공동방제 체계를 정착시켜 지속가능한 농업이 되도록 하는 것도 내가 해결해야 할 과제 중 하나이다. 앞으로 나는 이런 문제들을 하나하나 차근차근 해결해가면서 양파 등 대량재배 밭작물에도 공동방제 사업을 지속적으로 확대할 예정이다.

우리 농협은 모든 사업을 2020년 농가소득 5천만원 달성에 목표를 두고 모든 역량을 기울여 추진하고 있다. 각종 농산물 계약재배 추진, 농촌인력 중개사업 전체 작물로 확대, 밭작물 기계화를 위한 사업 지속 확대, 농업발전기금 지속 적립, 중소농을 위한 로컬푸드직매장 설치 운영, 안전안심 농산물 생산을 위한 친환경 GAP인증 농산물 확대, 기계화를 위한 유통시설 확충 사업, 영농자재심의회 운영 등 다각적인 사업을 성공적으로 해나간다면 농가소득 5천만원은 꼭 달성되리라 믿어 의심치 않는다.

박준화 조합장
2015년 전남 영광농협 조합장에 당선됐다(3선).
현재 한국양파산업연합회 부회장, 농협농산물가공공장전국협의회 부회장, 한국고추산업연합회 감사, 고추전남협의회 의장, 농림수산업자신용보증기금 심의위원, 영광군 농업발전협의회 심의위원 등을 맡고 있다. 농협중앙회 이사와 대의원을 지낸 바 있다.

집념의 결실
'농작업 대행'

박창기 조합장
전남 나주 봉황농협

"조합서 농사를 대신 지어준다고?"
▲ ▼ ▲

어느 해 가을이었다. 벼 수확 후 정부 공공비축미 수매장에 나오신 고령의 농업인 한 분을 마주쳤다. 노인은 벼 가마를 경운기에서 힘겹게 내리고 있었다. 끙끙 가쁜 숨을 내쉬며 힘들어하는 모습을 보고 얼른 달려가 거들어드렸다. 고맙다는 인사를 받고 돌아서서 가는데 마음 한구석이 무거웠다. 그러곤 죽비로 내리친 듯 강력한 주문이 내 머리를 감쌌다.

"더 이상 머뭇거려서는 안 돼. 이제 시작해야 돼."

사실 그동안 고령화되어가는 농촌을 지켜보면서 가슴이 아팠다. 특히 젊은 시절 영농 현장에서 밤낮 없이 청춘을 보냈던 형님 누님들이 구부정한 노인이

박장기 조합장(맨 왼쪽)은
2011년 육묘장을 설치하면서
농작업 대행사업의 첫 삽을 떴다.

된 지금도 힘든 농작업에서 벗어나지 못하는 모습을 볼 때마다 내 마음 한 구석은 더욱 쓰렸다. 이제는 우리 농협이 농작업 대행사업을 수행해야 한다고 결심하였다.

이 사업을 추진하기 위해서는 이사회와 총회의 의결이 필요했다. 하지만 우리 농협은 과거 적자 누적으로 폐쇄된 배술 가공공장 때문에 조합원들의 시선이 곱지 않았다. 설상가상으로 배술 가공공장 설립 과정에서 부정한 청탁과 관련되어 전직 조합장이 구속된 사례가 있어 '고정 투자는 돈 빼먹는 창구'라는 부정적 여론이 형성되어 있었다. 내 취임 초기에도 조합원 편익 증진을 위한 하나로마트 이전 건이 이런 인식 탓에 부결된 적이 있었다. 이번에는 충분한 준비를 통해 조합원을 설득해야만 했다.

나는 평소 조합원과 격의 없는 대화 나누기를 좋아한다. 취임 후 매년 2회 영농회별 좌담회를 통해 전 조합원을 만나서 의견을 청취하고, 술자리나 다른 자리에서도 다양한 의견을 듣는다. 농작업 대행사업도 이러한 조합원과의 대화에서부터 시작했다. 나는 조심스럽게 운을 떼고 한 사람 한 사람 의견을 청취해보았다.

"조합서 농사를 대신 지어준다고? 정말이여?"

"어휴, 우리야 좋지 좋고말고. 박 조합장, 우리가 밀어줄게, 꼭 해봐."

생각 외로 대다수의 조합원이 절실히 희망하고 있는 게 아닌가. 조합원들의 응원은 지금도 농작업 대행사업을 지탱하는 든든한 토대이기도 하다.

절반의 성공…육묘사업만으로 끝낼 것인가

2010년 육묘장 설치계획을 사업계획에 반영하고 2011년 육묘장을 설치하여 본격적인 육묘를 시작했다. 그러나 조합원의 반응은 시큰둥했다. 농협이 육묘를 제대로 할 수 있을까 하는 반응이었다. 첫해에는 육묘 신청이 저조했다. 하지만 충분한 사전조사와 기술교육 이수를 통해 성공적으로 육묘 공급을 할 수 있었고, 다음해에는 폭발적인 신청으로 목표 물량을 충분히 채울 수 있었다.

그런데 당초 나의 목표는 육묘만 공급하는 것이 아니라 벼농사 전 과정을 일관대행하는 사업이었다. 일관대행을 하지 않고서는 고령 조합원에게 영농 편익을 제공할 수 없다고 판단했기 때문이다. 그러자면 이앙기, 콤바인, 트랙터,

봉황농협의 농작업 대행 작업 모습.
육묘사업에서 시작해 공동방제와
수확대행으로까지 확대됐다.

무인헬기, 건조·저장시설 등 30억원 내외의 자금이 필요한 것으로 판단되었다. 시골 조합의 경영 역량으로 30억원을 자부담해 시설물을 설치하는 것은 도박에 가까운 일이었다.

"육묘사업만 하고 끝낼 것인가?"

나는 자문하지 않을 수 없었고 장고에 들어갔다.

중앙회 농기계은행사업, 구원의 등불이 되다

어느 날 농협중앙회에서 직영 농기계은행사업 참여를 희망하는 농협의 신청을 받는다는 문서가 날아들었다. 그 순간 나는 깜깜한 곳에서 밤새 헤매다 저 멀리 반짝이는 등불을 만난 듯했다. 직원에게 즉시 신청하도록 하고 결과를 기다렸다. 사업은 2012년 1월에 확정되었고 이에 따라 운영자금이 확보되었다. 곧바로 이사회와 총회 의결을 얻어 직영 농작업 대행사업을 시작했다.

이앙기 2대, 콤바인 2대, 트랙터 2대, 무인헬기 2대에 건조장은 임대로 시작했다. 영농회를 통해 신청을 받았으나 문서 시행 후 일주일이 지나도 농작업 대행사업을 신청한 농가가 하나도 없었다. 사유를 알아보니 영농회장에게 신청서를 보냈으나 영농회장 본인이 농기계를 소유하고 있거나 마을의 유지 격인 농기계 소유 농가의 이해를 생각해 농가에까지 내용이 잘 전달되지 않았던 것이다. 즉시 책임자 회의를 소집하고 대책을 논의했다. 그러곤 신청서를 개별 농가에 보내기로 했다. 아니나 다를까 반응은 즉각적이었다. 신청서를 보낸 후 일주일 만에 목표했던 50ha 면적이 마감되었다. 조합원의 절실함의 결과였다고 생각한다.

성공사례 실패사례 모두 꼼꼼히 검토

▲▼▲

나는 중앙회에서 주관한 농기계은행사업 관련 회의에 참석하면서 먼저 추진한 농협의 애로사항을 관심 있게 들었다. 잘하고 있는 농협도 방문했다. 그러면서 어떻게 하면 부작용을 최소화하면서 효과적으로 사업을 할 것인가에 대해 책임자들과 논의하면서 우리만의 철저한 기준을 마련했다.

이앙은 밀식 위주에서 포기 수를 줄이는 쪽으로 나갔으며, 무인헬기 방제도 농촌진흥청의 예찰정보를 활용하여 약제를 선택함으로써 효과적인 방제를 도모했다. 특히 기존 다수확 품종에서 벗어나 고품질 품종을 재배함으로써 농가 소득 증대에도 기여하고 있다. 공공비축수매를 농협에서 대행함으로써 고령 조합원이 노동에서 벗어날 수 있는 기회도 제공했다. 또한 농협중앙회 지원 외에도 정부 정책사업과 연계하여 총 사업비의 50% 이상을 보조금으로 조달하여 경영비를 절감한 점도 손꼽을 수 있다. 이 사업을 통해 우리 농협은 한 해에 450ha의 면적에 이앙할 수 있는 육묘를 공급하고 있다. 또한 130ha 면적에서 농작업 대행사업을, 20ha 면적에서 직파 사업을 진행하고 있으며, 이를 통해 참여 농업인에게 연간 경영비 절감 2억원, 고품질쌀 생산을 통한 공동판매로 1억원 내외의 소득 증진 효과를 올려주고 있다.

우리 농협을 시작으로 나주 관내 대부분의 농협에서 농작업 대행사업을 시작했거나 준비하고 있으며, 전국에서 연간 10여개 농협이 우리 농협을 벤치마킹하고 있다.

우리 농협은 2016년 직영 농작업 대행사업 전국 1위 평가를 받았다. 농작업 대행사업은 신용사업이 점점 위축되어가는 상황에서 농협 경영에 직간접적으로 도움이 되고 있다. 무엇보다도 조합원들이 농협에 대한 인식을 획기적으로 전환하는 계기가 되었다.

조합과 농업인의 상생의 길 열어

농작업 대행사업으로 인해 우리 농협은 조합원으로부터 "농업인의 농협" "고마운 농협"이라는 인정과 평가를 받게 되었다. 다시 말하자면 농작업 대행사업은 농협과 농업인 모두의 상생사업이며, 고령화로 한계에 처한 현실에 농협이 직접 개입함으로써 조합원의 복지를 실현하는 사업이다.

끝으로 이 사업을 시작하려 하는 농협이 있다면 적극적으로 권하고 싶다. 다만 여러 가지 난관이 있다. 투자의 문제, 지역적인 문제, 조직 구성원의 문제 등. 그러나 작금의 농업인 고령화 시대에서는 선택이 아닌 필수 사업이라고 생각하며, 의지를 갖고 방법을 찾고 추진한다면 후회하지 않는 사업이 되리라 감히 확신한다.

박창기 조합장
2015년 전남 나주 봉황농협 조합장에 당선됐다(3선).
현재 농기계은행선도농협협의회 부회장, 나주시 배구협회 회장을 맡고 있다.

하늘은 감당할 만큼만 시련을 준다

서영교 조합장
전북 남원 운봉농협

먹노린재 피해로 벼 20%가 2등급

▲▼▲

2015년 조합장으로 당선되던 해였다. 품질 좋은 벼를 생산해 농가수취가격을 높이고자 부단히 노력했으나 벼 먹노린재 피해가 극심했다. 수확을 해보니 반점미가 많아 전체 생산량의 20%가 2등급을 받는 아픔을 겪게 되었다. 농업인 고령화·부녀화에 따른 농약 살포 어려움과 기후 변화로 병충해 발생이 많았던 것이 원인이었다.

농업인의 약제 살포를 유도하기에는 쉽지 않은 환경에서 우리 농협에서 할 수 있는 일이라곤 육묘상 처리제를 지원하는 것 외에는 뚜렷한 방법이 없었다. 벼 먹노린재 피해를 막기 위한 나의 고민은 깊어만 갔다. 어떻게 하면 피해를 막을 수 있을까. 직원들과 토의하며 의견을 수렴한 결과 공동 동시방제가 가능한 무인헬기 항공방제사업을 하기로 했다. 자재센터를 중심으로 벼 먹노린재 피해를 막기 위한 우리의 노력은 이렇게 시작되었다.

우리가 얻고자 하는 목적은 세 가지로 나눌 수 있었다. 첫째는 벼 먹노린재 피해를 감소시켜 농가수취가격을 높이는 것이고, 둘째는 병해충 방제 살포비용의 절감을 통해 농가경영비를 낮추는 것이다. 셋째는 고령화·부녀화에 따른 농촌의 노동력 부족을 해결하는 것이다. 우리의 목적을 달성하기 위해서는 무엇보다도 농업인의 참여가 가장 중요했다. 참여 농업인이 많아야 약제의 대량구매 이점과 공동방제 효과를 극대화할 수 있기 때문이다.

2016년 항공방제 시연회를 개최하며 공동방제의 우수성을 홍보하고, 영농회장 회의와 부녀회장 회의 등 각종 회의를 개최해 항공방제 신청을 독려했다. 그 결과 2016년에는 1회 방제, 508농가 참여, 방제 면적 894ha(참여율 76.9%)의 성과를 거두었으며, 2017년에는 2회 방제, 611농가 참여, 방제 면적 1072ha(참여율 92.2%)로 확대되었다.

직원들은 항공방제를 위해 새벽 4시부터 저녁 9시까지 열심히 뛰었고, 농업인은 방제하는 직원들의 노고를 위로하며 찬거리라도 주고자 고마워하는 모습이 역력했다. 조합장인 나는 농업인·직원들에게 "우리가 협동해야 재해를 이길 수 있다"고 격려하며 사업을 진행해나갔다.

'협동조합간 협동'으로 항공방제 성공

2017년 9월 말 우리 지역 벼들은 높은 가격으로 판매되었다. 공공비축미와 식량으로 쓸 벼만 남기고 모조리 다 팔았다. 그 이유는 어느 해보다도 벼 품질이 우수했기 때문이다. 빛깔 좋고 도정률 좋으며 맛도 좋은 조생종 벼를 누가 싫다고 하겠는가. 이렇게 품질 좋은 벼를 생산할 수 있었던 배경에는 무인헬기를 이용한 항공방제가 있었다.

우리 농협은 대량구매를 통한 약제 단가 인하로 농업인의 살포비용을 크게 줄였다. 완벽한 병충해 공동방제로 수도작 벼 생산농가의 수취가격을 높였고, 약제의 안전사용 기준 준수와 친환경자재 사용으로 소비처에 안전한 먹거리를 제공할 수 있었다. 생산자와 소비자 모두가 만족하는 사업이 되었던 것이다. 그뿐인가. 우리 농협으로서도 높은 수취가격과 노동력·경영비 절감을 통해 '농가소득 5천만원 시대'의 초석을 쌓았고, 무인헬기가 한 대도 없는 조합이 항공방제에 도전한 새로운 시도가 멋지게 성공하는 기쁨도 누렸다.

그러면 무인헬기 없이 어떻게 항공방제가 가능했을까. 우리 농협 항공방제는 농협중앙회의 무인항공 농작물 방제작업 대행 위탁사업으로 익산 황등농협 항공방제단에서 실시했다. 또한 인근 지리산농협·남원농협·춘향골농협과 협동하여 함께 항공방제를 실시했으며, 남원시로부터는 방제비의 30%까지 보조금을 받을 수 있었다. 이처럼 농협과 농협이 서로 협동해야 지자체의 지원을 받아 사업을 효율적으로 완수할 수 있다. 앞으로도 농협과 농협이 서로 협동해야 다가오는 '4차 산업 혁명시대'에 살아남을 수 있지 않을까.

무엇보다 농업인의 참여가 절대적으로 높아야 사업 효과가 극대화된다. 참여율을 높이기 위한 방법을 지속적으로 강구하고 농업인과 끊임없이 대화해 현재 92%인 참여율이 100%가 되는 날까지 조합장인 나부터 부단히 노력해나갈 것이다. 농협의 근본인 농업인이 우선 만족하고, 그 다음으로 농협이 함께 만족하는 사업이 진정성 있는 사업이 아닐까. 농업인과의 협동, 농협과의 협동, 지자체와의 협동이 없다면 우리 농협의 앞날도 없을 것이다.

"자식같이 애써 키운 파프리카를…"

우리 운봉농협을 대표하는 원예작물은 파프리카이다. 운봉 지역은 해발 450~600m에 위치한 고산지대. 2000년까지만 해도 주로 벼를 재배하는 곳이었지만 쌀값 하락이 이어지자 지리적 특성을 활용해 6월부터 11월까지 여름 고랭지 파프리카를 재배하기 시작했다. 조합에서도 가능성을 보고 재배를 장려하며 지원을 아끼지 않은 결과, 우리 지역이 파프리카 생산의 새로운 강자로 떠올랐다. 특히 2006년 100만달러를 시작으로 2015년 일본·대만·호주 등지에 대한 수출액이 400만달러를 돌파하면서 파프리카 수출을 선도하는 농협으로 성장했다.

하지만 2016년 엔저현상이 지속된 데다 과잉공급으로 국내 가격까지 대폭 떨어지면서 한국파프리카생산자자조회가 가격 폭락에 따른 수급조절 차원에

운봉농협은 '협동조합 간 협동'을 통해 황등농협 방제단의 도움을 받아 무인헬기 항공방제를 실시했다.

서영교 조합장이 운봉농협을 대표하는 원예작물이자 수출상품인 파프리카를 들어보이고 있다.

서 1000t을 폐기처분하기로 한 가운데, 우리 지역에서도 자율 폐기에 들어갈 수밖에 없었다. 파프리카를 가득 실은 트럭들이 농산물산지유통센터가 아닌 20㎞ 떨어진 바래봉 퇴비제조장으로 향할 때, 제조장에 속속 도착한 농민들은 저마다 싣고 온 파프리카 상자를 내려놓고는 차마 발길을 돌리지 못했다.

"자식같이 애써 키운 파프리카를 폐기하고 보니 참담한 심정입니다."

파프리카 농사를 지은 지 16년 만에 처음으로 자체 폐기를 하는 것이니 그 심정이 오죽했을까. 오범록 파프리카공선회장은 "파프리카를 폐기하는 날이 올 것이라고는 꿈도 꾸지 못했는데…"라며 말을 잇지 못했다.

하지만 그대로 주저앉을 수는 없었다. 파프리카 농가들은 이번이 처음이자 마지막 폐기가 되기를 바라며 내년을 기약했다. 그리고 해를 넘겨 2017년 1월 파프리카작목회 결산총회를 열고 파프리카 수출 30억원 달성에 다시 총력을 모으기로 다짐했다. 공선회장은 "지난해엔 파프리카 농사를 지은 지 16년 만에 처음으로 58t을 자체 폐기할 수밖에 없는 아픔을 겪었지만 올해는 내수시장이 회복되고 수출도 늘어나 우리 작목회원 50농가의 얼굴에 웃음꽃이 피길 간절히 바란다"고 기대를 나타내기도 했다.

"하늘은 감당할 수 있는 만큼만 시련을 준다"고 했다. 아무리 큰 어려움이 닥친다 해도 스스로 포기하지만 않는다면 능히 이를 딛고 일어설 수 있다. 농업·농촌의 어려움은 어제오늘의 일이 아니다. 더욱이 농촌의 고령화는 빠른 속도로 진행되고 있다. 하지만 "하늘은 스스로 돕는 자를 돕는다"고도 했다. 우리 농협이 항재농장(恒在農場)의 정신으로 농촌문제 해결에 앞장선다면 우리 조합원들의 내일도 밝게 열릴 수 있을 것이라고 믿는다.

서영교 조합장
2015년 전북 남원 운봉농협 조합장에 당선됐다(초선).
조합장 당선 전 농협에 41년간 몸담으며 운봉농협 전무 등을 지냈다.

'신의 한 수'가 된
특화작목

이강노 조합장
전남 장성 진원농협

합병 위기에서 나온 묘수

첩첩산중, 백척간두, 오리무중….

2010년 조합장 취임 전후 내 머릿속에 떠오르던 말들은 온통 어둡고 위험한 상태를 표현하는 단어들이었던 것 같다. 진원농협이 경영 손익 악화로 농협 경영진단 결과 합병권고를 받은 것이다. 경영 악화의 가장 큰 이유는 미곡종합처리장(RPC)에서 2009년부터 2년 연속 적자를 보며 7억원이 넘는 손실이 발생했기 때문이었다. 사실 RPC는 장성군 농업공동사업법인이 운영하는 것으로, 장성군 관내 농협 중 진원농협이 고정자산 지분율 44%로 가장 많은 비중을 차지하고 있었다. 우리 농협은 그런 어려움을 딛고 일어섰다. 2년간 경제사업 활성화와 순자본 비율 제고라는 피나는 노력을 기울인 끝에 합병권고 대상에서 제외됐다. 그 중심에 특화작목 발굴과 육성이 있었다.

진원 지역은 도시 근교이지만 수도작 중심의 농업을 해온 탓에 소득을 창출할 만한 특별한 작목이 없어 매년 결산기가 도래하면 손익 목표 달성에 애간장을 태우곤 했다. 지도사업비가 조금 나가면 직원 상여금을 못 줄 형편이었다. 이런 상황에서 조합장이 되었으니 마음은 천근만근 무거울 수밖에 없었다.

나는 지역 특화작목으로 돌파구를 마련하리라 판단했다. 몇 가지 이유가 있었다. 먼저 진원 지역은 광주직할시와 경계한 지역으로 풍부한 수요처를 기대할 수 있다. 또한 불태산 자락 비옥한 토양에 위치해 여기서 생산되는 과수는 당도가 높고 상품성이 뛰어나다. 특히 광주 첨단지구가 개발되면서 3지구 6800세대가 진원 지역에 건설된다는 고시가 발표되는 등 외부 환경 변화도 내 판단에 긍정적인 영향을 미쳤다. 농가소득을 높이는 데 있어서 수도작으로는 승부가 나지 않는다는 건 일찍이 깨달은 바다.

"포도농사 짓기만 해봐요, 바로 이혼이야"

먼저 포도를 시작하기로 했다. 그러나 수도작 외에는 다른 특별한 것을 해본 적이 없는 동네에 갑자기 특화작목을 한다고 하니 대부분 시큰둥하거나 반대하는 입장이었다. 기술도 경험도 자본도 없는 조합원들로서는 겁이 날 만도 하다. 그래서 먼지 개인적으로 친한 조합원들에게 소득이 높다면서 포도농사를 권유했다.

"수도작은 평당 3000원가량 나오는데 포도나 복숭아는 평당 2만원이 나와요. 한번 해봅시다."

진원농협의 영농교육 모습.
진원농협은 다양한 특화작목 발굴로
합병권고의 위기를 극복했다.

그중 한 조합원이 분위기를 알려주었다. "포도농사 짓기만 해봐요, 바로 이혼이야" 하고 부인이 엄포를 놓더라는 것이다. 쓴웃음을 짓고 말았지만 한번도 해본 적 없는 작목을 돈 들여 시작한다는 게 쉽지 않다는 건 이해할 수 있었다. 하지만 가만히 앉아 말라죽을 때를 기다릴 수는 없었다.

먼저 지자체 협력사업으로 기반시설을 구축하기 위한 노력에 집중했다. 여러 차례 사정을 설명하고 이해를 구한 끝에 장성군과 농협중앙회로부터 지원을 끌어냈다. 내가 전무 시절이던 2008년부터 조합장 취임 후인 2013년까지 포도·복숭아 지주대와 관정 등 기반시설을 구축하는 데 모두 7억 8000만원을 투입하였다. 그중 자부담은 1억 6800만원이었다. 특히 지역 특화작목을 입식하기 위해서는 묘목을 구입해야 하는데 이 비용이 만만치 않아 농가가 입식을 꺼려할 수 있으므로 묘목 구입비의 50%를 지도사업비로 보조 지원해주었다.

나도 개인적으로 농사를 짓고 있어 농민들 어려움을 잘 안다. 복숭아밭을 3300m^2(1000평) 조금 넘게 하는데 울타리·점적관수·관리하우스동 등 시설비로 1600만원 가량이 든다. 이 정도 비용을 농민들에게 온전히 감당하라고 하면 무리한 일이라는 것을 알기 때문에 지원을 먼저 하기로 한 것이다. 묘목 구입비 지원은 2007년부터 작년까지 2억 3000만원에 이른다.

이렇게 시작한 특화작목들은 현재 전체 경지면적 935ha 중 단감·대봉·복숭아·포도·복분자·배·매실 등이 165ha를 차지할 정도로 재배면적이 증가하였다. 농가수로는 전체 1100농가 중 272농가가 특화작목을 하고 있다.

장성의 명품이 된 '불태산 복숭아'

나는 특화작목 확대를 위해 어디서나 우리의 갈 길을 설파했다.

"백화점 같은 데서도 잘나가는 20% 상품이 매출의 80%를 올리는 것과 마찬가지입니다. 우리 지역도 특화작목이 전체를 이끌어나가게 될 겁니다."

그런 의미로 과수 면적을 200ha까지 확대할 것을 목표로 하고 있다.

복숭아를 시작하게 된 배경에는 지인들의 조언이 있었다. 진원 지역은 물론 장성군 관내에도 복숭아 재배 농가가 거의 없었다. 그래서 우리 진원농협이 장성의 대표 복숭아를 만들어보자고 시작했다. 이렇게 시작한 차돌복숭아가 지금은 장성군의 대표 복숭아가 되어 '불태산 복숭아 365생'이란 장성군 연합브랜드로 판매되고 있다. 한번 출하하면 보통 농가의 통장에 1000만원 이상 찍힌다. 조합장으로서도 농가소득이 느는 것을 보는 것이 재미다. 지도사업의 중요성을 다시 한 번 느끼게 되는 대목이다. 복숭아는 현재 53ha(약 16만평) 정도 규모인데 100ha(약 30만 평) 정도까지 확대할 생각이다. 규모화가 되지 않으면 지역을 대표하는 특화작목으로 뿌리내리기 어렵다는 판단 때문이다.

진원농협 특화작목의 공선회는 연중 활발하게 움직이고 있다. 11월에서 5월까지 딸기 공선출하회, 7월 하순부터 8월에는 복숭아 공선출하회, 9~10월에는 포도, 10~11월에는 단감과 대봉 공선출하회가 바삐 움직인다. 진원 관내에는 귀농인도 적지 않다. 도시 근교이기 때문이다. 귀농인이 좋아하는 품목은 딸기로, 당해 연도에 바로 수확할 수 있기 때문이다. 예전에는 담양딸기가 유명했지만 이제 장성에서만큼은 딸기 하면 '진원'을 쳐준다.

스토리텔링이 있는 관광농업 꿈꿔
▲▼▲

농업인들의 교육도 소홀히 할 수 없는 부분이다. 이를 위해 우리 농협에서는 조합원들이 농업기술센터에서 교육과 기술지도를 받도록 해 현장의 어려움을 해결하고 있다. 또한 각 공선회 회원들은 현장 견학과 선진지 견학 등을 통해 새로운 것을 배우고 있다.

어려운 점도 많다. 특화작목 확대를 지원하다 보니 수도작 농가에서는 자신들만 홀대한다며 불만을 표출하기도 한다. 또 직원들도 일이 많아지니 여러모로 힘들어한다. 하지만 농민들 소득이 올라가고 있으니 나와 임직원 모두 이 모든 것을 참고 견디고 있다.

이강노 조합장(가운데)이 장성 명품이 된 '불태산 차돌복숭아'를 들어보이고 있다.

생산에서 판매까지 어렵지 않은 게 없지만 그중 유통이 진짜 어렵다. 그뿐인가. 심어서 가꾸는 것만이 아니라 교육과 병충해 방제, 기술지도, 전정까지 다 하나하나 챙겨야 한다. 당도가 안 좋으면 그것도 농협이 책임져야 된다.

다행히 젊었을 때 4H 활동을 하면서 여러 작목에 대한 공부를 할 기회가 있었는데 이것이 특화작목 사업 추진에 큰 도움이 되었다. 또 황룡농협에 근무할 때 8년간 묘목사업을 하고 지도부장을 8년간 지내기도 했는데, 이런 실전 경험들이 조합장이 된 지금 크게 도움이 되고 있다.

앞으로 나는 도시근교농업을 추진해보고자 한다. 문화와 농산물을 결합하여 스토리텔링이 있는 관광농업을 펼쳐보자는 것이다. 그래서 진원을 강소농협으로 만들고자 한다. 이를 위해서는 조합원뿐만 아니라 직원들의 적극적 참여가 필요함은 물론이다.

이강노 조합장
2015년 전남 장성 진원농협 조합장에 당선됐다(2선).
조합장 당선 전 진원농협 전무를 지낸 바 있다.

하늘이 무너져도
우리는 **볍씨를 싹틔운다**

이석채 조합장
전남 무안 운남농협

"세번 네번 모내기를 하면서 눈물이 나온다"

▲ ▼ ▲

올해(2017년) 여름 더위는 사람을 비롯해 숨을 쉬고 있는 모두에게 살인적이다. 전국이 지글지글 끓는 최악의 폭염은 사람과 동물의 생명을 위기 수준까지 몰아넣는다. 연일 낮 기온이 35℃를 웃돌면서 고령의 노인들이 탈진과 일사병 등 온열질환으로 쓰러지고, 가축 폐사가 잇따르고 있다.

바닷가를 막아 개척한 우리 운남 지역의 구일간척지는 가뭄이 들면 피해 확산을 피하기 어렵다. 물 순환이 안 되면 농업용수로 쓰는 물 염도가 상승해 벼 생육 한계치를 넘어서게 되므로 사실상 한 해 농사를 포기해야 한다. 간척지는 농업용수 염도가 0.3을 넘어서면 염해 피해가 발생하기 시작하는데, 올해 무안 지역은 극심한 가뭄으로 인해 제때 모내기를 못한 논이 120ha에 달했고 특히 우리 지역 구일간척지에 집중되었다. 모를 냈으나 모가 말라 죽은 논도 31ha나 되었다.

모내기를 하지 못한 농가들은 어떻게든 모내기를 하기 위해 안간힘을 쓰다가도 무심한 하늘을 바라보며 한숨짓는다. 벼를 심지 않으면 변동형 직불금과 재해보험 혜택을 받지 못하기 때문에 그러는 것인데, 그래서 농민들은 "세 번 네 번 모내기를 하면서 눈물이 나온다"고들 한다. 어느 조합원의 그 말이 지금도 연신 귓가에 맴돈다.

궁하면 통한다고 했던가? 드디어 비 소식이 전해 내려온다. 주말(7월 1~2일)에 비가 온다는 소식이다. 구일간척지는 물을 대지 못한 탓에 모내기를 하기 위해 준비해둔 논 가장자리의 모판 위에서 이앙용 육묘가 메말라 죽어가고 있고, 논은 아직도 건답 상태에서 풀이 자라나고 있는 형편이었다. 이제 비가 와서 이앙을 하게 되더라도 수확량이 떨어지고 생산비도 건지기 힘든 상황임에도 불구하고 비 소식은 하나의 희망이 되어 돌아왔다.

지푸라기라도 잡는 심정으로

때마침 농협중앙회장이 주도하고 있는 '농가소득 5천만원 달성'을 위한 정책의 일환으로 농가 생산비용 절감을 위한 벼 직파재배 파종기와 균평기 구입비를 70% 보조해주고, 건답직파에 대해서도 지원을 해준다는 연락이 들어왔다. 6월 26일인데, 비가 오기 전까지 1주일의 시간만 남았을 뿐이라 신속한 판단과 실행이 필요했다. 벼 종자를 소독하고 싹을 틔우는 시간도 부족한 상황에 건답 로터리 작업과 직파 파종을 같이 해야 할 상황이었다.

'물에 빠진 사람 지푸라기라도 잡는 심정'으로 구일간척지 재배 독농가를 설득해 17ha의 직파 신청을 받았다. 동시에 지도과장과 전남지역본부 자재부 사이의 긴밀한 연락 하에 조생벼인 '운광벼' 종자를 함평종자원에 신청했다. 그 다음부터는 일이 일사천리로 진행되었다. 우리 농협 김 이사가 지도과장과 같이 화물차를 운전해가며 함평종자원에서 종자를 수령해오고, 수령 당일 볍씨 소독을 해 19시간 후인 6월 28일 오후부터 중앙회 자재부 담당직원과 농기계회장이 참석한 가운데 건답직파를 실시했다. 그때까지 건답직파 신청을 하지 못한 농가도 현장을 견학하다가 자신의 논도 물이 모자라 이앙을 하지 못했다며 직파를 요청하기도 했다. 파종이 끝난 후 "올해는 포기한 농사였는데 이렇게 파종을 하게 되어 마치 복권 당첨이라도 된 듯 기쁘다"는 농가의 이야기, 함박웃음을 짓는 조합원의 얼굴을 대하니 새로운 기운이 솟아난다.

'지성이면 감천'이라 했던가

▲ ▼ ▲

6월 28일 오후부터 29일 사이에 15ha의 건답에 로터리와 균평을 하고, 조생벼인 '운광벼' 볍씨를 싹도 틔우지 않고 소독만 실시해 파종을 완료했다. 누구도 시도해보지 않은 일. 하지만 어느 해보다 뜨거운 살인적인 더위에 가뭄까지 겹쳐 이대로 두었다간 간척지 전체가 풀만 무성한 척박한 농지로 변할 수도 있는 위기상황에서, '단 50%라도 벼가 생산된다면 시도할 만할 일'이라는 판단에 따라 내린 결정이었다.

그러나 시간이 흐르면서 하늘의 기후에 맞추느라 초기 농약도 못하고 싹도

이석채 조합장(앞에서 두 번째)이 농민들과 함께 건답직파 현장을 찾아 싹튼 볍씨를 관찰하고 있다.

틔우지 못한 점에 대한 아쉬운 마음과, 싹도 나오지 않으면 어쩌나 하는 실패에 대한 두려운 마음이 서서히 일어나기 시작했다. 그러나 다른 한편으로는 인간이 할 수 있는 일은 다 했으니, 그 다음은 하늘이 도와주기만을 간절히 바랄 뿐이었다. 드디어 비가 온다는 7월 1일, 행운의 숫자 7월의 첫날 새벽이다. 일어나자마자 창밖을 확인해보니 '지성이면 감천'이라 했는가, 정말 비가 내리기 시작한다. 종자 볍씨가 떠내려갈 정도로 너무 장맛비처럼 내려서도 안 되는데, 마침 싹 틔우기에 알맞게 흙을 적시는 정도로 주룩주룩 내리고 있다.

너무 기뻐 아내와 함께 차를 타고 직파 현장에 가보았다. 비가 내려 직파 고랑에 물이 고였다. 땅속에서는 소독된 볍씨에 충분히 수분을 제공해주고 있으리라. 볍씨가 수분을 머금고 싹을 틔우기만 간절히 바라는 마음으로, 구일간척지의 메마른 땅에 촉촉이 내리는 빗소리를 들으며 새삼 하늘에 고마움을 느낀다.

간절한 희망처럼 새싹이 돋았다

직파를 실시한 다음 주부터 구일간척지에 모내기를 할 정도의 비가 내렸다.

운남농협은 극심한 봄가뭄으로 모내기를 못한 농가를 위한 육묘공급에도 두 팔을 걷어붙였다.

7월 6일, 직파한 지 8일 만에 가슴 졸이며 기다리던 벼 새싹이 돋았다. 마치 여린 솔잎처럼 흙에서 한잎 두잎 솟아난 모양새가 너무 귀엽다. 초기 제초제와 함께 직파를 하지 못해 풀이 많이 자랐지만 일단은 성공이다.

이렇게 직파 파종 논에는 새싹이 돋았지만, 아직도 구일간척지에는 많은 농가가 가뭄 때문에 제때 이앙을 하지 못한 육모가 다 말라죽는 바람에 정작 이앙을 할 수 있게 된 지금 육묘가 부족한 상태였다. 이앙을 하지 못한 논이 반을 넘어 농가의 희망이 꺼져가는 상황이었다.

그러나 때늦은 비가 다시금 농가에 희망을 불어넣었는지, 모내기를 하지 못한 농가들이 우리 농협으로 육묘를 신청해왔다. 토·일요일이라 직원들도 출근을 하지 않은 상태였지만 농가의 간절한 희망을 저버릴 수가 없었다. 부랴부랴 손불·곡성·지도 등의 육묘장에 문의를 해보니 다행히 모가 있는 것을 확인할 수 있었고, 신청 농가와 함께 농협 화물차를 운전해가며 모를 공급해 주었다. 주말에 모내기를 못한 농가에 모를 공급해주고, 월요일(7월 10일) 아침 구일간척지 벼 직파 현장에 가보니 건답에 직접 파종한 벼에서 솔잎처럼 나오던 새싹이 이제는 줄을 맞춰 나오기 시작했다. 황무지가 될 수도 있던 곳이었지만 갖은 노력 끝에 농가의 소득으로 돌아올 수 있는 희망이 조금 더 키진 것이다.

옆 논에 가보니 주말에 공급한 모를 이앙하고 있었다. 비록 늦은 이앙에 생산량은 장담할 수 없지만 그 실낱같은 희망에 조금이나마 도움을 줄 수 있었던 작은 수고가 농민 조합원과 함께 트럭 위에서 점심밥을 같이 나눠먹는 동안 시원한 바람이 되어 돌아왔다.

"하늘이 무너져도 솟아날 구멍은 있다"라고 했다. 유례없는 가뭄과 혹독한 폭염에 따른 절망 속에서도 '농가소득 5천만원 달성'이라는 계획 하에 이루어진 중앙회의 벼 직파 농기계 및 관련 업무 지원은 절망뿐인 갈라진 논바닥 흙에서 새로운 희망을 싹틔우는 계기가 되었다.

오늘(8월 29일)은 직파 62일이 경과되어 벼 이삭이 나왔다. 조생벼라 벼 이삭이 나온 지 40~45일 후인 10월에 수확이 가능하리라 판단되지만, 농가의 실낱같은 희망과 노력이 결실을 맺어 벼가 잘 여물기를, 농가에 희망과 소득으로 돌아올 수 있기를 하늘에 간절히 바라본다.

그해 가을 구일간척지는 대풍을 기록했다.

이석채 조합장
2015년 전남 무안 운남농협 조합장에 당선됐다(초선).
전국농협노동조합 광주전남지역본부장, 우리쌀지키기 광주전남운동본부 공동대표를 지낸 바 있다.
조합장 당선 전 운남농협에 25년간 몸담았다.

시골 농부 조합장의
소박한 꿈

정도식 조합장
전남 무안 청계농협

양파 말고 뭐 없을까

▲ ▼ ▲

국산 양파의 15%가 우리 고장 무안에서 난다. 양파는 무안을 대표하는 농산물로 지역경제에서 차지하는 비중이 크고, 지리적 표시가 등록된 품목이기도 하다. 그만큼 양파에 대한 소득 의존도가 높아서 이곳 농업인은 양파로 먹고산다고 해도 과언이 아니다. 양파 작황과 시세에 따라 웃고 울며 양파 농사로 생계를 꾸리고 자식도 키우니, 양파는 이곳 농업인에게 애환을 함께하는 삶의 동반자나 다름없다.

양파는 우리 식탁에서 빠질 수 없는 대표적인 양념류이긴 하지만 양파 농사만큼 가격이 불안한 농사도 없다. 그해의 작황, 저장량과 수입량 등의 변수에

정도식 조합장(왼쪽)이 관내 우리밀밭을 둘러보고 있다. 앞으로 메밀도 특화작목으로 육성할 계획이다.

따라 가격 변동이 너무 심해 농사로 수지를 맞추기가 여간 어려운 게 아니다. 물론 때를 잘 맞춰 톡톡히 재미를 보기도 하지만, 가격이 폭락해 애써 수확한 양파를 몽땅 폐기처분하는 아픔을 겪을 때도 많다. 양파농사가 언제부턴가 무안의 농업인에게 '들자니 무겁고 놓자니 아쉬운' 고민거리가 되어가고 있다. 연작장해로 병충해가 심해져 수확은 줄고, 치솟는 인건비 때문에 소득이 떨어진 데다. 고령화 때문에 양파농사를 포기한 휴경지가 늘고 있다.

사업 실패 끝에 깨달은 '순환 농업'의 필요성

나는 젊어서부터 양파농사를 해온 평범한 농사꾼이다. 또 농사와 함께 30년이 넘게 저장과 가공 등 양파 유통사업을 해온 경력도 있다. 양파농사의 쓴맛과 단맛을 다 보고 온갖 풍상도 다 겪었기에 지역 농업의 이런 안타까운 모습을 그냥 지켜보고만 있을 수는 없었다.

그래서 10여년 전 대체작목을 고민하던 중 우연찮게 양파 대신 밀농사와 양파·시금치·풋마늘 등 3기작 채소농사를 시작하면서 인생의 일대 전기를 맞았다. 양파농사도 시원찮고 유통사업도 재미를 못 봐 6억원이 넘게 빚을 졌지만 그간 익힌 새로운 농법과 마케팅 전략을 실천한 수년간의 농사로 결국 다 갚게 되었다. 이를 계기로 나는 우리 지역에 순환농업이 필요함을 절감했고, 그때부터 집 근처에 있는 목포대학에 나가 농업 공부를 시작했다. 7년의 농업 마이스터 대학 과정과 농업 최고경영자 과정, 마케팅 교육 등 배움의 길을 지금까지 이어가고 있다. 돌이켜보면 평범한 시골 농부가 영농 문제를 해결하기 위해 배움의 현장을 찾는다는 것 자체가 당시로서는 흔히 보기 힘든 결정이었다. 하지만 나는 스스로를 '공부하는 시골 농부'라고 격려하며 배움을 계속했고, 새로운 영농기술과 선진적인 사례를 접할 수 있었다. 사업 실패와 이로 인한 배움이 지금의 나를 있게 해준 원동력이었다.

무안을 '우리밀 메카'로

▲ ▼ ▲

내친 김에 몇몇 농가와 함께 33ha(약 10만평)에 밀과 메밀을 이어짓기하는 농업공동체를 결성해 밀농사 확대에 나서면서 밀농사와 나의 본격적인 동행이

청계농협 조합장실은 이처럼 밭작물 공동경영체 육성을 위한 열띤 워크숍 자리가 되곤 한다.

시작됐다. 2015년 조합장이 되면서 양파 대신 밀을 기계화해 대규모로 집단 경작하는 새로운 꿈을 펼칠 기회가 왔다. 광주광역시 광산구에 있는 우리밀농협 조합장이 밭작물규모화사업 공문을 들고 와 "함께 해보자"며 제안했고, 우리는 "무안을 우리밀 메카로 만들어보자"고 그 자리에서 의기투합했다.

2015년 사업을 따낸 우리 농협은 동참할 농가를 찾기 시작했다. 이미 밀 기계화 재배에 성공한 나의 사례를 알고 있는 농가들이 앞다투어 신청을 해왔고, 무안과 신안을 합쳐 213ha 규모의 밀 작목반을 무리 없이 구성해 계약재배를 마쳤다. 본래 10억원 규모의 지원 사업이었지만 파종기·선별기 구입, 건조라인과 보관창고 설치까지 기계화된 일관시설을 갖추는 데만 17억원이 들었다. 여기에 작목반 구성을 위한 교육과 선진지 견학 예산까지 합쳐 만만치 않은 추가 사업비가 들었다. 하지만 고맙게도 조합 이사회와 대의원회에서 적극 지지해주어 사업은 순풍에 돛 단 듯 진행됐다.

묵정밭에 순환농업 시범포 조성

2015년 조합장에 취임하자마자 직원들과 함께 지역의 묵정밭을 트랙터로 직접 갈아 2만 $6450m^2$(약 8000평)의 시범포를 조성하고 여기에 밀과 메밀을 이어짓기했다. 주말과 휴일도 잊고 개인 농기계까지 동원해 시범포를 가꿨다.

그동안 연속된 양파농사로 인해 산성화되었던 토양이 살아나는 토양개선 효과가 나타났다. 연작장해가 없어지면서 밀과 양파 이외에도 시금치와 같은 채소류를 이어짓기하는 순환농업이 가능해진 것이 가장 큰 성과였다. 이를 지켜본 농가들이 밭작물 규모화 사업에 속속 참여했다.

효과는 계속 이어졌다. 병충해가 줄어 약제를 덜 치게 되었고, 기계화로 인력난이 해소되고 인건비가 줄었다. 생산비는 적게 들고 소출은 높아진 데다 이어짓기도 하니 소득이 올라가는 것은 당연한 일이었다.

우리 농협은 2016년 규모화사업의 첫 결실로 800t의 밀을 수매했다. 40kg 한 가마에 4만 2000원씩 모두 8억 4000만원의 밀 수익이 발생했다. 2017년에는 350ha에서 생산한 1300t으로 수매량을 늘렸다. 우리 농협은 수매한 밀 전량을 업무협약을 체결한 우리밀농협으로 출하한다. 앞으로는 우리밀농협과의 연대를 통해 계약생산과 수급조절을 해나갈 계획이다. 또 밀 생산이 늘어날 때를 대비해 가공산업에 진출해 통합마케팅을 할 준비도 하고 있다.

꿈을 향한 끊임없는 도전

▲ ▼ ▲

나와 청계농협은 서두르지 않고 천천히, 그러나 단단하게 한 걸음씩 밀 산업을 이끌어갈 것이다. 밭작물 공동경영체 육성사업이 그 동력이 될 것이다. 또 메밀을 특화작목으로 육성, 강원 봉평농협과의 업무협약을 통해 전량 판매하는 계약재배 환경도 구축하고 있다. 그리하여 철저한 생산·품질 관리와 1차 가공으로 이곳 농업인의 안정적인 농가소득을 견인할 것이다. 또한 밀과 메밀로 함께 경관농업단지를 구축해 청계의 새로운 관광소득원으로 가꿔볼 꿈도 갖고 있다.

그동안 내가 공부한 것을 바탕으로 조건이 불리한 산비탈 묵정밭에 약용작물을 심어 틈새시장을 공략해볼 생각도 구체화하고 있다. 종자를 비가림 하우스에서 키워 12월과 이듬해 1월에 출하하는 새로운 잎마늘 농사도 성공을 앞

두고 있다. 이 모든 것이 청계 농업인의 희망이 되기를 소망한다. 관행농업과 뒤따라가는 안일한 농사로는 이 소망을 이룰 수 없다.

나는 끊임없는 연구와 변화만이 우리 농업인과 농협의 살 길임을 잊지 않고 황소처럼 새로운 도전을 해나갈 것이다. 나는 '시골농부 조합장'이다.

정도식 조합장
2015년 전남 무안 청계농협 조합장에 당선됐다(초선).
현재 한국마늘산업연합회 이사를 맡고 있다. 청계농협 감사, 청계초등학교 육성회장을 지낸 바 있다.

5장

문턱은 낮춘다, 혜택은 높인다

'긍정의 힘'으로
우리 농협 따뜻하게

김군진 조합장
제주 한경농협

"목욕탕부터 확 뜯어 고칩시다"
▲ ▼ ▲

"뜨거운 물이 안 나와요."
"옷장 문이 잠기지 않네요."
"물이 안 빠지는데 하수구가 막혔나 봐요."

조합장으로 취임한 후 늘 마음 한구석에 걸렸던 것이 있었다. 우리 농협의 목욕탕이었다. 우리 지역에는 사설 목욕탕이 한 곳도 없다. 농협이 운영하는 목욕탕이 유일하다. 이쯤 되니 목욕탕은 당연히 조합원과 주민들의 사랑을 듬뿍 받는 곳이 되어왔다. 귀촌 인구가 늘어나면서 이용객이 늘고 관광객의 수요도 적지 않았다. 하지만 2005년 준공하여 10년이 훌쩍 넘어서니 시설이 노후해 자주 고장이 났다. 공간도 협소하여 이용하기에 불편한 게 사실이었다.

자고 나면 이런저런 문제들이 계속 터져 나오는 목욕탕을 더 이상 두고 볼 수 없어 대대적으로 손을 보기로 마음먹고 직원들의 의견을 들어보았다.

"우리 목욕탕부터 확 고쳐봅시다."

"조합장님, 그 목욕탕이 워낙 낡아 손볼 곳도 많고, 규모도 확장하려면 돈이 수월치 않게 들어갑니다."

"얼마나 들까요?"

"대충 10억 정도 안 들겠습니까? 지금도 연간 3000만~4000만원 정도 적자를 보고 있는데 우리 농협이 감당이 되겠습니까?"

사실 직원들의 우려는 맞는 말이다. 나 또한 모르는 바 아니다. 하지만 복지사업은 농업인의 삶의 질 향상을 위해 우리 농협이 반드시 펼쳐야 할 일이라고 늘 생각해왔다.

오랜 고민 끝에 결국 사업 추진을 결심했다. 적자가 나더라도 농협이 이를 감내할 수 있다면 실천하여야 한다는 생각이었다.

경영 여건이 어려운 우리 농협이 약 10억원이라는 비용을 자체 자금만으로 마련하기는 버거웠다. 나와 직원들은 적극적으로 담당 공무원과 도의원들을 만나기 시작했다. 증축과 리모델링의 필요성을 여러 차례 설명하며 끈질기게 이해를 구하고 지원을 요청했다. 1년 6개월의 시간이 필요했다. 결국 필요한 자금의 50%, 4억 3000만원을 도비로 지원받기로 했다. 드디어 2017년 9월 5일 건축허가 승인을 받고 착공에 들어갔다. 3개월에 걸친 공사가 끝나면 깨끗하고 안락한 시설로 다시 지역 주민들에게 편의를 제공하고 조합원과 주민의 삶의 질도 한 차원 향상시킬 것으로 기대한다.

방과 후 공부방 '인기'

▲ ▼ ▲

우리 조합은 농촌 지역으로 아이들이 학원에 가기 위해서는 버스를 타고 한림으로 20여분을 나가야 한다. 그래서 저학년 어린이들은 혼자 갈 수 없어 동네 언니 오빠들과 같이 다니곤 했다. 또 대중교통을 이용해 다른 지역 학원을 이용하다 보니 교통사고와 학교 폭력의 위험에 쉽게 노출되기도 한다. 사정이 이렇다 보니 부모님들은 아이들 걱정에 영농에 전념하기가 어렵고, 학원에 가지 못하는 아이들은 방과 후 학교 주변 및 마을 주변에서 방치되곤 하였다.

더 이상 두고 볼 수가 없었다. 나는 농협 소회의실에 선생님을 초빙하여 방과 후 공부방을 개설하였다. 공부방은 관내 초등학생을 대상으로 연중 운영하는데 연 이용 인원이 500여명에 달한다.

아이들은 방과 후에 학교 버스로 우리 농협 공부방에 와서 선생님 지도 아래 공부도 하고 또래와 어울려 맘껏 즐겁게 놀기도 한다. 오랜만에 농촌에서 아이들 웃음소리가 들리고 있는 것이다. 부모들은 아이들 걱정 없이 영농에 전념하다가 저녁에 농사일을 마치고 목욕탕으로 씻으러 왔다가 아이들을 데리고 집

김군진 조합장(뒷줄 가운데)이 마련한 방과 후 교실은 조합원들이 자녀 걱정 없이 농사에 전념할 수 있게 했다.

으로 가는 효율적인 동선을 그릴 수 있게 되었다.

농협 하나로마트 운영 개선도 빼놓을 수 없다. 우리 농협이 하나로마트를 운영한 지는 10여년이 되었다. 하지만 그동안 경기가 침체되어 매출이 늘지 않았고 사업은 위축되어 있었다. 그러나 최근 귀농·귀촌 인구가 늘고 제주도 올레길이 열리면서 제주 읍면 지역에까지 관광객이 증가하고 있다. 자연스레 유동인구가 대폭 늘어나고 있다. 이런 현상을 보면서 하나로마트를 확대하기로 결심하였다. 먼저 하나로마트 옆 일반 창고로 쓰고 있던 공간을 하나로마트 매장과 연결하는 공사를 하여 대형매장의 면모를 갖추고 상품의 종류를 강화했다.

종전 430m^2(130평)이던 매장은 630m^2(190평)로 늘어났다. 거기에 신선한 수산물을 판매하는 수산코너와 분식코너를 신설하여 구색을 갖췄다. 새롭게 선보인 하나로마트는 관광객들과 귀농인 등 주민들에게 호응을 받으면서 매출도 꾸준히 증가하고 있다.

"꼭 필요한 일은 반드시 해낸다"

우리 한경 지역에서 생산되는 감귤은 당도가 높아 한때 일반 상인들이 서귀포감귤로 둔갑시켜 판매하는 일이 벌어지기도 하였다. 하지만 관내 농업인들이 고령화되었고 감귤 수확 시기가 월동채소 출하와 겹쳐 수확 인력 구하기가 어려워 대부분 농가에서 상인에게 밭떼기로 넘기고 있다. 안타까운 일이 아닐 수 없다.

농업인들의 소득을 증대시키는 것은 우리 농협이 해야 할 당연한 일이다. 나는 다시 한 번 주변의 반대에도 불구하고 큰 결심을 하게 되었다. 농산물산지유통센터(APC) 건설이다. 곧장 예산 확보에 나섰다. 제주도, 농림축산식품부, 농협중앙회, 제주시, 도의원, 국회의원 등을 찾아다니며 건립의 필요성을 설명하고 지원을 요청했다. 결국 국고 12억 6300만원, 도비 12억 6300만원을 확보하고 자부담 16억 8400만원을 투입하여 산지 APC 건립을 확정하였다. APC는 대지면적 7490m^2에 선과장 1953m^2, 저온저장고 205m^2, 기타 926m^2의 시설을 갖추고 2018년 1월 완공 예정이다.

APC가 완성되면 감귤, 특히 만감류 공선회를 새로 조직하고 우리 한경 관내에서 생산되는 감귤을 브랜드화하여 수탁판매 위주에서 매취판매로 전환, 농가가 안정적으로 소득을 올릴 수 있도록 할 계획이다.

주위의 우려와 걱정은 '성공의 채찍질'

▲▼▲

목욕탕 리모델링과 하나로마트 확장 사업 그리고 감귤사업 투자를 추진하면서 주변에서 많은 우려와 반대 의견에 직면했었다. "왜 적자사업을 확대하느냐" "한정된 관내 인구에 비해 너무 무리한 확장이 아닌가?" "감귤 투자는 너무 늦은 것 아닌가" 하는 것 등등이었다.

그러나 복지사업은 농업인의 삶의 질 향상을 위해 우리 농협이 반드시 펼쳐야 할 사업이고, 판매사업 역시 농업인의 소득 향상을 위해 농협이 책임지고 수행해 나가야 할 사업이라 생각한다. '선택'이 아닌 '필수'인 것이다.

이런 신념 속에서 주위의 여러 우려와 걱정은 사업을 반드시 성공시키라는 채찍질로 알고, 우리 농협 전 임직원과 함께 "내가 한다! 지금 한다! 최선을 다한다!"라는 캐치프레이즈를 내걸고 한발 한발 힘차게 실행해 나가고 있다.

한경농협은 농업인의 삶의 질 향상을 위해 주민 반대를 무릅쓰고 목욕탕을 리모델링하는 등 복지사업에 애쓰고 있다.

이러한 복지사업이 안정화되고 APC가 성공적으로 운영될 때 우리 한경 지역은 지금까지 가장 낙후된 지역이라는 오명에서 벗어나 농업인이 행복하고 젊은 농업인들이 되돌아와 농업을 하는 한 단계 발전한 지역이 될 것이다. 나는 그렇게 믿고 있다.

김군진 조합장
2015년 제주 한경농협 조합장에 낙선됐나(초선).
현재 신창중학교 총동창회장을 맡고 있다. 조합장 당선 전에 하귀농협 전무를 지낸 바 있다.

"농협서 농사 배우고 한국문화 알아가요"

박상철 조합장
전남 곡성 옥과농협

다문화여성 사랑방 '행복모음센터'

"시내에 볼일 보러 왔다가 잠깐 들러 사람들과 얘기를 나누고 갑니다."

2016년 4월 28일, 옥과농협 '행복모음센터'가 문을 열었다. 이곳은 다문화여성들의 사랑방이자 카페다. 차 한잔 값은 1000~2000원으로 카페 운영에 사용한다. 다문화여성들이 생산한 농산물도 팔고 있다.

다문화여성들로 구성된 봉사대도 있다. 다문화여성봉사단은 옥과농협이 실시하는 기초농업교육이나 1대1 맞춤형 농업교육 수료생들로 구성된다. 이들은 매달 한차례 모여 지역사회 봉사활동에 나선다. 홀로 사는 노인들에게 생강차를 만들어 전달하고, 연말엔 김장김치를 담가 나눠준다. '어버이날' 등 특별한

박성철 조합장(가운데)은 결혼이민여성의 자립에 도움을 주고자 활발한 지원사업을 펼치고 있다.

낮에는 노인정을 방문해 지역 어르신들과 즐거운 시간을 갖는다.

우리 옥과농협의 다문화여성 지원사업은 다문화여성들의 자립에 많은 도움을 주고 있다. 그들은 우리 농협이 실시하는 다문화여성 대상 교육을 받으며 한국사회에 그만큼 빨리 정착한다. "집에만 있었으면 지금까지 한국말을 하지 못했을 것"이라며 "옥과농협의 다문화여성교육에 참가해 실생활에 필요한 지식과 정보, 농업기술, 한국문화를 모두 배운다"고 이구동성으로 말한다.

우리 농협은 다문화여성이 한국 농촌의 미래를 책임질 것이라 판단하고 2008년부터 다문화여성교육을 실시하고 있다. 지금은 이들이 지역사회의 주축으로 성장해 일정한 교육 성과가 나오고 있는 만큼 앞으로 관련 교육을 더욱 다양화해나갈 계획이다.

다양한 프로그램으로 정착 도와

"농협에서 농사일도 배우고 요리도 배울 수 있어 좋아요."

'결혼이민여성 기초농업교육'은 옥과농협의 대표적인 다문화여성 지원사업이다. 농림축산식품부와 농협이 함께 진행하는 협력사업으로, 농사에 필요한 영농지식 습득과 현장 실습, 한국어 공부와 문화체험 등 다양한 프로그램으로 진행한다. 기초농업교육은 파종부터 수확까지 농작업의 전 과정을 체험할 수 있는 프로그램과, 한국 농촌에 안정적으로 정착할 수 있도록 돕는 내용으로 구성된다.

2016년에는 옥과농협 교육과정 후견인으로 활동한 신현옥 씨가 이민여성농업인 농업대학 관련 농식품부장관상을 수상하기도 했다. 그녀는 지금의 결혼이민여성 농업교육이 농사기술을 중심으로 하고 있지만, 후견인으로부터 한국 음식 만들기, 한국 문화와 풍습 배우기 등 다양한 교육을 받을 수 있어 실질적으로 '결혼이민여성의 한국 정착 프로그램'이나 다름없다고 평가한다.

다문화가정 여성을 위한 지원이나 행복모음센터 개설 등은 그동안 가부장적인 문화와 현실 속에서 뒤처져 있던 농촌여성의 지역사회 참여기회를 높이고, 농협 사업 이용을 적극적으로 도모하기 위한 일환이다. 우리 농협은 이 밖에도 주부대학, 실버대학, 취미교실 등을 운영하고 있으며, 외곽 조직으로는 여성산악회와 여성한마음봉사대를 결성해 여성 조합원의 건강한 활력을 통해 지

옥과농협은 다문화가족의 안정적인 정착을 지원하기 위해 결혼이민여성 기초농업교육을 실시하고 있다.

역사회에 봉사할 수 있도록 하고 있다.

또한 농가주부모임과 영농회, 부녀회 조직을 활성화해 협동조직의 선구자 역할을 할 수 있도록 적극적인 지원을 아끼지 않고 있다. 특히 전체 조합원의 45%를 차지하는 여성 조합원을 대변하고 지원하기 위해 여성 이사 4명이 농협 경영에 참여하면서, 앞으로 여성 조합원의 활발한 농협 사업 참여와 이용에 부응할 수 있는 계기를 마련했다. 현재 여성 이사들은 부드러운 리더십으로 조합 사업이 한결 원활하게 이루어질 수 있도록 하는 데 한몫 톡톡히 하고 있다.

농촌 복지는 농협의 몫

40년 넘게 농업협동조합에 몸담으며 '농촌 복지는 농협의 몫'이라는 마음으로 지금까지 임해왔다. 처음 조합장에 당선되고서 실시한 원로 조합원 건강검진이 본격적인 복지사업의 시작이었다. 2007년부터 500명을 시작으로, 2016년부터는 10주년을 맞아 이후부터 매년 600명으로 대상을 확대했다. 이같이 농업인 조합원 무료건강검진을 실시함으로써 조합원들이 보다 건강한 삶을 누릴 수 있도록 하고 있으며, 이는 우리 농협 복지사업의 원천이 되고 있다.

나눔경영과 봉사활동 실천은 지역사회의 활력소가 되고 있다. 우리 농협은 한마음봉사대를 결성해 홀로 사는 노인 및 취약계층 조합원에 대해 떡국 봉사, 물김치 봉사, 어버이날 행사, 복달임 행사, 송편 전달, 김장김치 전달 등 나눔과 봉사활동을 펼치면서 그들이 희망을 갖고 생활할 수 있게 하고 있다. 또한 임직원들은 매월 2회 이상 독거노인 및 취약계층 가정을 방문하고 있다. 다과 전달과 함께 말벗 해드리기, 그리고 제일 중요한 건강관리 상황을 파악해 수시로

도시에 나가 있는 자녀에게 연락하는 역할 등을 전개하고 있다.

"한 세대에 나무를 심으면 다음 세대는 그늘을 얻는다"는 격언을 실행하듯 취임 2년을 맞은 2008년부터는 지역 인재 육성에 남다른 관심을 가지고 매년 조합원 자녀를 대상으로 장학생을 선발, 대학생(100만원) 및 고등학생(50만원)에게 장학금을 전달하고 있다.

이는 조합원들의 자녀 학자금 부담을 덜어주는 동시에 농협에 대한 참여의식을 고취시키는 계기가 되고 있으며, 청소년들에게는 농협에 대한 고마움을 느끼며 평생 농협 고객으로 거듭날 수 있게 하고 있다.

열악한 문화환경, 농협이 보완

▲ ▼ ▲

또한 조합원이 사회적·문화적으로 소외되지 않도록 하기 위해 찾아가는 영화관 운영, 자매결연 의료단체와의 의료봉사, 조합장배 게이트볼대회 개최, 각종 지역문화행사 협찬 등을 실시하면서 농민 조합원의 곁에 한걸음 더 다가가고 있다. 이로 인해 농민 조합원은 농협을 내 이웃처럼 믿고 이용하고 있는 것이라고 생각한다.

이와 같이 농민 조합원이 건강한 삶의 질 향상과 폭넓은 복지지원 혜택을 누릴 수 있도록 하기 위한 가장 큰 밑바탕은 농협 경영의 성과라 할 수 있다. 경영자의 투명한 경영철학과 아울러, 취임 이후 현재까지 매년 주요사업이 지속적인 성장을 거듭하면서 일정한 경영성과가 이를 뒷받침해 주었기에 가능한 일이었다. 이는 곧 농협에 대한 농민 조합원의 적극적인 이용과 사랑이 있었다는 반증이기도 할 것이다.

농협의 기본 이념, 즉 농협이 존속해야 할 이유는 과연 무엇일까? 바로 조합원의 복지와 행복이 아닐까! 앞으로 우리 옥과농협은 조합원을 주인으로 섬기는 농협, 조합원을 품에 안을 수 있는 농협으로 더욱 성장해나갈 것이며, 항상 조합원 곁을 지켜드리는 든든한 농협으로 지속 발전해나갈 것이다.

박상철 조합장
2015년 전남 곡성 옥과농협 조합장에 당선됐다(3선).
농협중앙회 대의원, 농협중앙회 회원조합자금지원 및 고정투자심의회 위원, 전남농협인사업무협의회 의장, 농협케미컬 사외이사(2회), 농협케미컬 감사를 지낸 바 있다. 2012년 군민의상, 2014년 대통령표창을 수상했다.

이농심행以農心行
무불성사無不成事

박창수 조합장
경기 포천농협

편농(便農)을 책임지는 농협

▲ ▼ ▲

2017년 8월 경기 포천 어룡동 포천벌 상공에 드론이 모습을 드러내며 농약을 살포했다. 이날 드론을 이용한 항공방제의 성공으로 이제 농민들은 한여름 뙤약볕에서 농약을 치는 고통에서 벗어날 수 있게 되었다. 옛날 책에서만 보던 "비행기로 농약을 뿌린다"는 선진국의 영농 모습이 우리의 현실로 다가온 것이다.

드론을 이용한 항공방제는 이동과 보관이 쉽고, 전선 등이 있는 곳에서는 사용하기 힘든 무인헬기와 달리 농지가 있는 장소에 별로 제약을 받지 않는 장점이 있다. 무엇보다 드론 구입 가격이 2000만원 중반대로 무인헬기에 비해 무척 싸다는 것이 매력적이다.

사실 벼농사를 지으면서 가장 고통스러운 것이 농약 살포이고, 일손이 가장 많이 가는 것이 육묘 작업이다. 모내기와 수확작업은 과거에는 일손이 많이 들었으나 요즘은 농기계가 해결해주니 큰 문제가 되지 않는다.

우리 포천농협은 농약 살포 문제를 드론으로 해결해 조합원 편익증대에 큰 도움을 줬다. 육묘는 지난 2013년 관내 창수면에 준공한 자동화 육묘장을 통해 상당 부분 해결하고 있다. 672㎡ 규모의 육묘장과 252㎡의 녹화실을 갖춘 자동화 육묘장은 시비 1억 5000만원을 포함해 총 4억 5000만원을 들여 만들었다. 이곳에서는 대안 품종을 육묘해 연간 2만장 내외의 육묘판을 관내 고령 농가에 공급하고 있다. 워낙 인기가 좋아 전년도에 농협에 벼를 출하한 70세 이상 조합원을 대상으로 실비만 받고 공급하는데도 물량을 한 사람당 300장으로 제한해야 할 정도이다.

후농(厚農)을 실천하는 농협

영농의 어려움 못지않게 농민들의 애간장을 태우는 일은 생산한 농산물을 제때 제값을 받고 파는 일이다. 가격 진폭이 심한 농산물의 제값 받기는 농협이 그동안 많은 힘을 기울여왔음에도 아직까지 해결하지 못하고 있는 미완의 과제다. 이 복잡하고 어려운 과제를 우리 포천농협은 하나로마트와 경매식 집하장을 통해 해결하고자 노력하고 있다.

우리 농협은 본점을 비롯한 5곳에 하나로마트를 운영하고 있다. 특히 군내점, 신북점, 창수점, 덕둔점 등 4곳은 위탁방식으로 운영을 하여 수익성을 높이고 있다. 위탁관리인에게 운영 전반을 일임한 뒤 일정한 수수료를 주는 방식으로 운영함으로써 인건비와 관리비 등을 절감하고 있는 것이다.

본점의 경우 올해 개점 14주년을 맞아 전 조합원과 지역 고객, 시민을 모시고 잔치를 벌였다. 깜짝 노래자랑과 각설이 타령 공연을 진행하고 푸짐한 경품을 증정하여 지역사회와 상생하는 농협, 지역 주민과 함께하는 농협의 모습을 보여주고자 하였다. 또한 몇 년 전에 개장한 하나로마트 군내점 옆 $100m^2$ 규모의 '식사랑 농사랑'이라는 셀프식 정육식당은 지역 축산물의 소비 확대에 많은 기여를 하고 있다.

무엇이든 팔아주는 '산지집하장'

▲ ▼ ▲

하나로마트와 함께 농산물 판매의 첨병 역할을 하는 곳은 '포천농협 공판장'으로 불리는 경매식 산지집하장이다. 1985년 6월 개장한 산지집하장은 $1157m^2$ (350평) 규모로 4월부터 11월까지 토요일을 제외한 매일 저녁 경매를 실시하고 있다. 경매사 2명에 중매인은 40명이고, 하루 500~600건의 경매를 실시한다. 이곳에 출하하는 농민은 하루 150명 정도로, 포천은 물론 인근 연천·가평·양주·철원 등에서도 출하하고 있다. 산지집하장은 판매액이 매년 큰 폭으로 증가할 정도로 활성화되어 있다.

산지집하장의 장점은 무엇보다 거래 품목이나 수량에 제한이 없다는 점이다. 대규모 도매시장에서 취급하지 않는 품목이나 소량의 농산물도 모두 취급하기 때문에 소규모 농가나 고령 농가의 반응이 무척 좋다.

과문한 탓인지는 몰라도 수도권인 경기도에서 산지집하장을 운영하는 농협은 거의 없는 것으로 알고 있다. 서울의 도매시장보다 가격은 조금 낮게 형성

포천농협은 농산물 판매의 첨병 역할을 하는 산지집하장을 1986년부터 운영해오고 있다.

되지만 품질이 떨어지는 하품까지 다 팔아주기 때문에 농민들로서는 꼭 필요한 시설이고, 현재 농협중앙회가 추진하고 있는 농가소득 5천만원 달성에 기여하는 사업이기도 하다. 그러다 보니 지금까지 30년 이상 농민의 사랑을 받으며 운영되고 있는 것이라 생각한다.

상농(上農)의 길을 향한 노력들

다산 정약용 선생은 임금에게 다음과 같은 상소를 올렸다고 한다.

"농사를 짓는 수고로움은 많은데 소출(이익)이 적은 까닭에 농업을 하는 자는 나날이 비천하여집니다. 이 같은 연유로 농사는 더욱 거칠어지고 이런 악순환이 반복되는 농정 또한 소홀하여집니다."

다산 선생은 이 상소를 통해 3가지 근본 대책을 제시했다. "첫째는 편농(便農)으로 장차 농사를 편하게 짓게 하려는 것이며, 둘째는 후농(厚農)으로 농사를 지으면 이(利)가 있게 하려는 것이며, 셋째는 상농(上農)으로 농업을 올려 대우해 지위를 높여주려는 것입니다."

포천농협과 나는 적극적으로 조합원들을 보살피고 건강을 챙기는 복지사업을 잘하는 것이 상농(上農)을 실천하는 길이라 여기고 있다. 그래서 매년 '조합원 종합 무료 건강검진'과 '조합원 독감 무료 접종'을 실시하고 있다. 이와 함께 '건강증진을 위한 원로조합원 게이트볼대회'도 개최하고 있다. '조합원 종합 무료 건강검진'은 2010년부터 여의도에 있는 KMI(한국의학연구소)에서 하고 있는데 "좋은 시설에서 실력 있는 의사에게 검진을 받게 됐다"며 조합원들의 만족도가 아주 높다. 2017년에도 조합원 500명이 건강검진을 받았으며, 현재까지 3036명의 검진을 실시하였다. 또 2005년부터 조합원의 자녀교육비 경감 및 지역인재 육성을 위하여 매년 향토장학금을 지급하고 있다. 현재까지 대학 신입생 884명에게 6억 2100만원, 초·중·고생 681명에게 9500만원을 지원하였다.

'독감 무료 접종'은 2014년 관내 강병원과 업무협약(MOU)을 체결하고 정부에서 지원하는 65세 이상을 제외한 전 조합원을 대상으로 하고 있다. 올해도 1430명의 조합원이 접종을 마쳤다. 2017년 8월에는 조합원이 강병원을 이용할 경우 각종 의료지원 및 혜택을 볼 수 있도록 협약을 맺기도 하였다.

이 밖에도 우리 농협은 '전통장 체험'을 통해 사라져가는 전통문화 계승은

박창수 조합장(앞줄 왼쪽 세 번째)는 무료 종합검진 등 복지증진을 통해 상농(上農)을 실현하고자 한다.

물론 지역 농산물 판매 확대와 포천에서 나오는 우수농산물 홍보에 앞장서고 있다. 2017년 3월부터 10월까지 관내 청산슬둥우리(갈월리)에서 진행한 '전통장 체험'에는 농가고향주부모임 회원과 체험 희망 회원 100명이 참여해 전통적인 방식으로 된장을 담그는 체험행사를 하였다.

우리 포천은 남과 북이 대치하는 곳이라 항상 긴장감이 흐르고 군부대도 많이 주둔하고 있는 군사지역이다. 지역 주민들 중에도 6·25 참전 용사와 월남전에 참전한 국가 유공자들이 많고 이분들 중 상당수가 우리 조합원이다. 이분들을 위로하기 위해 포천농협은 매년 1000여명을 초청해 농협중앙회의 지원을 받아 문화공연과 함께 정성스런 선물꾸러미를 증정하는 등 세심한 배려를 아끼지 않고 있다.

나는 20여년간 농협 생활을 하였고, 포천 지역의 정당 사무국장과 국회 4급 보좌관으로 10여년간 활동을 하다가 2009년 포천농협 조합장이 되었다. 평생을 지역의 발전을 위해 일하고 농협에서 협동조합운동을 하면서 터득한 것은 '이농심행(以農心行) 무불성사(無不成事)'라는 말이다. "농부의 마음, 즉 성실과 정직으로 행하면 이루지 못할 것이 없다"라는 뜻이다. 그리고 이런 마음가짐으로 다산 선생의 삼농(三農) 정신이 우리 포천농협에서 구현되도록 최선을 다하고자 오늘도 다짐을 한다.

박창수 조합장
2015년 경기 포천농협 조합장에 당선됐다(2선).
현재 농협재단 감사. 버섯전국협의회 회장을 맡고 있다. 국회 4급 보좌관을 지낸 바 있다.

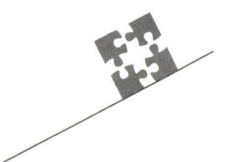

국민의 농협!
지역민의 농협!

서정태 조합장
경남 창원 진동농협

면사무소보다 친근한 농협

최근 우리 진동농협 관내는 아파트가 들어서는 등 주거환경이 도시화되면서 젊은 층 유입이 늘어나고 있다. 농촌농협에서 도시농협으로 가는 과도기로 진입한 것이다. 태어나고 자라 사업을 일구고 현재 조합장이 되기까지 진동면을 벗어난 적이 없는 나는 진동면의 이런 변화가 그리 달갑지만은 않다. 무엇보다 농사지을 농토가 없어지는 게 아쉽다. 이럴 때일수록 농민의 마음을 헤아려 보듬고 뒤치다꺼리하는 것이 조합장의 역할이라고 스스로 생각해본다.

'국민의 농협!' 농협중앙회의 슬로건이다. 지역농협의 조합장으로서 나는 이것을 '지역민의 농협!'이라고 부르고 싶다. 그래서 우리 진동농협 본점 앞에는 이 같은 슬로건이 걸려 있다.

'지역민과 함께하는 농협!'

나는 우리 농협이 창원시 마산합포구 진동면의 변화와 특성을 반영하는 농협이 되어야 한다고 믿는다. 진동면 인구는 2016년 기준 1만 3000명, 조합원 1495명, 준조합원이 9600명이다. 지역민 모두 농협을 이용하고 있다고 해도 과언이 아니다. '면사무소보다 친근한 농협'이라는 말이 생겨났을 정도다.

농가 전기안전 점검으로 화재 예방

▲▼▲

나는 마을 노인정에 가면 냉장고를 열어보고 어르신들이 뭐 필요한 게 없는지부터 살핀다. "지지직" 소리를 내는 텔레비전도 유심히 보고, 얼룩덜룩한 벽면도 만져본다. 그리고 필요하면 농협과 마을이 절반씩 부담해 가전제품과 비품을 교체한다. 남들은 '꼼꼼한 조합장'이라고 하지만, 이것이 봉사조합의 자세라고 생각한다. 아마 진동면 마을회관이나 노인정에 농협이 지원하지 않은 가스레인지나 냉장고는 없을 것이다.

농기계수리 서비스 현장을 둘러보는 서정태 조합장(맨 오른쪽). 노인정에 가서도 냉장고부터 열어보는 '꼼꼼한 조합장'이다.

농촌에 손길이 필요한 구석이 의외로 많다. 하지만 꼼꼼히 챙기지 않으면 보이지 않는다. 나는 농민들이 힘들게 일군 삶을 한순간에 날려버리는 화재가 늘 안타까웠다. 그래서 2015년부터 매년 농가 시설 전기안전점검을 우리 농협이 나서서 진행하고 있다. 2년 연속 화재대비 전기안전점검을 펼친 이후 현재까지 화재가 한 건도 접수되지 않았다.

여기에 그치지 않고 2016년 마산소방서 삼진119안전센터와 공동으로 조합원 1400세대에 소화기를 보급하였다. 진동농협 창립 46주년 기념품을 소화기로 대체했던 것이다. '1주택 1소화기 갖기' 운동을 벌이며 가가호호 방문해 소화기 사용법을 안내하고 소방안전교육도 실시하였다. 실제로 한 조합원 농가에서 화재가 발생하였는데, 이렇게 보급한 소화기 덕택으로 화재를 조기에 진화할 수 있었다.

농약병 수거사업도 보다 효율적으로 실시하고 있다. 직원과 머리를 맞대고 대책을 강구한 끝에 농협에서 직접 수거하기로 한 것이다. 수거차가 가기 하루 전날, 마을 이장에게 농약병을 한곳에 모아놓으라는 방송을 해달라고 요청하고 농협 직원이 가서 거둬들였다. 사소한 일 같지만 농민의 안전과 진동면 환

진동농협은 '지역민과 함께하는 농협'이라는 슬로건을 내걸고 다양한 봉사활동을 펼치고 있다.

경을 위해 우리 농협이 이렇듯 구심점이 되어야 한다고 믿는다.

요즘엔 타지로 나간 자식들이 바쁘단 이유로 부모 생일상 차리기에 소홀하다. 그래서 생일을 맞는 연로한 조합원들에게 잡곡과 미역 등을 챙겨드린다. 그러면 "농협에서 자식도 안 챙기는 생일상을 차려준다"고 좋아하신다. 이런 세심함이 조합원과 지역 주민들에게 감동을 주고, 이들을 농협의 적극적인 동조자로 만들어주고 있다.

각종 이벤트로 지역 주민과 밀착

2015년 전국 농협하나로마트 선도조합협의회 정기총회에서 최우수 마트상을 수상한 일이 아직도 기억에 남는다. 가격 부담은 내리고 고객 만족은 올린다는 슬로건 아래 다양한 경영방침을 강구하고 실천한 결과를 인정받은 것이다. 조합원과 농민들이 생산한 토마토·새송이버섯·매실·파프리카·무화과 등을 현지에서 직접 구매하고, 중간 유통과정을 거치지 않고 판매함으로써 신선한 농산물을 저렴하게 공급한다는 것이 핵심이다. 말이 쉽지 많은 우여곡절이 있었고 난관도 적지 않았지만 지금은 농민들도 직원들도 척척 알아서 잘할 정도가 됐다. 완전히 정착한 것이다. 또한 주말을 '한우잡데이'로 지정해 매장에서 직접 부위별로 가려내 판매하였다. 신선한 고기를 저렴하게 판매한다는 입소문이 퍼지면서 많은 고객들이 매장을 찾고 있다.

농산물 홍보에 지역축제만큼 좋은 행사도 없다. 우리 농협은 2013년부터 매년 창원진동미더덕축제 현장에 부스를 마련하고 새송이버섯과 토마토를 판매하였다. 미더덕축제가 수산물 축제이기는 하지만 방문 연인원이 30만명에 달할 정도로 찾는 사람이 많기에 농산물 홍보효과가 쏠쏠할 것이란 판단에서였다. 이 전략은 맞아떨어져, 행사가 끝나고 창원·부산 등지의 식당들로부터 새송이버섯과 토마토 주문이 쇄도하였다.

적극적 홍보와 다양한 문화행사

▲▼▲

나는 농협에서 하는 일들을 적극적으로 홍보해야 한다고 생각한다. 그래야 지역사회의 협력을 이끌어낼 수 있고, 조합원은 물론 고객과 지역 주민 모두에게 타 금융기관보다 친밀한 이미지를 심어주는 효과도 있다. 지역민을 위한 행사가 그 역할을 톡톡히 해낸다. 농촌 현실이 어디나 비슷하겠지만 우리 지역도 고령인구가 절반을 차지한다. 도시에 나가 제대로 된 극장에 가서 공연 및 영화 관람을 즐기기에는 불편함이 많다. 그래서 농협중앙회에서 지원하는 연극 공연 및 영화 상영을 적극적으로 유치하기로 하였다. 마을별로 차량을 지원하여 나이 많은 어르신들도 편하게 관람할 수 있도록 하였다.

2017년 가을이 깊어가던 어느 날, 우리 관내 진동종합복지관에서는 남사당놀이 공연이 한창이었다. 복도까지 가득 메운 조합원과 주민 등 500여명은 남사당놀이 '박첨지는 누구? 여긴 어디?' 공연에 박수를 치면서 흥겹게 공연을 관람했다. 이날 공연에선 합천 대야성국악경연대회에서 은상을 수상한 우리 진동농협 풍물패가 한껏 흥을 돋우기도 했다. 2016년 겨울에는 문화체육관광부와 협력해 마당극 '빵파전'을 선보였다.

"마당극이 이렇게 재미있는 줄 몰랐어. 진동농협이 다음에 또 좋은 공연을 보여주면 좋겠어."

우리에게 익히 알려진 심청전을 소재로 뺑덕어미의 얕은 속셈과 심 봉사의 하소연을 구수한 전라도 사투리로 풀어낸 공연을 보고 난 뒤 진동면 사동리에 사는 한 할머니가 내 손을 꼭 잡고 들려준 말이다. 우리 농협은 이렇게 특별한 문화행사나 공연이 없는 관내에 주민들이 모처럼 웃고 즐기면서 행복한 시간을 보낼 수 있는 문화공연을 수시로 유치하였다.

치열한 경쟁 속에서도 지역민이 믿고 찾는 농협으로 거듭나는 비결. 그것은 바로 농촌에 대한 애정, 조합원에 대한 관심, 지역에 대한 헌신이라고 나는 믿는다.

서정태 조합장
2015년 경남 창원 진동농협 조합장에 낭선됐다(2선).
현재 농민신문사 이사, 경남수출농협협의회 회장을 맡고 있다.
농협중앙회 대의원을 지낸 바 있으며, 국무총리상(2017년)을 수상했다.

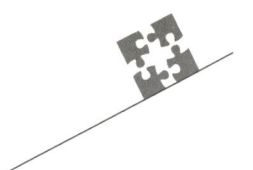

아름다운 동행을 위하여

송영조 조합장
부산 금정농협

도시농협 조합장의 고뇌

나는 도시농협 조합장으로서 전국 농협 내의 여러 활동을 통해 농촌농협과의 상생에 대해 많은 고민을 했다. 조합장들과 함께하는 자리에서 농촌농협의 어려움과 당면과제에 대해 이야기하며 밤을 지새우기가 수차례였다.

그때마다 느끼는 것은 조합원들이 힘들게 생산한 농산물을 판로를 찾지 못해서, 혹은 일반 중간상인들의 장난질 때문에 제대로 보상해주지 못하는 농촌형 농협 조합장들의 고민이었다. 이를 통해 도시형 농협의 조합장으로서 상생의 길은 무엇인지, 나 자신과 우리 직원들은 어떠한 사명으로 임해야 하는지 깊이 생각하게 되었다.

우리 농협은 도농상생을 위해 전국 22곳의 농협과 자매결연을 하고 함께 사업을 영위해가고 있다. 도시농협으로서 농촌농협에 보탬이 되고자 직원들과 더불어 '농산물 팔아주기 운동'을 벌이고 있다. 134명의 직원들이 앞장서서 연간 고추를 개인당 120kg(200근)씩 팔고 있으며, 2016년에는 내부 조직(부녀회, 여성대학)과 함께 3만 420kg(5만 700근)의 고추를 판매했다.

물론 1인당 120kg을 판매하는 것이 쉬운 일은 아니다. 더군다나 요즘같이 식생활이 서구적으로 변화하는 시기에는 더욱 그렇다. 이는 농촌농협을 위해 열심히 임해주고 있는 직원들이 있어 가능한 일이다. 조합장으로서 농업·농촌을 위해 애쓰는 직원들에게 항상 고마운 마음을 가지고 있다.

농협이 우리 농산물의 유통주체로서 굳건히 서려면 농촌 지역 농협은 수집기능을, 도시 지역 농협은 소비기능을, 중앙회는 분산기능을 수행하도록 역할을 조정해야 한다. 다행히 우리나라는 국토 면적이 그리 넓지 않으면서 도로와 항만시설이 잘 정비되어 있고, 지역마다 대도시가 있어 도시 지역 농협이 소비기능을 수행하기 위한 여건이 좋은 편이다. 이에 가격결정·위험관리·관측 등의 유통조성 기능과 유통채널 다양화에도 도시 지역 농협과 중앙회가 힘써야 할 것이다.

누구나 이용할 수 있는 휴양시설

대한민국 농협의 근간이 되는 농협법 1조에는 "이 법은 농업인의 자주적인 협동조직을 바탕으로 농업인의 경제적·사회적·문화적 지위의 향상과 농업의 경쟁력 강화를 통하여 농업인의 삶의 질을 높이고, 국민경제의 균형 있는

송영조 조합장(서 있는 사람 앞줄 왼쪽 세 번째)이 직거래장터에서 건고추를 손질하는 여성대학 회원들을 격려하고 있다.

발전에 이바지함을 목적으로 한다"라고 명시되어 있다. 조합장이 되기 전부터 나는 조합원의 실익증대에 대해 관심이 많았지만, 이에 못지않게 농업인, 즉 조합원의 사회적·문화적 지위 향상에도 많은 관심이 있었다. 특히 힘들게 사시사철 농작물에만 매달려 문화생활을 즐기지 못하고 여행 한 번 제대로 가지 못하는 조합원들을 볼 때마다 안타까운 마음뿐이었다.

이런 마음에서 우리 금정농협은 경북 영덕에 위치한 고래불리조트를 인수해 조합원뿐 아니라 원하는 분이라면 누구나 이용할 수 있도록 휴양시설을 마련해놓았다.

처음 이곳을 인수해 조합원을 위한 리조트를 운영한다고 했을 때 몇몇 조합원들은 "그렇게 먼 곳에다 리조트를 지으면 조합원이 어떻게 이용하느냐?"며 불만을 토로하기도 했다. 하지만 6년여가 지난 지금 그때 탐탁하지 않게 말씀하던 조합원들이 한번 다녀오고 나서는 "바다가 바로 앞에 있어 경치가 참 좋고, 우리 농협이 운영하는 곳이라 더욱 정이 간다"며 주위 사람들에게 홍보도 앞장서 하고 있다.

또한 우리 조합에서는 1년에 한 번 70세 이상 원로 조합원들을 모시고 경로

행사를 하고 있다. 우리 금정농협이 자산규모 1조원 이상, 7년 연속 자산건전성 최우수 사무소, 7년 연속 상호금융대상 및 우수상·장려상 수상 사무소로 성장할 수 있었던 것은 다름 아니라 훌륭하신 선대 조합장들과 200여명 원로 조합원들의 피땀 어린 노고가 바탕이 되었기에 가능했다.

그분들의 희생이 없었다면 어찌 지금의 금정농협이 있었겠는가. 이에 원로 조합원들을 모시고 저간의 안부도 여쭙고, 정성 들여 준비한 음식과 사은품을 대접함으로써 그동안의 노력에 대해 감사의 마음을 전하고 있다.

새싹들에게 바른 먹거리를

나는 비록 산지농협 조합장은 아니지만, 서구식 식생활로의 변화와 방부제 덩어리인 저가의 수입농산물 속에서 어떻게 하면 자라나는 새싹들에게 우리의 농산물을 안전하게 공급할 것인지에 대해 항상 고민해왔다. 그래서 생각한 것이 친환경농산물급식지원센터이다. 일부 지역민과 조합원의 반대도 있었지만, 끝까지 설득하고 교육한 결과 뜻을 이룰 수 있었다.

부산시와 금정구에서 16억원을 지원받고 우리 농협에서 25억원을 들여 총 41억원을 투자해 부지 7930㎡(2400여평), 건물 2410㎡(730평) 규모의 친환경농산물급식지원센터를 2017년 6월 문을 열었다. 친환경농산물급식지원센터는 앞으로 부산 지역 5개구 85개 초등학교 4만여명의 학생들에게 친환경농산물을 공급할 예정이며, 현재는 초등학교 68개교, 중학교 14개교 등 총 82개 학교와 계약을 맺고 친환경농산물을 납품하고 있다. 학생들에게는 안전한 우리 농산물을, 농민들에게는 안정적인 판로를, 지역사회에는 친환경적인 환경을 제공하기 위해 마련된 친환경농산물급식지원센터는 농협의 근본적인 사업목적에도 부합한다.

자라나는 어린이와 청소년에게 안전한 친환경 먹거리를 제공하면서 농협의 이미지를 제고하는 한편, 우리 농산물을 안전하게 판매할 수 있는 판매처로서 우리 조합원뿐만 아니라 전국 조합원들의 실익증진에 조금이나마 이바지할 수 있다는 사실에 가슴 뿌듯할 뿐이다. 한때 반대했던 조합원들도 이제는 우리 농협의 취지에 공감하고 열성적으로 협조하고 있다.

농협의 주인은 조합원이다

▲▼▲

"농협은 경제적 약자인 농업인들이 스스로 경제적·사회적·문화적 지위를 높이기 위해 만든 조직입니다. 여러분이 바로 금정농협의 진정한 주인입니다. 조합원으로서 주인이 된 권리를 마음껏 누리고 의무를 다하셔야 여러분과 농협이 함께 발전할 수 있습니다."

나는 신규 조합원 교육에서 항상 이렇게 '조합원의 주인의식'을 당부하곤 한

금정농협은 직거래장터 등 도농상생을 위한 다양한 활동으로 지역민의 호응을 얻고 있다.

다. 지난 40여년간 농업과 농협에 몸담아오면서 수많은 어려움이 있었지만, 농업·농촌의 현실은 갈수록 어려워지고만 있다.

그나마 형편이 나은 도시농협으로서 농업·농촌을 도울 수 있는 길은 생산지 농협에서 출하한 농산물과 가공품을 보다 많이 판매할 수 있도록 노력하는 일이며, 이는 결국 농업인의 실익증대로 이어지는 '도농상생의 길'이라 생각한다. 나와 우리 금정농협 임직원들은 합심하여 그 뜻을 이루어가고자 한다.

송영조 조합장
2015년 부산 금정농협 조합장에 당선됐다(4선).
현재 농협하나로마트선도조합협의회 회장, 농협유통 이사 및 감사위원장을 맡고 있으며, 농민신문사 이사를 지낸 바 있다. 농협중앙회 우수경영자상(2014년), 대통령 표창(2011년)을 수상했다.

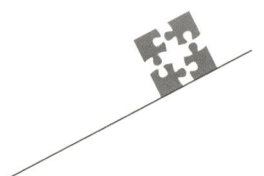

기쁨은 나눌수록 커진다

안병안 조합장
경기 안산 군자농협

우리 군자농협 관내에는 대부도라는 유명한 섬이 있다. 대부도는 섬의 특성상 일반적인 농업지역과는 다른 성격을 가지고 있는데, 조합장으로서 취임 초기부터 이 부분에 큰 관심을 기울이게 되었다. 그중 대부지역 특산물인 포도에 대한 애정은, 어떻게 하면 이 특화상품을 더욱 활성화시킬 수 있을까를 고민하는 계기가 되었다.

"이미 '대부도포도'는 전국적으로 유명한 데다 서해바다의 해풍과 최적의 일조량으로 그 풍미가 최고인데 무엇을 더하겠다는 것이냐"는 반문이 있었지만, 나의 생각은 조금 달랐다. 브랜드라는 것은 관리하기에 따라 그 수명이 단축될 수도 있고, 반대로 단순한 상품을 넘어 그 지역을 떠올릴 때 가장 먼저 생각나는 그런 가치를 지닐 수도 있기 때문이다.

대부포도의 자랑 '잎맞춤 공선출하회'

무엇을 할 수 있을까. 많은 고민 끝에 품질 좋은 상품을 자신 있게 선보일 수 있는 공선출하회를 떠올리게 되었다. 때마침 농협경기지역본부에서 '잎맞춤 포도'라는 포도 관련 대표 브랜드를 추진 중이어서 이에 맞춰 공선출하회 사업에 적극 나섰다. 하지만 공선출하회 조직은 그리 간단한 문제가 아니었다. 소요되는 경비는 차치하더라도 우려의 소리가 높았다.

더욱이 우리 관내에선 공선출하회를 조직해본 경험이 거의 없어 부정적인 목소리가 제법 높았다. 공선출하는 회원 상호간, 농협과 참여 조합원 간의 신뢰가 생명인데 아직 그런 신뢰의 기반이 구축되어 있지 않았다. 또한 대부도포도는 이미 맛있다는 입소문을 타고 잘 팔리는 인기 상품이어서 공선출하의 필요성을 실감하지 못한 조합원이 더 많았다. 그 내면에는 부족할 것 없는 현실에 대한 안주와 나의 이익을 남과 나누기 싫다는 이기주의가 자리 잡고 있던 것 또한 사실이다.

"조합장이 일을 너무 크게 벌린다."

"지금도 판매가 잘되고 있는 포도에 왜 자꾸 투자를 하겠다는지 모르겠다."

"나는 잘하고 있는데 타 조합원과 같이 이익을 나누고 싶지 않다."

조합원들 사이에서 불만의 소리가 쏟아져 나왔다. 그러나 나는 조합장으로서 모든 조합원의 공동 이익과 발전을 가장 소중한 가치로 삼고 일해왔다. 그리고 이러한 가치를 가장 잘 구현하고 있는 것이 공선출하회이기에 '왜 공선출하회인가'를 적극 홍보하고 나섰다. 물론 조합원 입장에서는 미덥지 못하고 걱정스러운 점이 있는 것도 사실이지만 장기적으로 볼 때는 반드시 필요한 사업이었기 때문이다.

나를 비롯한 간부직원, 실무직원은 인근 지역 포도 공선출하회를 방문하여 실태조사를 하였고, 해당 농협의 노하우를 전수받기 위해 여러 조합장을 개인적으로 만나기도 하였다. 그리고 포도농가를 방문하거나 영농회장 회의 등에서 공선출하회 조직의 필요성을 거듭 설명하고 이해를 구했다.

시행착오도 있었지만 2017년 현재 우리 대부도포도 공선출하회는 관내 대표적인 공선출하회로 육성되었고 매년 꾸준히 성장 중이다. 일반 공판장과 소매로 한정되던 우리 대부도포도의 판매처를 공선출하회 조직 후 이마트 등 대형마트로 확대하고 전국에 그 우수성을 알리고 있으니 얼마나 보람된 일인지 모른다.

영농자재 지원카드로 '윈윈'

▲ ▼ ▲

나는 조합원이 흘리는 땀을 닦아주고 노고를 덜어주는 것이 우리가 해야 할 일이라고 생각한다. 그러나 아무리 농협이라도 육체적으로 일손을 거드는 것은 한계가 있다. 그래서 우리 농협은 농업 경영비를 절감할 수 있도록 지원하는 것이 조합원을 돕는 가장 효율적인 방법이라고 생각했다. 작은 부분이나마 농가 지출에 도움이 되도록 전 조합원을 대상으로 액면가 10만원 상당의 영농자재 지원카드를 지급하게 되었다. 일손 확보 등에 어려움이 더 큰 원로 조합원에겐 15만원짜리 카드를 추가로 지원하였다. 개개인으로 보면 소액이지만 전체로 볼 때는 큰 지출이 필요한 사업이기에 농협의 경영을 책임지는 조합장으로서는 심사숙고하지 않을 수 없었다.

안병안 조합장이 군자농협 독신품인 '대부 잎맞춤포도' 초매식에 참석해 조합원들을 격려하고 있다.

흔히들 "쓰는 것은 쉬우나 쓰던 것을 줄이는 것은 어렵다"고들 한다. 그러나 줄일 수 있는 것은 과감하게 줄일 줄 아는 결단이 조합장에겐 필요하였다. 영농자재 지원카드 발급을 놓고 직원들과 수차례 논의하였다.

"어떻게 하면 조합원 개개인에게 혜택을 효율적으로 줄 수 있을까?"

"우리 농협 경영 전반에 있어서 혹시나 이로 인해 발생할 손실은 없을까?"

장기간 분석하고 수정하기를 수십번 하였다. 그 결과 우리 농협 경제사업장에서만 쓸 수 있는 영농자재 지원카드를 보급하는 것이 농협과 조합원이 윈윈(win-win)하는 방법이라는 결론을 내리게 되었다. 이는 조합원에겐 영농에 필요한 자재를 지원하는 효과가 있으며, 각 경제사업장엔 매출액 감소가 발생하지 않는 장점이 있다.

물론 일부 조합원들은 경제사업소에서만 사용할 수 있다는 것에 대해 불만을 표시했지만, 지속적으로 홍보하고 경제사업 이용의 필요성을 인식시켜 현재는 이러한 지원 시스템이 잘 가동되고 있다. 또한 환원사업 등 보조사업의 지원비율을 늘려 비료와 농약의 경우 70% 보조사업을 진행 중에 있다.

'관심'과 '고마움'의 선순환

▲ ▼ ▲

복지가 제대로 갖춰진 국가는 쉽게 무너지지 않는다. 복지라는 것은 나 하나만의 노력만으로 이루어지는 것이 아니라 구성원 모두가 조금씩 희생하여 부족한 부분을 나누는 일이기 때문에, 이런 시스템이 제대로 갖춰질 경우 그 공동체는 더욱 공고한 성과를 낼 수 있다. 우리 농협도 하나의 공동체이기 때문에 구성원인 조합원의 복지 향상은 조합장으로서 먼저 고려해야 할 주요 업무 중의 하나라고 생각한다.

우리 군자농협은 예수금 1조원 이상을 보유한, 경기도권에서도 손꼽히는 우수 선도농협이다. 받은 만큼 돌려드리기 위해 일반 고객 대상 사회환원 사업도 적극 추진하는 가운데, 안으로는 조합원 복지 향상에도 힘쓰고 있다. 조합원 자녀가 진학할 때에는 입학 축하금을, 애사 때에는 장례용품을 지원하고 있다. 또한 격년제로 15만원 한도에서 건강 검진비를 지원하여 조합원의 건강관리에 도움을 주고 있다. 이는 조합원의 애경사에 대한 우리 농협의 관심 표현이고, 조합원이 이러한 관심에 고마운 마음을 가지면서 우리 농협 사업 이용에 더욱 적극적으로 참여하는 선순환을 일으키는 작은 불씨이기도 하다. 기쁨은 나눌수록 커지고 슬픔은 나눌수록 작아진다는 생각이 우리 농협인들 마음엔 항상 가득해야 한다.

타 업종과 달리 우리 농협에는 지역색이 강하고 폐쇄적이라는 부정적인 인식이 존재한다. 하지만 바꿔 생각하면 모두가 이웃사촌이며 서로 돕고 나눠야 하는 구성원이란 말이기도 하므로, 이러한 농협만의 특징은 오히려 장점으로 부각될 부분도 많다. 함께 나누는 마음은 농협인이 가져야 하는 기본적인 덕목

군자농협은 자녀 장학금과 건강 검진비 지원, 영농자재카드 지원 등 조합원 복지향상에 힘쓰고 있다.

임을 매번 직원들에게 강조하는 것도 이 때문이다.

우리 농협에선 또 농업경영체에 등록된 조합원들에 대하여 '농업인안전보험' 가입을 매년 지원하여 농사 중에 발생할지도 모르는 사고에 대한 예방과 대처를 돕고 있는데, 조합원의 호응이 크다.

비영농철인 겨울에는 조합원들이 편히 쉴 수 있도록 인근 경로당에 유류비를 지원하고 있는데 이 역시 효과가 크다. 경로당은 비조합원도 같이 이용하는 시설이기에 사회환원의 의미도 있다. 유류비 지원만으로도 따뜻한 아랫목에서 내년 농사를 준비하며 담소를 나누는 자리가 마련되고, 그 자리에 가끔 조합장이 참석하여 지역의 소소한 애로사항을 들으며 조합원에게 한걸음 더 다가서는 자연스런 계기가 되기도 한다.

앉으나 서나 자나 깨나 조합원 생각

조합장이 되고 나서 나는 모든 우선순위를 조합원에 두고 있다. 모든 업무는 조합원의 입장에서 생각하는 것에서 출발한다. 이는 내가 조합원이어서도 아니고, 조합원이 나를 뽑아주어서도 아니다. 농협의 뿌리는 조합원이고, 그 조합원들이 십시일반 힘을 모아 이뤄낸 것이 현재 우리 농협이기 때문이다. 장성한 자식이 부모를 공양하듯, 튼튼한 기반을 다진 우리 군자농협은 부모인 조합원에게 실익을 듬뿍 안겨줘야 한다. 그것은 마음에서부터 우러나와야 되는 일이다. 그렇기 때문에 나의 머릿속에는 '앉으나 서나 자나 깨나 조합원 생각'으로 가득 차 있다. 아마도 이런 집착은 조합장 임기 동안 계속될 것 같다.

안병안 조합장
2015년 경기 안산 군자농협 조합장에 당선됐다(3선).
현재 농민신문사 대의원을 맡고 있다.

고령화된 조합원
건강돌봄이 자처하다

안종열 조합장
경기 하남 서부농협

갑작스런 투병으로 얻은 값진 교훈

지금 나는 제2의 인생을 살고 있다고 생각한다. 서부농협 초이지점장으로 일하던 지난 2010년 갑자기 찾아온 심근경색으로 쓰러졌다. 천만다행으로 골든타임을 놓치지 않고 병원에 도착했고, 심장 수술을 통해 가까스로 생사의 고비를 넘길 수 있었다. 만약 골든타임을 놓쳤더라면, 제때 수술을 받지 못했더라면…. 생각만 해도 끔찍하다. 하지만 그게 끝은 아니었다. 수술 때문에 면역력이 떨어졌는지 대상포진이라는 병이 또 찾아왔다. 피부에 생긴 조그만 수포가 점점 커지면서 엄청난 가려움증과 몸이 쪼개지는 것 같은 통증이 수반되는 무시무시한 병이었다.

심근경색과 심장 수술, 이어진 대상포진 투병으로 큰 충격을 받았다. 나름 건강에는 자신 있다고 자부하며 평소 건강관리에 소홀했던 것이 몹시 후회되었다. 그 일을 계기로 병이 찾아오기 전 미리 철저하게 건강관리를 하는 일이 무엇보다도 중요하다는 교훈을 얻었다. 지난 2015년 3월, 30여년의 농협 생활을 마치고 명예퇴직을 하면서 큰 뜻을 품고 서부농협 조합장 선거에 입후보하여 당선되었다. 내가 내건 공약 가운데 가장 신경 쓴 부분은 조합원의 복지 지원이었고, 특히 어떻게 하면 조합원의 건강관리에 실질적인 도움을 줄 수 있을까 고민을 많이 했다. 직접 투병하면서 얻은 값진 교훈 덕분이었다.

조합원 복지의 핵심은 건강관리

▲▼▲

경기도 하남은 내 고향이자 생활 터전이다. 이 고장에서 태어나고 자랐으며, 여기서 학교를 다니고 이곳 농협에서만 30년 넘게 직장생활을 했다. 조합원 한 분 한분이 모두 가까운 이웃이고 선후배들이다. 모두 오랜 시간 함께한 가족이나 다름없다. 다른 지역도 비슷하겠지만 이곳은 조합원들의 고령화 상황이 더욱 심각했다. 2016년 전체 조합원 1850명 가운데 60세 이상이 1200명으로 65%가 넘었다. 그렇다 보니 조합원들의 건강관리 문제는 가장 시급한 해결 과제 가운데 하나였다. 이미 조합원 복지사업의 하나로 무료 건강검진을 실시한 바 있지만, 조합원들의 참여율은 낮았다.

"괜히 병원에 갔다가 없던 병도 생기는 거 아냐?"

"지금 멀쩡한데 건강검진 결과 무슨 병이라도 있다고 하면 어쩌누."

특히 연세가 좀 있으신 조합원들은 병 하나라도 더 발견될까 봐 건강검진은

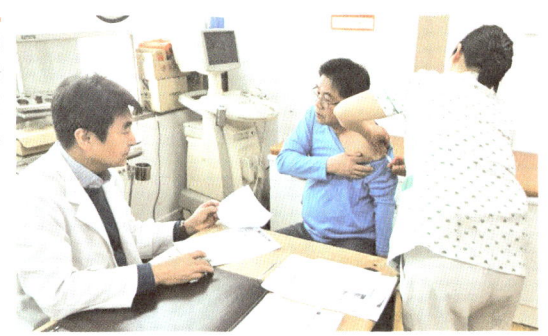
서부농협은 2016년부터 2개년 계획으로 조합원을 위한 대상포진 무료 예방접종을 실시하고 있다.

커녕 병원 가까이 가는 것조차 두려워했다. 뭔가 좀 더 실질적인 도움이 될 수 있는 특단의 조치가 필요했다. 사업 분과위원회를 통해 조합원들의 의견을 들어본 결과 대상포진 무료 예방접종이 좋겠다고 의견이 모아졌다.

이미 폐렴 무료 예방접종을 실시한 바 있고, 주변에 의외로 대상포진으로 고생한 조합원들이 많았기 때문이다. 내가 이미 대상포진으로 고생한 경험이 있어, 예방접종으로 대상포진을 미리 피할 수 있으면 실질적으로 큰 도움이 되리라는 확신이 있었다.

폐렴과 대상포진 무료 예방접종

2016년부터 2개년 계획으로 조합원을 대상으로 대상포진 무료 예방접종을 실시하기로 했다. 지도상무와 상의하여 관내 병원 한 곳을 선정하고, 1인당 14만원의 예산으로 대상포진 무료 예방접종을 시작했다.

대상포진은 어렸을 적에 앓은 수두의 균이 몸에 남아 있다가, 면역력이 감소되면 다시 증식하여 피부에 수포를 유발하는 병이다. 비교적 노년층에서 많이 발생하는데, 이는 노화로 인해 대상포진을 일으키는 수두균에 대한 면역력이 감소하기 때문이라고 한다. 대상포진을 예방하려면 예방접종을 통해 수두균에 대한 면역력을 높여주는 것이 가장 큰 도움이 된다. 임상 연구 결과, 60세 이상의 건강한 성인에서는 대상포진 예방주사가 대상포진에 걸릴 확률을 50% 정도 감소시키는 것으로 밝혀졌다고 한다. 비교적 면역력이 강한 젊은 층 역시 대상포진을 피하려면 예방접종이 가장 좋은 방법인 것이다.

1차 연도인 2016년 비교적 고령인 1956년생 이상 조합원을 대상으로 대상포진 무료 예방접종을 우선적으로 실시했다. 대상자 1061명 가운데 84%인 892명이 예방접종에 참여했다. 2차 연도인 2017년에는 젊은 층을 포함한 전 조합원을 대상으로 무료 예방접종을 실시했는데, 대상자 912명 가운데 78.6%인 717명이 참여했다. 조합원들의 호응은 무척 컸다.

"대상포진 예방접종이라니 생각도 안 해봤는데, 덕분에 걱정 하나는 덜었어요."

특히 노년층 조합원들이 고맙다는 인사를 많이 전해왔다. 이미 개인적으로 대상포진 예방접종을 받은 조합원이 일부 있어 문제 제기가 있었으나, 그런 경우 가족이 대신 무료 예방접종을 받을 수 있도록 하였다.

안종열 조합장(가운데)은 조합원의 영농과 생활에 실익을 줄 수 있는 곳이라면 어디든 달려가 함께한다.

활짝 열린 조합장실은 사랑방

아침에 출근하여 가장 먼저 하는 일은 조합장실 출입문을 활짝 열어놓는 것이다. 조합원이라면 누구라도 조합장실에 맘 놓고 들어올 수 있도록 하기 위해서다. 실제로 아침부터 조합장실을 찾아오는 조합원들이 많다.

"안 조합장, 이번에는 다른 농약을 한번 써보려고 하는데 어떨까?"

"우리 아이가 올해 고등학교에 들어가는데, 이 학교는 어떤가요?"

조합원들과 나누는 이야기는 농사일부터 시작해서 가정사까지 무척 다양하다. 고등학교 때 원예학을 전공했고 지금도 직접 농사를 짓고 있어 농사일에 관해 작은 힘이나마 도움을 줄 수 있어 다행스럽게 생각한다. 또 이 고장에서 나고 자란 덕분에 두루두루 도움말을 줄 수 있는 것이 고맙다.

하지만 더욱 힘쓰고 싶은 일은 조합원들의 건강관리를 위해 노력하는 것이다. 낮에는 조합장으로서 업무 및 조합원 농정 활동에 전념하고, 밤에는 아니 새벽에는 농사일에 전념하다 보니 누구보다 더 농사일의 어려움을 잘 알고 있다. 건강을 잃으면 모든 것을 잃는다고 했다. 특히 농사일을 하는 우리 조합원들에게 건강은 무엇보다도 중요하다. 나는 조합장이 아닌 같은 조합원으로서 우리 조합원들의 건강관리를 위해서 많은 노력과 실천을 할 것을 다짐하고, 앞으로도 더욱 조합원들에게 실익이 되는 사업을 펼쳐 나갈 것을 약속드린다.

안종열 조합장
2015년 경기 하남 서부농협 조합장에 당선됐다(초선).
현재 사단법인 하남시민회 사무처장, 법무부 법사랑위원회 하남지구협의회 감사를 맡고 있으며, 남한고등학교 총동문회장을 지낸 바 있다. 조합장 당선 전 농협에 30여년 몸담으며 서부농협 초이지점장을 지냈다.

활짝 열린 조합장실,
활짝 웃는 조합원

이달호 조합장
경북 예천농협

원로 조합원에게 엔돌핀을!

어느 날 주부대학 문화강좌를 마치고 나오는 여성의 아이처럼 해맑은 표정을 보고 문득 떠오르는 것이 있었다.

"어르신들에게도 문화생활의 기회를 주면 좋겠다!"

이렇게 해서 우리 농협은 65세 이상 조합원과 가족들을 대상으로 '청춘대학'을 개설했다. 늦깎이 학생들의 수업에 대한 뜨거운 열정으로 2017년 4기 과정을 운영하고 있다. 어르신들의 건강한 노후생활을 위해 '예천농협 조합장배 게이트볼대회'도 매년 개최하고 있다. 건강관리와 친목활동으로 활기차고 즐거운 삶을 영위해 나가는 조합원들 모습이 더할 나위 없이 좋아 보인다. 지금은 늙고 힘없는 원로 조합원이지만 현재의 예천농협이 존재하기까지 기틀을 마련해주신, 마땅히 대우받아야 할 분들이다. "역사를 잊은 나라는 미래도 없다"라고 하듯이, 우리도 원로 조합원들의 그간의 노고를 잊어서는 안 될 것이다.

예천농협은 9개 농협이 합병한 조합원 7300명의 대단위 농협이다. 순수한 농촌형 농협으로 우리가 해내야 할 역할은 막중하다. 하지만 농촌인구 감소와 고령화, 도시와 농촌 간의 소득 격차 심화, 자유무역협정(FTA) 등 농업정책의 변화로 타개책이 절실한 환경에 놓여 있다. 과연 우리 농민 조합원들의 삶의 질을 어떻게 향상시킬 것인가.

봉덕산에 올라 떠오르는 태양을 보며 세 가지 목표를 가슴 깊이 새겨본다.

첫째, 농협의 기틀을 마련해준 원로 조합원의 노고를 잊지 말자.

둘째, 농산물 판로개척에 전력투구하자.

셋째, 농가소득 증대의 염원을 이뤄보자.

'예천새움'의 비상

2013년 처음 조합장으로 취임한 후 지속적으로 들어왔던 조합원들의 고민 중 하나가 바로 원예농가의 어려움이었다. 토마토나 복숭아·자두·사과의 출하철만 되면 수확·선별·포장·판매를 직접 해야 하기 때문에 밤낮 없이 쉬지 않고 일을 해도 일손이 턱없이 부족하다는 것이었다.

이 문제를 해결하기 위해 공선회를 조직했다. 끊임없는 홍보와 조합원과의 대화를 통해 공선회원들을 모집해 공동선별·공동포장·공동계산·공동판매가 가능한 한 빠르게 이루어질 수 있도록 대폭 지원했다. 소량다품종 수용이 가능한 산지유통센터가 완공되면서 소량의 농산물에 대해서도 공선회의 조직이 가능해졌다.

공선회가 조직되고 다음으로 발생한 문제는 판로였다. 이에 '예천새움'이라는 예천군 브랜드를 출범시켜 도매시장과 대형마트 등에 납품을 시작했다. 그뿐만 아니라 다국적 기업인 델몬트와 납품계약을 체결했으며, 홈쇼핑에도 직접 출연하여 1회 방송만으로 9300상자의 판매고를 올렸다.

대만을 비롯한 동남아시아 등 해외시장 개척에도 지원을 아끼지 않고 있다. 그 결과 작년 매출 100억을 돌파하고 2017년 연합사업단 부문에서 농업인의 실익증대에 기여한 공으로 산지유통종합대상을 수상하는 성과를 얻을 수 있었다.

잎쪽파로 단경기 틈새시장 공략

▲▼▲

조합원들과 대화를 할 때마다 농사지을 게 없다고들 한다. 그 의미를 좀 더 명확히 살펴보면 결국 농사를 지어도 제값을 받기가 어려우니 어떤 농작물을 재배해야 할지 모르겠다는 뜻이다. 그러던 와중 나의 뇌리에 스친 것이 바로 쪽파였다.

사실 쪽파 재배라고 해봐야 새로울 것이 없는 작물이라고 생각할 수 있다. 하지만 주목해야 할 것은 '시기'였다. 원래 기존의 쪽파 종구는 6월 하순에 공급되고 9월부터 이듬해 4월까지 잎쪽파 생산에 사용되어온 것이 대부분이다. 따라서 단경기인 5~8월에 잎쪽파 재배를 위해서는 병충해에 약하고 질이 좋지 않은 수입산 쪽파 종구를 사용할 수밖에 없었다.

때마침 예천군농업기술센터에서 이 문제를 해결하기 위한 단경기 잎쪽파 재배용 종구 생산에 성공했다는 반가운 소식을 들었다. 수입산 쪽파 종구를 대

채함으로써 우수한 품질, 많은 생산량뿐만 아니라 가격 경쟁력 또한 높은 잎쪽파를 생산할 수 있는 토대를 만들어낸 것이다.

나는 이 쪽파가 농가소득 증대를 위한 틈새시장을 노릴 수 있는 작물이라고 판단했다. 이후에는 조합원들과 소통할 수 있는 시간을 여러 차례 만들어 이 쪽파에 대해 홍보하고 장려했다. 물론 처음에는 달가운 반응이 아니었다. 새로운 것에 도전한다는 것은 언제나 위험이 따르기 마련, 이해하지 못하는 것은 아니었다.

하지만 나는 농협이 그리고 농업이 발전할 수 있는 중요한 가치는 '변화와 상생' 그리고 '할 수 있다는 자신감'이라고 생각하고 이를 강력히 추진했다. 변화 없이는, 자신감 없이는 현재 우리가 당면하고 있는 농산물 가격 하락의 위험에 적절히 대처하기 어려운 것이 사실이다.

이런 믿음이 있었기 때문에 지속적으로 조합원들과의 만남을 주선해 쪽파 재배를 홍보하고 적극 추천했다. 그러자 쪽파에 대한 문의가 날로 늘어나 재배하겠다고 나서는 농가가 줄을 이었고, 우리 예천농협 주도하에서 생산자 단체를 조직할 수 있었다. 또한 나를 믿어준 조합원들을 위해 재배한 쪽파를 예천

이달호 조합장(왼쪽)이 예천농협 지재센터를 방문한 조합원과 이야기를 나누고 있다.

농협 유통사업소에서 전량 수매함으로써 예천 쪽파가 안정적으로 원활히 유통될 수 있도록 했다. 그 결과 첫해 150t의 쪽파를 수매했고, 수매농가에 3000만원의 배당금을 지급하는 성과를 이뤄냈다.

활짝 열린 조합장실, 소통의 공간으로
▲ ▲ ▲

"일을 하고자 하는 사람은 방법을 찾고, 일을 하기 싫어하는 사람은 구실을 찾는다."

이 말은 내가 30여년간 농협 직원으로서, 그리고 조합장으로서 역할을 수행하면서 나와 동료 직원들이 항상 마음에 품길 바라왔던 말이다. 농민들에게 문제가 발생했을 때 제한 사항만을 이야기하며 핑계와 구실을 찾기보다는, 이 문제를 어떻게 하면 해결할 수 있을지 한번이라도 더 생각했으면 하는 마음에서이다. 이는 바로 '친절 봉사'와 일맥상통하는 부분이기도 하다.

농민 조합원들의 걱정과 불만 사항을 일일이 들어주는 것이 결코 쉬운 일은 아니다. 그들의 걱정은 대부분 농산물 가격에 관한 내용이거나 날씨로 인한 피

예천농협은 조합장배 게이트볼대회를 매년 개최해 조합원의 활기차고 건강한 삶을 응원한다.

해와 같이 조합에서 쉽게 해결해줄 수 있는 문제가 아닌 것이 대부분이다. 하지만 조합원들이 농협에 찾아와 조합장실의 문을 두드리기까지 그들의 속은 얼마나 타들어갔을지, 또 오죽 답답했으면 이렇게 찾아와 고충을 털어놓을지를 생각하면 그들의 이야기를 들어주고 해결 방법을 함께 고민하는 것은 그리 힘든 일이 아닐지도 모른다.

그래서 오늘도 내일도 우리 농민 조합원들의 이야기를 듣기 위해 예천농협 조합장실의 문은 항상 활짝 열려 있다.

이달호 조합장
2015년 경북 예천농협 조합장에 당선됐다(2선).
현재 농기계은행 선도농협협의회 부회장, 농협아그로 이사, 예천곤충엑스포 조직위원을 맡고 있다.
농림축산식품부 장관상(1995년, 2015년)을 수상했다.

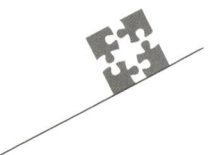

벽제농협 산악회의
신화는 계속된다

이승엽 조합장
경기 고양 벽제농협

'산악회를 만듭시다'

▲ ▼ ▲

나는 산을 사랑한다. 산에 오르는 산악회원의 건강한 웃음을 사랑한다. 농협 조합장으로서 인근 농협에서 운영하는 산악회가 잘되고 있다는 소식을 들으면 우리 농협에 산악회가 없는 것이 늘 마음에 걸렸다.

어느 날 병원 신세를 오래 지고 있어 걱정이던 친구에게서 북한산이라며 전화가 왔다. 건강이 한결 좋아졌다며 함께 시간이 되면 산에 오르자고 했다. 100세 건강시대, 산에 오르는 일은 건강도 챙기고 조합원과의 단합도 도모하는 좋은 기회가 될 것이라는 생각에 이사회에 산악회 창설을 안건으로 올렸다.

"산악회를 만들어보면 호응이 어떻겠소?"

"지역에 산악회가 얼마나 많은데 우리 농협이 꼭 만들 필요가 있겠습니까?"

"조합원 복지를 향상시키면서 지역사회에 공헌하는 좋은 계기가 될 겁니다. 저는 찬성합니다."

"우리 조합원들 중에는 나이 드신 분들이 많은데 산을 타다 혹시 사고라도 날까 걱정이 됩니다."

"요즘 조합원들 만나보면 누구나 건강에 대한 관심이 높고, 건강을 챙기기 위해 산에 많이 갑니다. 산을 함께 타다 보면 임직원과 더 가까워지고 조합원 간의 단합도 한결 잘되겠지요. 조합 사업에도 도움이 되고요."

난상토론이 이어진 가운데 어렵사리 산악회를 조직하기로 결론이 났다.

마니산 첫 산행에 500명 회원 참석

벽제농협에서 산악회를 만든다고 하니 조합원들의 호응이 대단하였다. 그렇게까지 좋아할 것으로 생각지 않았는데 조합원 교육이나 조직장 회의 때 산악회 이야기만 하면 분위기가 확 달라지는 것을 느낄 정도였다.

나는 조합원과 고객이 함께 어울리는 자생력 있는 조직이 되도록 하는 데 주안점을 두었다. 평소 산을 사랑하는 임원과 조직장이 나서서 회장을 선출하거나 임원을 맡기로 하였고, 일반회원 모집은 여성복지과에서 담당하였다.

2012년 산악회 조직을 마친 후, 시산제를 겸한 첫 산행지를 강화 마니산으로 정했다. 산행 안내가 나가자 500여명이 참석 의사를 통보해왔다. 300명 정도면 대성공이라고 생각했는데 정말 많은 분들이 참여하였다. 이때부터 시작된 우리 농협 산악회는 매년 8차례의 정기산행을 지금까지 계속 해오고 있다. 산악

벽제농협 산악회는 조합원·고객과 농협 임직원의 소통의 장이자 농협 사업 활성화의 원동력이다.

회원도 크게 늘어 요즘은 1000명이 넘는다. 전국에서도 손꼽히는 초대형 산악회가 된 것이다. 산행에 참여하는 조합원이나 고객들은 모두가 벽제농협의 홍보요원이자 충성고객이다. 산행을 통해 상호간의 우의를 다지는 것은 물론이고 농협에 대한 애정을 가슴 깊이 담아 가는 것이다.

매월 정기산행을 진행하다 보면 의도하지 않은 일들이 일어난다. 산에서 부상을 당하는 회원이 발생할 때가 가장 난감한 경우다. 매번 500여명 회원이 관광버스 15대 정도를 동원해 움직이는데, 첫째도 안전 둘째도 안전을 당부할 정도로 안전산행을 강조하지만 뜻하지 않은 소소한 사고가 발생한다. 비상시를 대비해 승용차를 대기해놓고, 회원이 산에서 부상을 당하면 인솔 직원이 가까운 병원으로 신속하게 수송하고 응급조치를 하게 한다. 그렇게 하다 보면 이따금 병원 치료를 마친 회원들이 여성복지과에 찾아와 고맙다며 다른 곳에 맡겼던 예금을 우리 농협으로 옮겨놓고 가기도 한다. 몇몇 회원들은 적극적으로 농협 사업을 이용해주고, 다른 회원들에게 농협을 이용해야 한다고 말하기도 한다. 정기산행을 마치고 나서 로컬푸드직매장에서 장을 보고 가는 분들도 적지 않다.

회원들은 맑고 시원한 산에 올라 오순도순 앉아 정을 나누며 도시락을 먹는다. 인솔을 담당하는 농협 직원은 아침 일찍 출근해 산악회원들을 반갑게 맞이해 각자 버스에서 농협 사업 소개도 하고, 등반을 하면서 농협과 관련된 고객의 건의사항을 듣는다. 등산을 매개로 소통의 장이 만들어지는 것이다.

'44년 농협맨'으로 지낸 고양 토박이

나는 경기도 고양에서 나고 자랐다. 고양에서 초등학교, 중학교, 고등학교를 다녔고, 대학은 지금 삼송신도시가 들어선 원당골에 자리 잡은 농협대학을 나왔다. 이후 벽제농협에 참사로 입사해 1973년부터 지금까지 44년간 농협인으로 살아왔다. 내 앞으로 8명의 조합장이 계셨는데 초대 조합장을 빼고 나머지 분들과는 모두 함께 일을 했다. 입사 때부터 잔뼈가 굵은 벽제농협의 조합장이 된 것은 2010년이다. 44년 중 직원으로 32년, 상임이사 4년, 조합장으로 8년을 농협과 함께해온 것이다.

우리 벽제농협의 강점은 뭐니 뭐니 해도 지도사업이다. 1970년대 지역농협이 제대로 자리를 잡기 전부터 벽제농협의 지도사업은 전국적으로 주목을 받았다. 외국에서 농업 전문가들이 한국의 농협을 견학 올 때면 중앙회에서 우리 농협으로 안내하곤 했다.

서울이 확장되고 신도시가 들어서면서 우리 지역도 예전의 농촌 마을 모습을 잃어가고 있지만 지금은 근교농업의 활성화로 다양한 작물이 생산되고 있고 축산업도 활발하다. 나는 농협 운동의 기간조직으로 작목반의 중요성을 항상 강조한다. 선진 농법을 보급하고, 농산물 계통출하에 앞장서고, 조합원간의 긴밀한 관계를 유지하는 등 농협의 핵심조직이기 때문이다.

우리 벽제농협의 퇴비공장은 연간 80만포의 유기질퇴비를 생산해 고양시 전역에 공급하고 있고, 공동 육묘장을 통해 4만여개의 건강한 모판을 농업인들에게 저렴한 가격으로 공급하고 있다. 지난해 새롭게 개장한 영농자재센터는 조합원의 사랑을 가장 많이 받는 곳이다.

생산자와 소비자의 상생을 꿈꾸다

2년 전에 개점한 로컬푸드직매장은 연 매출 80억원의 성과를 거두면서 이제는 완전히 정착하였다. 나는 로컬푸드 사업과 관련해 의미 있는 두 가지 일을 진행하고 있다. 하나는 로컬푸드 생산농가로 '로컬푸드 작목반'을 조직·육성하는 것이고, 다른 하나는 로컬푸드 고객을 대상으로 '로컬푸드 소비자모임'을 운영하는 일이다. 생산자와 소비자의 상생을 로컬푸드를 매개로 해 도모하자는 뜻이다. '지역에서 나는 농산물을 지역 주민이 소비'하는 진정한 '신토불이(身土不二)' 운동을 실천하는 길이 될 것으로 생각한다.

환원사업은 조합원들에게 농협의 존재 의미를 직접적으로 확인시켜 주는

로컬푸드직매장에서 고객들과 함께한 이승엽 조합장(왼쪽 세 번째). '로컬푸드 작목반'을 조직하였고 '로컬푸드 소비자모임'을 운영하고 있다.

일이다. 출산장려금 지원, 장학금 지원, 장례지원비 지원 등 다양한 환원사업을 통해 농협대학에서 배웠던 협동조합의 정신인 '요람에서 무덤까지'를 우리 농협이 감낭할 수 있는 데까지 실천하려고 한다.

우리 벽제농협은 전국 종합 1위를 2번이나 수상했다. 벽제농협의 총 자산은 6000억원에 달하고 상호금융 규모는 9000억원을 넘어섰다. 상호금융 1조원 시대를 눈앞에 두고 있는 것이다. 나는 이 모든 것이 우리 임직원과 조합원이 하나 된 힘이 발휘되었기에 가능했다고 믿고 있다.

계속되는 저성장과 저금리 시대의 어려움을 조합장 한 사람의 힘으로 극복할 수는 없다. 하지만 우리 벽제농협에는 1000여명의 산악회원이 든든한 지원군이 되어주고 있기에 사업을 하는 데 큰 힘이 된다. 그들의 단합된 힘이 자연스럽게 형성되고 분출하여 벽제농협의 성장과 발전을 견인하고 있는 것이다.

'벽제농협 산악회'의 신화는 오늘도 내일도 계속되리라 믿는다.

이승엽 조합장
2015년 경기 고양 벽제농협 조합장에 당선됐다(2선).
현재 농협학원 이사, 민주평화통일자문회의 고양시 정책고문, 공동퇴비제조장 경기협의회 회장을 맡고 있다. 고양청년회의소(JC) 회장을 지낸 바 있다. 조합장 당선 전 36년간 벽제농협에 몸담았다.

"점심식사는 우리가 준비할게요"

정옥태 조합장
전남 강진농협

삶은 달걀로 농업인과 소통

"세상에 이런 좋은 일을 하시네요. 출출하던 차에 잘 먹겠습니다."

전남 강진군 성전면 영풍리 들녘. 벼 수확작업을 하던 한 농업인이 우리가 건넨 삶은 달걀과 음료수를 받고 함박웃음을 지으며 감사의 말을 전해온다. 2017년 추석 연휴 기간 중 우리 농협 임직원들은 차를 몰고 들녘을 돌아다니며 농사일을 하는 농업인들에게 달걀 간식을 나눠주고 있었다. 10월 5일 하루만도 벼 수확현장 10여곳을 돌며 간식으로 달걀과 음료수, 생수를 전달했다. 하루 동안 전달한 달걀만 50여판. 1판에 달걀 30개가 들어 있으니 하루에 1500개의 달걀을 농업인들에게 제공한 셈이다.

정옥태 조합장(가운데)이 영풍리 들녘에서 만난 농민들과 삶은 달걀을 먹으며 담소를 나누고 있다.

일을 하다 뜻하지 않은 선물을 받은 농업인들은 한결같이 웃음으로 반긴다. 어떤 농업인은 "현장에서 하루 종일 일을 하다 보면 간식 생각이 절로 나는데, 강진농협 직원들이 때마침 나눠주는 삶은 달걀은 정말 꿀맛 같다"고 말하기도 했다. 수확 철 농민들에게 간식을 제공하면서 달걀파동으로 어려움을 겪는 양계농가도 도와주고, 현장에서 농업인들과 소통도 하는 '1석3조'의 효과를 실감한다. 우리 농협은 영농철인 6월에도 자체 예산을 들여 농업인들에게 공동급식을 제공했다. 6월 1일부터 10일까지 진행한 공동급식엔 매일 200여명의 농민들이 참여했다. 여성 농업인들의 가사부담을 덜어주고자 시작한 공동급식이 기대 이상의 호응을 얻은 것이다. 한 끼 원가만 8000여원에 달했지만 1인당 1000원만 받았다. 부족한 예산은 우리 농협이 자체적으로 마련한 1000여만원으로 충당했다.

농번기엔 1일 10찬 공동급식

우리 농협에서는 농촌 고령화로 인력 부족의 어려움을 겪는 지역 농업인의 일손을 도와주는 차원에서 농번기철 공동취사장을 운영하고 있다. 본격적인 농번기가 되면 농가들은 논과 밭에서 바쁜 농사일을 하면서 점심식사 준비까지 해야 하는 이중고를 겪어왔다. 이를 안타깝게 생각한 끝에 농업인들이 마음 편히 농사일에만 전념할 수 있도록 하고, 자칫 식사를 거름으로써 영양섭취 소홀로 건강에도 영향을 미칠 수 있으므로 신선한 재료를 사용한 반찬과 갓 지은 쌀밥을 제공해 고른 영양을 섭취할 수 있도록 하고 있다.

공동취사장에서는 우리 농협 직원과 강진읍 41개 마을 부녀회장들이 1일 10찬에 300여명분의 음식을 자원봉사 형태로 제공하고 있다. 배추김치는 부녀회장이 직접 담가오고, 고른 영양섭취를 위해 엄선한 돼지고기·오리고기 등 육류와 직접 기른 싱싱한 채소를 제공하며, 식사 후 수박·복숭아 등 과일도 제공해 농사일에 지친 농업인들에게 큰 힘을 주고 있다.

운영기간은 농사일이 가장 바쁜 시기인 6월 1일부터 10일까지 열흘간, 장소는 농사면적이 가장 넓은 지역의 마을회관으로 정했다. 공동취사장은 강진읍에 거주하는 농업인이면 누구나 이용 가능하며, 농업인들의 경제적 부담도 덜어준다. 그러면서도 음식의 소중함을 인식하도록 하기 위해 1인당 식대로

강진농협은 영농철이면 공동취사장을 운영. 농민들이 영농에만 전념할 수 있도록 돕고 있다.

1000원씩만을 받고 있다. 농업인들로서는 번거로운 식사 준비시간이 절감되는 것뿐만 아니라 육류 및 채소 제공으로 충분한 영양섭취가 가능하게 됐다. 농업인들끼리 식사시간을 통해 각종 농사기술에 대한 정보 교환의 장으로 활용되는 것도 덤으로 얻는 이익인 셈이다.

더불어 고령의 나이에 일에 지쳐 입맛이 없는 상태에서 함께 식사를 하게 함으로써 즐거운 식사시간을 만들어주다 보니 자연스럽게 농협에 대한 이미지를 높이는 등 여러 효과를 톡톡히 보고 있다.

영농기 공동급식과 간식제공에 대한 농민들의 반응은 기대 이상이다. 우리 농협은 이 사업을 앞으로도 계속해나갈 생각이다.

어버이날 일일 자식 되어드리기

이밖에도 우리 농협은 5월 8일 어버이날이면 원로 조합원에 대한 존경심과 감사의 마음을 전하고 우리의 미풍양속인 경로효친 사상의 보존 및 확산에 기여하고자 80세 이상 원로 조합원들의 가정을 방문해 '어버이날 일일 자식 되어드리기' 행사를 갖고 있다. 2017년 어버이날에는 지난 45년 동안 우리 조합과 함께해오신 950명의 원로 조합원들을 찾았다.

특히 이날 행사에는 농가주부모임 회원들이 강진에서 생산된 카네이션과 장미를 이용해 직접 제작한 흉화(胸花)와 우리밀로 만든 롤케이크를 들고 전 직원이 원로 조합원 가정을 방문해 의미를 더했다. 뿐만 아니라 형편상 찾아뵙지 못하는 타 지역에 있는 자식들을 대신해 잠시나마 그분들의 외로움을 달래드림으로써 웃어른을 공경하는 경로효친 사상을 실천하는 계기가 되었다.

또한 거동이 불편함에도 불구하고 경제적인 부담으로 보행보조차를 구입하지 못하는 원로 농업인 47명에게 보행보조차(유모차)를 지원해 일상생활에 많은 도움을 주기도 했다. 이 밖에도 우리 농협 본점과 각 지점 창구에서는 내점 고객을 대상으로 카네이션을 달아드리고 떡과 음료를 제공하며 감사의 마음을 전했다.

이번 행사를 치르면서 앞으로도 농업인 조합원에게 더 많은 실익을 드리는 농협으로서, 조합원들이 '정말 우리에게 필요한 농협이구나, 진정으로 조합원을 위한 일을 하는 우리 농협이로구나'라고 생각할 수 있도록 최선을 다하겠다고 다짐했다.

미래를 두려워 말자

▲ ▼ ▲

우리 강진농협은 1972년을 시작으로 어느덧 45년의 세월을 이어왔다. 지난 2016년 우리 농협은 유난히 많은 어려움을 겪었다. 그야말로 다사다난한 한 해였다. 외부로는 초유의 쌀값 폭락으로 농업인들의 이마에 주름을 더하는 한 해였으며, 내부로는 농협중앙회로부터의 업무감사, 수탁사업 관련 사고, 찰벼 재고 과다로 인한 원가 손실 등 그야말로 내우외환의 한 해를 보냈다.

그러나 우리 농협은 이러한 어려움에도 쓰러지지 않았다. 모든 예산을 긴축 운용하고 직원 상여금을 반납하는 등 각고의 노력을 기울인 끝에 당초 사업계획에는 미치지 못하지만 일정 당기순이익을 실현하는 등 누적된 부실을 모두 정리하기에 이르렀다. 이는 오로지 우리 5000여명 조합원들이 우리 농협을 믿고 적극 도와주었기에 가능한 일이었다.

우리는 지난 과오를 거울삼아 이제 새로운 도약을 준비하고 있다. 무엇보다 조합원이 행복한 강진농협을 만들어 가는 데 모든 힘을 기울여나갈 것이다. 우리 농협의 근간이 되어주신 원로 조합원에서 젊은 조합원에 이르기까지, 어느 누구나 모두가 행복한 날을 맞도록 하는 것이 강진농협과 나의 꿈이다.

"두려운 눈으로 미래를 바라보는 것만큼 불안한 일은 없다"고 한다. 지금 어렵다고 미래를 두려워할 필요는 없다. 우리에게 닥친 도전을 헤쳐나가는 것이 쉽지 않더라도 모든 어려움 속에서 기회를 찾아낸다면 반드시 길은 열리리라 믿는다.

정옥태 조합장
2015년 전남 강진농협 조합장에 당선됐다(초선).
조합장 당선 전 강진농협 상무, 한들농협 전무, 도암농협 신전지점장 등을 지낸 바 있다.

생각을 바꾸면
길이 보인다

지인구 조합장
경기 이천 대월농협

극조생 '기라라 397'로 활로 모색

"이대로 가면 우리 이천 쌀도 견뎌내기 힘듭니다. 특단의 대책이 필요합니다."

"우리 RPC가 고전을 하는 것은 벼 매입 단가가 높기 때문입니다. 아마 전국 농협 중 수매가가 제일 높을 겁니다."

"그동안 미질만 믿고 만생종 벼를 심다 보니 다른 지역 쌀과 출하 시기가 겹치는 것도 문제입니다."

2016년 쌀값 하락 후폭풍에 고전을 하면서 직원들과 대책을 두고 논의를 거듭했다. 문제의식은 분명한데 어떻게 대처해야 하는지 방법이 나오지 않았다. 답답한 심정으로 고민을 하던 중 다음해인 2017년 달력을 우연히 보면서 10월 추석을 전후한 빨간 글씨의 연휴에 눈길이 갔다. 남들은 사상 최장이라는 긴 연휴에 관심이 갔겠지만 나는 추석이 표시된 10월 4일에 주목했다.

"그렇다! 추석 한 달 전에 햅쌀을 생산하면 승산이 있다."

"품종을 바꾸자. 기존의 만생종만 고집하면 희망이 없다."

생각을 바꾸니 길이 보였다.

우리 이천 대월농협은 '임금님표 이천쌀'로 대표되는 쌀의 고장이다. 이천 하면 경기미를 떠올리고 그중에서도 '임금님표 이천쌀'은 전국적인 명품 브랜드로 고가에도 없어서 못 팔 정도로 인기가 좋았다. 그런데 쌀 소비가 줄어들고 쌀값이 하락하는 추세는 '임금님표 이천쌀'도 비켜가지 못했다. 국민 1인당 쌀 소비가 62kg이라는데 생산은 줄지 않으니 쌀이 남아돌고, 재고를 많이 갖고 있는 미곡종합처리장(RPC)은 투매까지 하는 현상이 전국적으로 불어닥치니 견뎌내기 힘들었다.

그래서 생각해낸 것이 품종 교체였다. 전국을 수소문하여 극조생 품종을 알아보니 '기라라 397'이 추석 전에 수확이 가능하다는 것을 알게 되었다. 하지만 극조생으로 품종을 갈아타자고 하니 선뜻 나서는 농가가 없었다. 뒷말이 무성

대월농협은 추석 전 수확이 가능한 극조생종 '기라라 397'을 시범 재배해 만족스러운 성과를 거뒀다.

했다. 지금껏 해보지 않은 도전에 모두가 주저하는 분위기였다. 나는 과감하게 공동 육묘장에서 '기라라 397' 모를 생산해 뜻을 같이하는 조합원 3명과 함께 2017년 4월 30일 첫 모내기를 하였다. 이천 관내에서 가장 빠른 모내기였다.

그런데 기온이 낮아 냉해가 심했다. 다행히 '기라라 397'이 냉해에 강한 품종이어서 무사히 넘어갔다. 새로운 품종이다 보니 키가 얼마나 큰지, 벼 이삭은 언제 형성되는지 구체적인 영농정보가 없어 소소한 시행착오는 있었으나 큰 문제는 없었다.

매일 논에 나가보던 중 어느새 벼 이삭이 패어 있는 것을 보고 다소 시기가 늦기는 했으나 벼 이삭 거름을 주었다. '기라라 397'은 기존의 '추청'이나 '고시히카리'에 비해 콤바인으로 수확이 가능할까 싶을 정도로 키가 작았다. 극조생이라 참새들이 매일 달려들어 속이 많이 상하기도 했다.

드디어 8월 20일 첫 수확을 하였다. 이천 지역에서 수십년 동안 한번도 해보지 않은 극조생 벼 재배에 성공한 것이다. 기존의 '설봉 1호'를 선도 농가에서 개발하는 데 10년 이상이 걸렸다는데 '기라라 397'은 수확량도 많고 미질도 괜찮아 모든 면에서 만족스러웠다.

나는 도정 즉시 4kg, 10kg 단위로 포장해 장승포농협, 거제 신현농협, 농협양곡유통을 통해 전량 판매하였다. 햅쌀이 나오기 전에 시장에 내놓으니 값도 좋았다. 4kg 포장은 80kg에 40만원을 받았다.

더구나 올해는 잦은 비로 '고시히카리'가 많이 도복이 되었으나 '기라라 397'은 키가 작아 도복 걱정은 안 해도 되었다. 아직 많은 농가들이 선호하는 '고시히카리'의 도복 문제는 일본 홋카이도에서 3년 전 개량된 '고시히카리' 계통의 신품종을 도입하여 해결하려고 준비 중이다.

마을 곳곳을 누비는 '행복 이동판매 차량'

"할머니, 어디 가세요?"

"뉘셔? 아, 지 조합장이구먼. 국수 사려고 농협에 가는데 내가 허리가 굽어 영 힘들어."

이 말을 듣고 곧바로 농협으로 돌아와 직원들과 의논을 했다. 방법은 농협에서 차량을 이용해 방문 판매를 하는 것인데, 시대의 흐름과 맞는 것인지에 대한 찬반 의견이 분분했다. 수십년 전에 하던 것을 지금 한다는 것은 너무 낡은 방법이라는 의견이 우세했다.

우리 대원농협의 하나로마트 매장은 $460m^2$(140평)밖에 안 된다. 하루 매출도 고작 800만원에 불과한 수준이다. 많은 농협이 대형마트로 증축하거나 낡은 매장을 헐고 새로 짓는데 우리는 아직 직원 6명이 고작인 전형적인 시골 판매장에서 벗어나지 못하고 있다.

30개 영농회 부락이 농협을 중심으로 집중되면 좋은데 사방에 분산되어 있어 매출 이익은 정체되고 손익 달성에도 어려움이 많다. 더구나 마트를 새로

지인구 조합장(맨 왼쪽)은 고령 조합원의 불편과 외로움을 덜어주기 위해 '행복 이동판매 차량'을 도입했다.

지으려면 시간이 많이 걸리고 부지 마련과 컨설팅, 시장조사 등 복잡한 과정을 거쳐야 할 뿐 아니라 대의원 총회 의결 등 절차가 복잡하니 당장 할 수 있는 일은 아니다. 현 상태에서 최선의 방법을 찾는 것이 급선무였다.

'예전에 했다고 지금 하면 안 된다는 법이 어디 있을까?'

'필요하면 해야 하는 것이 아닐까?'

이런 생각이 머리를 떠나지 않았다.

나는 결단을 내리고 이동판매 차량을 운행하기로 하였다. 고령 조합원이 자가용이 있을 리 없고 혼자 살다 보니 말벗도 없을 텐데, 우리가 찾아가 하시는 말씀도 들어드리고 필요한 물품도 갖다드리면 일석이조가 되겠다 싶어 서둘러 시행을 하였다.

드디어 행복 이동판매 차량이 첫 운행에 나섰다. 첫 운행지인 장평1리 마을회관 앞에 나갔다. 내심 사람이 안 나오면 어쩌나 싶었는데 20여명이 나와 반겨주었다. 물건도 20만원어치나 팔고, 즉석 반상회도 열고, 정말 화기애애한 분위기 속에서 많은 대화를 나누었다.

길이 없으면 길을 내면 된다는 마음으로, 조합원의 편익과 행복을 위해, 대월농협 행복나눔 이동판매 차량은 365일 마을 구석구석을 찾아갈 생각이다.

유통 강소농협을 향한 도전

▲ ▼ ▲

대월농협은 조합원 1500명의 전형적인 농촌형 농협이다. 번듯한 마트도 갖추지 못했지만 판매사업만큼은 모든 열정을 쏟고 있다. 무엇보다 조합원이 생산한 농산물을 모두 수집해 팔아준다. 농산물 순회수집제도가 완전히 정착되어 농민들이 수확한 마늘·감자·고추 등을 농협이 수집·포장해 공판장 등에서 판매해준다. 규모는 작지만 하나로마트에서도 매장 입구에 고구마·옥수수·호박 등 조합원이 생산한 농산물을 판매하는 전용 부스를 상시 운영하고 있다. 이와 함께 2017년 5월부터 매주 목요일 마트 주차장에서 수산물 시장을 열어 지역 주민들에게 싱싱한 수산물을 저렴하게 공급하고 있다.

규모는 작지만 경제사업만큼은 어느 대규모 농협과 견주어도 뒤지지 않는 '유통 강소농협'을 만들기 위한 나와 우리 대월농협 임직원 그리고 조합원 모두의 노력은 앞으로도 계속될 것이다.

지인구 조합장
2015년 경기 이천 대월농협 조합장에 당선됐다(초선).
2017년 5월 자랑스런 경기 조합장상을, 7월에는 농림축산식품부 장관상을 수상했다. 현재 벤처대학원 경영 전공 박사과정 4학기에 재학 중이다. 21세기 농촌발전연구소장을 지낸 바 있다.

6장

혁신이 답이다, 진심은 통한다

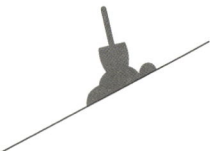

경영개선권고
농협의 **구원투수**가 되다

국영석 조합장
전북 완주 고산농협

조합장실의 '웰컴 투 고산골' 걸개

▲▼▲

고산농협 조합장실에는 '웰컴 투 고산골'이란 빛바랜 포스터가 걸개로 제작되어 벽면을 차지하고 있다. 이 현수막은 2005년 개봉한 영화 '웰컴 투 동막골'을 패러디한 것이다. 조합장인 나는 권총을 찬 인민군 장교 복장으로 등장한다. 손병철 상임이사는 국군 장교로, 김창우 경제상무는 탄환을 메고 있고, 경제사업 직원은 평민복을 입고 있는 등 다양한 캐릭터로 분장한 임직원들 모습이 보인다.

처음 조합장실에 들어선 고객들은 이 걸개를 보고 웃음을 지으며 다양한 반응을 쏟아낸다. 그리고 '웰컴 투 고산골' 걸개를 만들게 된 배경과 의미를 설명하면 다들 고개를 끄덕인다.

걸개 안의 캐릭터가 뿜어내는 강렬한 이미지와 "가장 치열한 전쟁의 한가운데 가장 찬란한 순간이 있었다"라는 문구는 내가 조합장으로 취임한 이후 지금까지 고산농협이 걸어온 험난한 여정과 성공을 상징적으로 담아내고 있다. 깨어 있는 조합원과 사명감에 충만한 직원, 책임져주는 임원이 삼위일체로 각기 입장은 다르지만 하나가 되어 전투적인 자세로 모든 일에 임함으로써 오늘의 고산농협이 있었음을 나타내주고 있는 것이다.

고산농협 조합장실에 걸린 '웰컴 투 고산골' 포스터. 권총 찬 인민군 상교 분장을 한 이가 국영석 조합장이다.

1998년 인근 농협과의 합병과 동시에 찾아온 IMF 외환위기. 고산농협은 경영개선권고를 받고 관리조합으로 추락하여 더 이상 농업인을 위한 지역농협으로서의 역할을 기대하기 어려운 상황에 직면해 있었다.

다시 말해 고산농협에는 새로운 구원 투수가 필요한 상황이었다. 지역의 의식 있는 분들은 고산농협을 이끌 새로운 리더를 찾게 되었고 나에게 그 중책을 맡아달라는 요청이 들어왔다. 당시 나는 2선의 현역 도의원으로 활동하던 중이라 몇 차례 고사를 하였다.

그러나 지역과 농협을 사랑하는 여러 사람들이 거듭 요청했고, 나 자신도 '농협이 살아야 지역도 산다'고 생각했기에 오랜 고민 끝에 고산농협 조합장 선거에 출마했고, 결국 조합장이 되었다.

불신을 넘어 하나로 단합하다

▲ ▼ ▲

조합장이 되어 보니 고산농협은 그동안 내재해 있던 문제들이 합병과 IMF라는 위기상황을 겪으면서 속속 불거져 조합원들의 불신이 심각한 상황이었다.

조합장 취임 첫해인 2005년, 경영개선권고 대상인 우리 농협은 농협중앙회의 종합컨설팅을 토대로 직원들의 의식 개혁과 중장기 발전을 위한 계획을 수립하게 되었다. 고산농협이 거듭나기 위해서는 무엇보다도 조합원과 지역 주민의 신뢰를 회복하는 것이 급선무였다.

나는 일찍 아버지를 여읜 탓에 어린 나이에 학업을 중단하고 생활전선에 뛰어들었고, 이후 크고 작고를 떠나 모든 일을 책임감 있게 처리한다는 것이 생활신조가 되었다. 그런 부지런함을 인정받아 20살 되던 해에 마을 이장을, 26세에는 농협 임원 및 농업 관련 단체장을 맡아 정말 열심히 일했다. 조합장이 되어서도 그때의 업무 경험과 그때 쌓은 지역민의 신뢰를 바탕으로 조합원과 지역주민들에게 "고산농협 살리기에 협조해달라"고 간곡히 호소했다.

고산농협이 바로 서려면 먼저 농협에 대한 조합원들의 올바른 이해가 전제되어야 한다고 생각했다. 이를 위해 전 조합원을 대상으로 연 3000명의 교육계획을 수립하여 각종 교육을 진행하는 동시에 지역의 인적네트워크 활성화에 노력하였다. 이와 함께 지역의 농업 문제는 농협만이 아니라 지자체, 농업 관련 단체 등의 협치가 절대적으로 필요하다고 보고 각종 간담회 및 교류회를 활성화하였다.

지역 내에 위치한 농업기술센터와의 '농·농 한마음대회', 지역 청년들로 구성된 4개의 조기축구팀과 수자원공사, 전북대학교 산학협력단 등이 참가해

6회째 이어지고 있는 '고산농협 조합장배 지역혁신교류 친선축구대회' 등을 통해 '발목을 잡기보다는 손목을 잡아줄 수 있는 풍토'를 조성하면서 지역의 변화를 유도해나갔다.

또한 유명무실한 작목반 등을 일제 정리하고 농협과 함께하는 작목반으로 거듭나도록 하였다. 품목별로 5~6개씩 난립해 있던 작목반을 1품목 1작목반으로 통합하였고, 통합된 작목반은 농협이 주도적으로 공동선별·공동출하·공동계산을 실시함으로써 진정한 협동조직으로 이끌어나갔다.

새로운 성장 동력을 찾다

고산농협은 여러 면에서 한계적 상황에 직면해 있었다. 미래의 성장 동력이 될 새로운 아이템이 필요한 시기였다. 때마침 광역친환경농업단지조성 시범사업 공모가 있어 이 사업을 추진하게 되었다. 당시 사업비 100억원(국비 50%, 지방비 40%, 자부담 10%)의 파격적인 정부 제안사업으로 고정자산 투자에 따른 위험이 현저히 낮다는 장점이 있었다. 또한 지역의 실정과 발전 방향과도 일맥상통하는 사업이었다.

지자체와 지역농협, 생산자가 함께 참여하여 추진한다는 사업의 본래 취지를 살려 외부 컨설팅을 배제하고 지자체와 지역농협 담당자, 생산자 등이 20여 일 동안 함께 작업하며 직접 사업계획서를 만들었다. 이 사업계획서로 심사평가에서 최우수 점수를 얻었다. 외부 컨설팅을 통해 쉽게 갈 수도 있었지만, '우리의 생각이 아닌 남의 생각이 투영된 사업계획서는 진정성 면에서 의심만 키울 뿐이다'라는 나의 소신이 결국 옳았던 것이다.

사업에 착수하자 다른 부문은 순조롭게 진행되었지만 광역친환경농업단지 사업의 핵심인 경축자원화센터는 여러 가지 난관에 부딪혔다. 당시 3개 농협이 참여하여 한우 사육두수가 많은 농협 관할 지역에 경축자원화센터를 설립하기로 하고 추진에 들어갔으나, 악취 발생 우려에 대한 민원으로 제동이 걸리면서 해당 농협이 사업 참여를 포기하는 사태가 벌어졌다. 결국 대안으로 고산농협 관할 지역으로 부지를 옮기게 되었다. 우리 역시 여러 부지 가운데 최적지를 선정하여 경축자원화센터 착공에 들어가고자 하였으나 인근 주민의 반대에 부딪히게 되었다. 주민들은 10여장의 사업 반대 현수막을 내걸고 공사 출입로 입구를 봉쇄하기에 이르렀다.

정말 난감한 상황이었다. 그러나 지금까지 살아오면서 많은 고난과 시련을 겪어온 나는 이번에도 특유의 뚝심과 인내력으로 반드시 난관을 헤쳐나가겠다고 마음먹고 지역 주민 설득에 나섰다. 임직원이 조를 편성하여 함께 집회 현장에 나가 주변 정리를 하면서 지역 주민들을 맞이하여 분위기를 반전시키고, 반대 측 대표자들을 동시다발적으로 만나 사업의 필요성과 당위성을 들어가며 설득했다. 전국의 선도적 퇴비공장을 견학하고 기존의 단점을 보완한 미래 퇴

고산농협은 한살림·아이쿱생협 등
소비자단체와의 협약을 통해
도농 상생발전의 기반을 다지고 있다.

비공장의 청사진을 보여주며 주민을 설득하기도 하였다.

이렇게 진정성을 가지고 노력하다 보니 주민들 사이에서 서서히 '지역에 꼭 필요한 사업이니 우리 마을에서 양보하자'는 분위기가 형성되어 사업이 진행될 수 있었다.

농협다운 농협으로 거듭나다

'농업인을 위한 농협, 21C프론티어사업'.

고산농협 소개자료 표지 제목이다. 우리 고산농협 경제사업 규모는 2005년 142억원에서 2016년 696억원으로 5배가량 성장하였다. 매년 50억원씩 성장시키겠다는 목표를 기적같이 이루어냈으며, 사업 매출이익 구성비도 경제 63%, 신용 37%로 신용사업에 주력하던 과거와는 반대로 경제사업이 성장을 견인하면서 '국민이 바라는 농협다운 농협'으로 거듭났다. 고산농협의 변신은 여기서 그치지 않는다. 농협도 수요자 부담 원칙에 입각하여 경제사업 체계를 바꿔야 한다. 고산농협은 1본점 2지점 4센터(경축자원화센터, 산지유통센터, 영농자재센터, 웰컴센터)의 독립채산제를 통해 지속가능한 농협으로 체질을 바꿔나가고 있다.

지역농협도 이제는 지역과 제도의 울타리를 과감히 뛰어넘어야 한다. 그렇지 않으면 존립이 위태로워질 수 있다. 고산농협은 아이쿱생협·한살림 등과의 생산소비협약, 전국 농협과의 연합사업 등을 통해 지속적으로 상생 발전을 도모하고 있다.

나는 현실 안주에 따른 퇴보를 가장 우려한다. 그래서 임직원을 대상으로 우리 고산농협의 목표인 '농업인을 위한 농협다운 농협, 우리가 만들자 즐거운 마음으로'를 가슴에 새기도록 강조하고 있다. 이 목표를 이루기 위해 나와 우리 임직원들은 '생산자는 건강한 먹을거리를 안정적으로 공급하고 소비자는 지속가능한 생명산업의 가치를 존중함으로써 도시와 농촌이 더불어 사는 행복한 세상을 고산농협이 함께 만들어가겠습니다'라는 다짐을 잊지 않을 것이다. 그리하여 올바른 국민의 농협으로 거듭날 것이다.

국영석 조합장
2015년 전북 완주 고산농협 조합장에 당선됐다(3선).
현재 정명회 대표, 전북대학교 농생명산학관커플링사업단 겸임교수를 맡고 있다. 전북도 의원, 광역친환경농업전국협의회장, 완주공동체지원센터(CB)재단 이사장 등을 지냈으며, 대산농촌문화상, 매헌농민상, 대한민국산업포장을 수상한 바 있다.

진심이 소통의 열쇠다

김영국 조합장
대전 회덕농협

내분과 반목, 소송으로 얼룩진 조합

우리 조합은 그동안 내부 갈등과 반목이 적지 않았다. 아니, 굉장히 심했다. 2009년 무자격 조합원이 조합장 선거에서 투표를 해 소송이 진행됐고, 결국 2012년 조합장이 사퇴하고 재선거를 치르기도 했다. 재선거 후에도 조합장 직무정지 가처분 신청 등 소송이 끊이지 않았다. 이사회 회의 중에 고성이 오가고, 회의가 3~4시간씩 이어지며 실질적인 회의 진행이 어려운 적도 여러 번이었다. 임원 간에도 편이 나누어져 있어 이사회의 후 식사도 같이 하지 않았다. 상임이사는 유례가 없던 4번의 대의원 총회를 개최한 끝에야 겨우겨우 선출할 수 있었다.

조합이 조합원들과 갈등을 겪다 보니 중요하게 추진해야 하는 일들이 뒷전으로 밀렸다. 소송을 준비하느라 농협 본연의 업무를 추진하기 어려웠으며, 직원들도 어수선한 분위기에서 사업 추진에 소극적이었다. 새로운 사업을 하려고 하다가도 이에 반대하는 조합원들 사이에서 눈치를 보다가 시작도 못하고 좌초되는 일이 허다했다. 각종 인터넷 매체와 방송·신문 등 지방 언론에서도 회덕농협에 대한 부정적인 기사를 계속 보도하다 보니 조합의 명예는 가히 땅에 떨어졌다고 해도 과장이 아니었다.

총체적 난국 속에 2015년 조합장이 되었다. 당선의 기쁨도 잠시, 조합을 빠른 시간 내에 제 궤도에 올려놓아야 한다는 중압감이 어깨를 짓눌렀다.

"불신으로 가득 찬 조합을 다시 정상적으로 돌려놓을 수 있을까?"

고객관리 하듯 정성으로 소통

뾰족한 방법이 생각나지 않았다. 다만 어려울수록 기본으로 돌아가라는 가르침이 떠올랐다. 무엇보다 조합원과의 허심탄회한 소통이 문제 해결의 알파요 오메가라고 생각했다.

마침 나는 1977년 회덕농협에 입사하여 37년간 근무하면서 10개 사무소 중 8개 사무소를 돌며 다양한 방법으로 고객관리를 해왔다. 그 결과 NH보험 연도 대상을 3회나 수상한 바 있었다. 우리 조합원들과도 적극적이고 친밀한 관계를 맺어보기로 했다. 소통을 위한 노력의 첫걸음을 떼기 시작한 것이었다.

먼저 고객 소리함을 전 지점에 설치하였다. 진정성이 받아들여졌는지 다양한 의견이 들어오기 시작했다. 단 한 사람의 이야기라도 모든 조합원을 대변할

회덕농협 직원들은 조합원을 위한 문화행사 무대에 직접 서는 등 '섬김 경영'을 현장에서 실천하고 있다.

수 있다는 생각으로 적극적으로 검토했다. 그리고 합리적인 개선점을 도출하기 위해 직원들과 검토 후 그 결과를 정성을 다해 알려주고 설명했다.

조합원을 부모처럼…'섬김 경영'

한편 '조합원을 부모님처럼 섬긴다'는 뜻으로 '섬김 경영'을 시작했다. 섬김의 자세로 조합원과의 유대를 강화하기 위해 직원 1명당 20여명의 조합원을 배정하고, 전담 직원은 근무지가 바뀌어도 담당 조합원을 지속적으로 맡도록 했다. 직원들은 조합원에게 수시로 조합 사업과 조합 현황 등을 안내했다. 조합에 대한 관심이 적은 조합원들에게는 계속된 조합 사업 안내와 맞춤 상품 소개로 관심을 유도했다.

이와 함께 조합 중점 사업, 조합원 행사와 조합 동정 등을 농민신문과 지방지 등에 홍보했다. 그 결과 부정적이던 조합의 이미지 쇄신에 큰 역할을 하며 조합원에게 자긍심을 심어주었다. 관련 내용을 동영상으로 제작하여 회의나 산악회 등 각종 조합원 행사에 상영함으로써 조합원들이 조합의 사정을 피부로 느낄 수 있게 했다. 사업 내용을 투명하게 공개하고 직원들이 조합원의 관심사항을 숙지하게 한 것은 물론이다. 그 결과 전 직원이 한 목소리로 조합 경영 방침을 조합원들에게 이해시킬 수 있었다.

"함께 해요 회덕농협"

"같이 가요 회덕농협"

"최고 농협 회덕농협"

회덕농협 슬로건이다. 직원들과 함께 조직의 분위기를 새롭게 바꿔보자는 뜻에서 공모를 통해 채택한 것이다. 조합장이 생일을 맞은 직원들과 매달 점심식사를 하며 간담회를 가지는 것도 그러한 노력의 일환이다. 이런 소통을 통해 농협의 현안, 조합원이 농협을 바라보는 시선과 농협에 바라는 점 등을 되돌아볼 수 있었고, 직원과 조합원이 함께할 때 가장 큰 시너지를 낼 수 있다는 공감대를 형성하게 되었다.

직원들도 조합원들의 마음속으로 들어가기 위한 노력을 하고 있다. 2017년 7월 12일 여성 조합원을 위한 '한여름의 문화 산책' 식전 행사로 회덕농협 문화센터 회원들의 공연이 있었다. 이 공연에 직원들 20여명이 친절 체조 스트레칭

김영국 조합장(가운데)은 농민을 위한 농사랑 보장보험 홍보에 앞장서 대전지역 1호 가입 조합장으로 선정되었다.

을 선보여 조합원들의 박수갈채를 받았다. 창구에서 만나던 직원들이 조합원 행사에서 직접 노래를 부르고 음악에 맞춰 율동을 하는 모습을 보면서 조합원들은 만면에 웃음꽃을 피웠다. 직원들도 조합원과 하나 되는 화합과 소통의 자리였다고 자평하였다.

마침내 변화의 물결이 넘쳐

이러한 노력에 힘입어 우리 조합의 변화가 서서히 나타나고 있다. 지난 7월에는 농민 조합원을 위한 'NH농사랑 보장보험 출시 이벤트'를 실시했다. 대전지역 1호 가입 조합장으로 선정되어 농사랑 보장보험이 농민을 위한 상품임을 강조하고, 조합원 행사 시 강사를 초빙해 교육을 진행하는 등 상품 홍보에 앞장서 지역본부의 대전 지역 우수 추진사례로 뽑히기도 했다.

각종 사업도 순조롭게 진행 중이다. 이사회에서는 사업에 대한 건전한 의견들이 오가고, 고정자산 취득 시 생겼던 불협화음은 투명한 사업공개를 통해 일소되었다. 지점 건물 매입과 경제사업장 신축 등 회덕농협 100년의 기초를 다지는 사업들도 조합원들의 적극적인 지지를 동력으로 삼아 충실히 실행 중에 있다. 직원들도 사업추진에 매진해 작년에는 보험·카드 연도대상을 수상하는 등 여러 부분에서 성과를 올리고 있다.

우리 회덕농협은 선도 복지농협 실현을 위해 두 가지 특색 사업을 펼치고 있다.

첫째, 2006년 회덕농협 장학복지 문화재단을 설립했다. 현재 59억원의 기금을 적립하고 조합원 자녀 및 외손자녀에게 입학 축하금을 지급하고 있으며, 조합원 생일에는 하나로마트 이용권을 보내주고 전화로 생일 축하도 하여 조합원과 함께하는 조합의 이미지를 심어주고 있다. 둘째, 1995년 자체 직영 목욕탕을 설립했다. 조합원들이 월 15일을 무료로 이용할 수 있도록 편의를 제공하여 조합원들이 조합에 대한 자긍심을 가질 수 있도록 하고 있다.

나는 그동안 우리 농협이 좋은 일을 많이 해왔지만 널리 알리지 못하고 있다는 아쉬움을 갖고 있었다. 조합원과 친밀하고 탄탄한 관계를 맺지 못했기 때문이 아니었을까. 이제라도 우리 농협은 조합원에게 좋은 이미지를 주고 조직이 하는 일을 적극적으로 알려야 한다.

내가 소통을 위한 여러 일들을 시작한다고 했을 때 직원들은 처음에는 번거로울 것이라 생각했지만, 시간이 지나면서 내 뜻을 이해하고 지지를 보내주었다. 이는 내게 큰 힘이 되었다. 또 소통하려는 우리의 노력을 좋게 봐준 조합원들이 격려와 응원을 보내주었기에 초심의 자세로 지속적으로 변화를 추진할 수 있었다.

정성을 다하는 진심어린 마음이 나와 조직을 변하게 하고 회덕농협의 변화를 이루어내고 있는 것이다.

김영국 조합장
2015년 대전 회덕농협 조합장에 당선되었다(초선).
현재 농협대전유통 이사, 농축협 카드운영협의회 위원을 맡고 있다. NH농협생명보험 발전추진협의회 위원, NH농협손해보험 상품개발자문 위원을 지낸 바 있으며, 2010년 NH농협보험 손해보험부분 전국 1위, NH농협보험 연도대상 연속 3회 수상을 기록했다. 조합장 당선 전 회덕농협에 37년간 몸담았다.

조직의
정예화로 승부하다

배상현 조합장
전남 여수농협

내우(內憂)가 외환(外患)보다 무섭다

우리 여수농협은 1998년 2월 여수 여천의 5개 농협이 합병하여 재탄생한 농협이다. 당시 조합원 수는 8000여명이었으나 조합원 자격 실태조사는 거의 이루어지지 않았다. 지사무소 또한 3개 지역이 섬 지역인 관계로 적자를 면치 못하였다.

특히 115개에 이르는 영농회와 부녀회는 자연부락 단위의 이장과 새마을부녀회장이 당연직 영농회장과 부녀회장을 맡고 있었다. 심지어 30%에 가까운 영농회장이 비조합원이었고 조합원이 10명도 안 되는 영농회도 많았다. 매달 영농회장과 부녀회장에게 지급되는 활동수당만도 지도사업비에서 연간 1억 5000만원이 나가고 있었으나 효율성은 극히 저조하였다. 115명의 영농회장이

여수농협은 내부조직을 정예화하고 교육을 강화해 조직의 효율성과 구성원의 자부심을 높이고 있다.

나 부녀회장을 한자리에 모아 농협 사업을 이야기하고 교육시킨다는 것은 매우 어려운 일이었고 호응도 적었다.

조합원이나 임직원 역시 마찬가지였다. 주인의식이나 애사심이 온데간데없고 합병 초기인 탓에 지역 이기주의만 팽배했다. 고소·고발이 난무하는 등 '협동'이라는 단어가 무색할 지경이었다. "내우(內憂)가 외환(外患)보다 무섭다"는 말이 실감나는 상황이었다.

합병 당시 나는 가장 젊은 비상임이사로서 8년간을 여수농협과 함께했다. 여수농협의 앞날을 위해 내부조직 정비가 매우 중요하고 시급한 과제라고 확신했지만 이사로서 그 개선을 위한 노력을 하기에는 한계가 있었다.

개혁을 두려워하면 미래는 없다

▲ ▼ ▲

2010년 3월 여수농협 제13대 조합장으로 당선된 나는 최우선으로 내부조직 정비에 착수했다. 연이은 이사회와 대의원총회, 지역별 영농회장 회의를 통해 개혁의 필요성을 설득해나갔다. 개혁을 두려워하면 우리 농협의 미래는 없으며, 개혁을 위해 내 모든 것을 기꺼이 내려놓겠다고 모두에게 약속했다.

맨 먼저 조합원 실태조사에 착수하였다. 그 결과 8000여명이던 조합원이 현재 4200여명으로 정리되었으며 매년 자격심사도 엄격하게 실시하고 있다. 조합원 실태조사 결과를 기초로 적자를 면치 못하는 도서 지역 사무소 5곳을 폐쇄하거나 근무 인원을 축소하였다. 대신 조합원의 불편을 최소하기 위하여 현금자동인출기(ATM)와 하나로마트는 유지했다.

당연히 불만과 반발이 여기저기서 터져 나왔다. 이해 부족에서 오는 조합원의 빗발치는 항의 전화로 몇 달간 새벽잠을 거의 이룰 수 없었다. 스트레스 또한 엄청났지만 4년 뒤 조합장 선거에서 낙선하는 한이 있더라도 조직을 개혁해 강하게 만들어야만 우리 조합의 미래를 보장할 수 있다는 확신이 있었기에 결코 멈출 수 없었다.

두 번째로는 180여명의 직원들이 그동안 갖고 있던 생각을 바꾸는 일에 뛰어들었다. 개개인의 업무능력을 면밀히 파악하고 이를 토대로 경영효율성을 감안하여 인사를 단행하였다. 직원들이 기피하는 일부 경제사업장은 보직 공모를 통해 인원을 배치하였고 인센티브도 약속했다. 본점의 컨트롤타워 기능을 강화하기 위하여 팀 체제로 조직을 전면 개편하고, 전문성 강화를 위해 모든 직원이 중앙회연수원 교육을 이수하도록 독려하였다.

직원과의 소통을 위한 워크숍 개최는 물론이고 가능하면 일과 시간 외에 막걸리라도 같이하는 자리를 많이 갖고자 했다. 내부 통신망을 통해 이른바 조합장과의 '연애편지 쓰기'로 사적인 고민까지도 듣고 도와주고자 성의를 다했다.

시간이 흐르자 직원들의 눈빛이 달라지기 시작했음을 직감할 수 있었다. 나를 대하는 직원들의 태도가 달라지면서 사무실에 웃음소리가 늘어나고, 이는 곧 고객과 조합원에 대한 친절로 이어져 매년 실시하는 CS평가에서 전사무소가 S등급을 받기도 하였다.

지금도 나는 "○○○ 직원이 너무 친절하더라" 하는 조합원의 칭찬 전화로 기분 좋은 하루를 보내곤 한다.

영농회 정비 나서자 '조합장 퇴진 연판장' 돌려

▲ ▼ ▲

우리 농협은 오는 2018년 2월이면 이사와 감사 선거를 동시에 실시해야 한다. 4년 전 이미 비상임이사 11명을 6명으로 축소하기로 합의 의결하였고, 앞으로는 정관 변경을 통해 상임감사제를 도입하고 아울러 여성 조합원의 대표성을 감안하여 여성 이사도 선출하려고 한다. 대의원 역시 86명에서 55명으로 정예화하여 운영하고 있으며, 기존의 고향생각주부모임의 활동을 강화하는 한편 농가주부모임, 주부봉사회를 새롭게 조직하여 선의의 경쟁을 유도하고 목적에 부합하는 활동을 자긍심을 갖고 추진할 수 있도록 지원하고 있다.

내부조직 정비에 있어서 가장 어려웠던 것은 영농회장 선임 문제였다. 마을 이장이 당연직 영농회장을 하는 것이 오랜 관행이어서 반발이 매우 심했다. 새로 선임된 영농회장에게 마을 방송을 못 하게 하는가 하면 조합원이 아닌 이장들끼리 서로 연대하여 조합장 퇴진을 위한 연판장까지 돌리기도 했다.

'이장은 행정기관인 읍·면·동장이 임명한다. 마을 부녀회장은 새마을조직 산하단체다. 어촌계장은 수협 조합장이 임명권자로 수협 조합원이 아니면 맡을 수 없다.' 나는 이런 사실들을 들어가며 "영농회장은 당연히 농협 조합원이어야 한다"는 점을 강조해나갔다.

지성이면 감천이라 했던가! 사람들이 이내 하나둘씩 이해하기 시작했다. 그리하여 지금은 매달 지점과 본점을 번갈아가며 영농회장 회의를 개최하는데 거의 100% 참석한다. 당연히 조합의 전달 사항들이 조합원들에게 잘 전해지고, 고령 조합원들에 대한 서비스 또한 질적으로 향상되었다.

당초 조합원이 많은 영농회장들은 일괄적으로 지급되는 수당에 불만이 있었다. 하지만 매달 기본수당에 해당 조합원 수를 곱한 일정 금액을 추가 지급하고, 비료·농약·농자재·소금 등 경제사업 수수료의 일정 부분을 연말에 정산·지급함으로써 형평성을 유지하였더니 영농회별 경제사업 신청 물량도 부쩍 늘어났다. 이제는 마을에서 서로 영농회장을 맡겠다고 미리부터 선거 운동을 하는 사람도 있다는 우스갯소리도 나온다.

이 밖에 우리 여수농협은 영농회장협의회, 대의원협의회 등 내부조직장의 자치활동도 적극 장려·지원하고 있다. 매년 선진지 견학은 물론이고 적어도 2년에 한 번은 내부조직 구성원 모두를 1박 2일 동안 농협연수원에 입교시켜 분야별 맞춤교육을 실시한다. 이는 조직 운영에 큰 도움이 되었고 다녀온 분들의 자부심 또한 대단했다.

배상인 조합장(맨 오른쪽)이 로컬푸드직매장을 찾은 이낙연 총리에게 로컬푸드사업에 대해 설명하고 있다.

나의 도전은 이제부터 시작

▲ ▼ ▲

나는 올해로 8년째 여수농협 조합장을 맡고 있다. 그동안 조합장으로서 고뇌도 많았지만 보람도 적지 않았다. 하지만 해가 갈수록 왜 그리 해야 할 일이, 하고 싶은 일이 많은지 모르겠다.

전국 1위를 한 로컬푸드직매장 1호점에 이어 2호점도 매우 성공리에 운영되고 있다. 소비자들의 반응이 너무 좋아 3호점도 개점하자고 난리다. 우리 여수시는 연간 1300만명의 관광객이 방문함에도 불구하고 제대로 된 농수특산물 판매장이 없다. 이런 이유에서 2012여수세계박람회장 인근에 대형 파머스마켓도 개설하고 싶다. 주유소도 한 곳 정도는 있어야 하고, 조합원에게 더 많은 배당과 혜택도 드리고 싶다. 그동안 임금 동결에도 불구하고 나를 믿고 묵묵히 참고 따라와준 고마운 우리 직원들의 급여를 그들이 원하는 대로 한번 올려주고도 싶다. 그리하여 궁극적으로는 여수시민으로부터 진정 사랑과 존경을 받는 여수농협으로 굳건히 자리매김하고 싶다.

나의 도전은 이제부터 시작이다. 그동안 불편함과 서운함 속에서도 힘을 모아 함께하고 있는 우리 여수농협의 모든 구성원이 그 도전의 원동력이라고 확신한다.

배상현 조합장
2015년 전남 여수농협 조합장에 당선됐다(2선).
한국4-H중앙연합회장(제6대), 한국농업경영인 통합여수시연합회장(초대)을 지낸 바 있다.

"확 바꿔보자"
농협 바로 세우기

서석조 조합장
경북 영덕 영해농협

2008년 전무 직함을 끝으로 33년간 일했던 농협에 사표를 던졌다. 명퇴를 해서 다소의 위로금을 받을 수도 있었지만 과감히 포기하고 말았다. 내 마음 한구석에서 꼭 한번 해보고 싶었던 일이 있었기 때문이다.

"농협이 자기들 위해 있는 거지, 우리 위해 일하나? 우리하고는 상관없어."

뒤에서 이런 말을 하고 있는 농업인들이 적지 않음을 알고 있었다. 내가 청춘을 불살랐던 30년 넘는 시절이 송두리째 부정당하는 현실에 자괴감이 일었다. '내가 앞장서 한번 확 바꿔보자'라는 각오로 주먹을 불끈 쥐었다.

"조합장이 되어 우리 농협을 바로 세우자."

스스로 다짐하고 2009년 선거에 나섰다. 이후 나는 조합원 한 사람 한 사람과 적극적으로 소통하며 농업인을 위한 농협 만들기에 앞장서고 있다.

먼저 2010년, 흩어져 있던 시설들을 모아 종합경제사업장 건설을 추진했다. 원래 영해농협은 영해·축산 2개면이 합병한 농협으로, 영덕 북부 4개면은 물론 울진군 남부와 영양군까지 하루 1500명이 이용하는 지역 경제의 중심지이다. 그러나 별도의 주차시설이 없어 주차난이 심각한 데다, 대부분의 거래가 오전에 집중되는 관계로 고객의 대기시간이 30분~1시간에 이르렀다. 또한 비료창고, 농약판매장, 자재창고 등이 각각 분산되어 있어 예금 인출 후 농자재 구입까지 반나절이나 소요되어 불만의 목소리가 여기저기에서 터져 나왔다.

"예금 찾아서 비료 한 포대 사는 데 하루 다 보내겠네…."

시간이 지나면서 불편을 느낀 고객들은 다른 금융기관이나 시장, 상가를 이용하기 시작했다. 가랑비에 옷 젖듯 하나둘 고객이 빠져나가자 농협 경영에도 적지 않은 영향을 미치게 되었다.

'일타삼피' 경제사업장 효과

▲ ▼ ▲

나는 조합장이 된 후 서둘러 이 문제를 타개하기로 하고 흩어져 있는 경제사업장을 한 곳에 모아 종합영농자재 백화점을 개설할 것을 염두에 두었다. 먼저 직원들의 의견을 들어보았다. 하지만 일부 임원들이 반대했다.

"현재 경영이 어려운데 고객 이용이 불편하다는 이유만으로 자금 투자를 하기는 어렵지 않으냐?"

"자리를 옮긴다고 고객이 오겠는가?"

"경영적 측면에서 이익이 있겠나?"

하지만 나는 고객의 불편을 그대로 방치해서는 안 된다는 생각이 확고했다.

영해농협 종합경제사업장은
조합원의 편익을 높인 것은 물론이고
지역경제에도 활력을 더했다.

여러 차례 직원들을 설득하는 과정을 거쳐 이해를 구했고 결국 총회에서 종합영농자재 백화점 건설 승인을 얻어냈다.

일은 일사천리로 진행되었다. 영해 북부에 위치한 시장 인근 양곡창고 2동을 사업지로 확보하였다. 도로변에 위치한 양곡창고 앞쪽 동은 금융점포와 농자재백화점으로 개축하였고, 거리가 먼 뒤편의 옛 비료창고는 양곡창고로 이용하도록 했다. 이러한 원스톱 서비스를 통해 고객의 이용 편익을 획기적으로 높일 수 있었다. 백화점식으로 자재의 구색을 맞추고 연중무휴로 운영하다 보니 고객들의 발길이 다시 찾아졌다. 2명의 인력 감축 효과를 얻은 건 덤이었다.

종합경제사업장 건설은 지역에도 긍정적인 변화를 가져왔다. 이전에 양곡창고는 도시개발에 걸림돌이 되어왔을 뿐 아니라, 각종 생활 쓰레기가 버려지고 밤에는 청소년 범죄의 온상이 되기도 하였다. 하지만 번듯한 금융점포와 종합경제사업장이 들어서자 분위기가 일변하였다. 거리의 미관이 개선되는 것은 물론이고 그간 침체되었던 영해시장에도 생기가 감돌게 된 것이다.

"선거 도왔는데 그럴 수 있나" 배신감 토로

▲▼▲

하나로마트에 식육점을 오픈하는 과정에도 우여곡절이 많았다. 사실 그 전까지 인근 일부 점포의 식육은 질이 무척 낮았다. 품질이 나쁘다 보니 고객들은 영덕까지 나가 고기를 사기 시작했다. 그래서 하나로마트에 식육 코너를 개설하려고 하자 인근 정육점 등의 반대가 심했다. 친구처럼 지내던 이가 집에 전화해 죽이니 살리니 했다. 살벌했다. 오촌 조카는 "내가 선거 때 아재를 얼마나 도왔는데 이제 와서 그럴 수 있냐"고 배신감을 토로하기도 했다. 하지만 설득에 설득을 거듭해 식육 코너를 개설한 것이 4년 전쯤이었다.

지금은 고기의 품질이 좋아져서 고객 서비스가 향상된 것은 물론이고 매출도 하루 300만원대에서 700만원을 넘길 정도로 커졌다. 인근 정육점 매출도 덩달아 신장하였다. 품질이 좋아지니 고객이 몰리고 다른 상품 판매에도 영향을 주는 선순환의 구조를 만든 것이다.

'007' 뺨치는 주차장 건립 작전

▲▼▲

한편 종합경제사업장 개점 이후 이용 고객 증가로 주차난은 더욱 심각해졌다. 이를 해소하고자 영해농협에서는 지점 앞에 공용주차장을 확보할 계획을 세우고 영덕군청 담당자에게 지역 경제를 위한 공용주차장 설치의 중요성을 호소하였다. 그러나 해당 토지 소유주는 감정평가액보다 훨씬 높은 가격을 제시하고 있었다. 나는 토지 소유주의 자택을 수차례 방문하여 지역 발전과 공공의 편익을 위해 양보해줄 것을 설득하였다.

그런 한편으로는 대구에 있는 감정평가회사를 수차례 찾아가는 등 해결 방안을 다각도로 모색했다.

이런 우여곡절 끝에 결국 넓은 공용주차장을 확보했고, 이후 하루에 300~400명의 고객이 찾는 새로운 중심지 상가가 형성되었다. 농협에서는 고객의 불편을 해소하였고, 시장 진입로의 교통도 원활해져서 지역 주민 전체에 이득이 돌아가게 되었다. 이로 인해 부근 땅값이 치솟았음은 불문가지이다.

한편 우리 농협에서는 농약에 대한 전문지식이 부족하여 상인들의 농간에 놀아나는 조합원들의 불편함을 해결하고자 농과대학 출신 직원을 농약 업무 전담으로 배치하였다. 농약 전문 직원은 현지 재배 농가를 미리 시찰한 후 각종 병충해에 적합한 농약을 처방한다. 또 필요한 농약만 사게 함으로써 영농자재비를 절감시켜 준다. 특히 과수농약은 유효기간이 짧고 반품이 안 되니 더욱 농약 담당직원의 역할이 크다. 이렇듯 전문성을 갖춘 농약 담당직원의 존재는 농협에 대한 신뢰성을 높이는 한편 농협과 농민 조합원이 밀접한 관계를 유지하는 가교가 되고 있다.

서석조 조합장(앞줄 가운데)이 임직원들과 함께 농자재백화점에서 농가에 대한 최상의 서비스를 다심하고 있다.

매일 장화 신고 들녘을 누벼

▲ ▼ ▲

이렇듯 그간 조합원들과 지역 주민들이 겪었던 불편이 해소되면서 농협 경영도 크게 개선되었다. 이 같은 성과에 힘입어 올해 2017년에는 농협 최고의 권위의 총화상을 수상하는 영예를 안기도 했다. 연초에는 양곡창고를 헐고 2층(660㎡) 건물을 신축하여 오랜 숙원이던 복지회관을 건립하였다. 복지회관은 조합원들이 문화와 여가, 복지를 누리기 위한 장소로서, 영해농협이 앞으로도 지역민과 더불어 살아가며 거듭나기 위한 거점이 될 것이다.

나는 조합장이 되면 매일 조합원들과 소통을 위해 들녘을 뛰어다니겠다고 결심한 바 있다. 그리고 그 결심을 지금도 매일 실행에 옮기고 있다. 음료와 물을 들고 장화를 신고 조합원들을 만나러 나간다. 겨울에는 바닷가를 돌며 할매할배들을 뵙고, 친구와 동생들을 만난다. 소통을 위해서는 대화와 스킨십이 중요하기 때문이다. 나는 이 모든 것이 조합장 본연의 역할일 뿐이며, 한편으로는 사표를 내던 그 순간의 결심, 나와 농협의 명예를 회복하겠다는 그 초심을 잊지 않으려는 노력일 뿐이라고 생각한다.

서석조 조합장
2015년 경북 영덕 영해농협 조합장에 당선됐다(3선).
농협중앙회 대의원을 지낸 바 있다. 조합장 당선 전 33년간 농협에 몸담았다.

변화!
'알찬 농협'으로 열매 맺다

안성기 조합장
경기 남양주 진건농협

사업 경험 살려 농협 혁신에 나서다

나는 1976년 첫 직장으로 진건농협에 입사해 3년을 근무하다 1978년에 퇴사했다. 직장 생활보다는 자유업이 맞는 것 같아 사료 대리점을 시작했고, 영농조합법인을 운영하다 1998년 지역 최초로 완전배합사료(TMR) 제조업에 뛰어들어 조합장이 되기 전까지 줄곧 농축업과 관련한 사업을 하였다.

하지만 순탄하지는 않았다. IMF 외환위기 사태, 2001년과 2004년 구제역 파동이 거듭 덮쳐 파산 위기에 처했지만 뼈를 깎는 변화로 위기를 극복해냈다. 그러면서 냉엄한 경쟁사회에서 스스로 변화하지 않으면 고통스러운 변화를 강요당하면서도 생존을 보장할 수 없다는 교훈을 얻었다.

사업이 안정권에 오른 2009년, 나는 "사업 위기를 타개해낸 경험을 살려 침체된 진건농협에 활력을 불어넣어달라"는 지인들의 간곡한 권유로 진건농협 조합장에 출마했고 무난히 당선됐다. 하지만 조합에 나가보니 30여년 전 어려운 여건 속에서도 의욕에 넘쳤던 시절과는 분위기가 많이 달랐다. 직원들은 고객을 앉아 기다리는 안일한 근무자세와 구태의연한 업무처리, 관료주의적인 사고방식에 젖어있는 것처럼 보였고, 사무실 분위기는 가라앉아 있었다. '직원의식부터 바꾸지 않으면 안 되겠다'고 판단한 나는 개혁의 첫 단추를 직원 교육으로 꿰기로 결심하였다.

"원하는 교육은 다 보내준다"
▲ ▼ ▲

　　"업무능력 향상을 위해서는 무슨 교육이라도 다 보내주겠습니다."
　　나는 취임 일성으로 직원들에게 이렇게 선언하고 이 약속을 지금까지 지키고 있다. 먼저 직원들을 TMSP(영업역량강화) 교육에 순차적으로 참여시켰다. 업무가 끝난 후 늦게까지 하는 교육인지라 무척 힘들어하는 직원들을 "변화하지 않으면 굶어죽는다"고 다그쳤다. 또 상임이사부터 말단직원까지 모두 원하는 교육을 이수하도록 하고, 배운 것을 업무에 적용한 성과에 따라 가산점을 주는 동기부여를 통하여 직원들의 참여를 높여나갔다.
　　그러자 직원들이 긍정적으로 변해갔다. 업무에 집중하고, 조합원·고객과의 대외적인 소통과 관계 형성에 적극적으로 나서기 시작했다. 사무실은 활력이 돌았고 직원들은 활기를 되찾았다. 직원들이 앞다퉈 각종 자격증을 취득하고 사이버 연수를 받으면서 자신감이 넘치는 모습으로 바뀌어갔다. 5년 연속

진건농협은 조직 역량 강화와 고객 서비스 향상을 위한 직원 교육에 열정을 쏟고 있다.

TMSP교육을 받고 있는 것도 우리 농협 직원들의 자랑이자 자부심이다.

그 다음으로 내가 심혈을 기울인 것은 화목한 분위기의 사무실을 만드는 것이었다. 평소 '가화만사성(家和萬事成)'을 가훈으로 삼고 있는 나는 조합장이 되면서부터 '직원'을 '가족'으로 만들자는 취지로 임원까지 초대해서 전 직원의 생일파티를 열고 있다.

준조합원에도 이용고 배당

조합장이 되고 보니 조합의 형편이 말이 아니었다. 2009년 자산이 2000억원으로 남양주 지역 7개 농협 중 6위 수준이었다. 하지만 개발제한지역이 많은 여건 때문에 조합사업을 활성화할 동력을 찾기가 쉽지 않았다.

고심 끝에 준조합원의 농협 사업 참여와 전이용을 유도하기 위해 당시로선 파격적인 준조합원에 대한 이용고 배당을 과감하게 도입하기로 결심했다. 그러나 대의원회의에서 "조합원을 위한 농협이 어떻게 준조합원에게 운영수익을 줄 수 있느냐"면서 강력히 반대하였다.

나는 "조합 사업이윤의 45%가 조합원에게서 발생했고, 55%는 준조합원과 비조합원에게서 발생했다"는 근거를 들어 조합원들을 설득했다. 그리고 연말 총이용고 배당의 30%를 준조합원에게 배당했다.

놀라운 일이 벌어졌다. 조합을 찾는 준조합원의 발길이 잦아지면서 예금과 대출, 공제 실적이 늘고 각종 신용사업이 눈에 띄게 활성화되었다. 각종 조합 사업에 대한 주민들의 관심도 커져갔다. 그보다 더 큰 소득은 침체된 농협에 대한 부정적인 인식이 바뀌면서 신뢰를 보내기 시작한 것이었다. 그제야 조합원들도 고개를 끄덕였다. 지난해에는 3억 3000만원의 영농자재 지원비 예산을 세워 조합원에게 농협에서 구매한 금액의 30%를 55만원 한도까지 현금으로 보조했다.

농산물 유통과 환원사업도 '박차'

▲ ▼ ▲

진건읍은 그린벨트 지역이 많다. 그러다보니 신도시로 개발된 이웃 지역은 인구가 늘었지만 우리 지역은 줄었다. 하지만 '먹골배'로 유명한 과수와 시설채소 농사는 아직도 활발하다. 따라서 이들 농업인 조합원의 농업 생산과 농산물 유통을 지원하는 것 또한 조합의 급선무였다. 비록 구리시장이 지척에 있어 농산물 출하에는 어려움이 없으나 가공과 친환경농업 육성을 위한 기반을 구축하는 것은 지역발전을 위해서도 꼭 필요했다.

우리 농협은 $2640m^2$(800평) 부지 위에 저온저장고와 배즙공장을 세워 과수농가들의 부가가치를 가공을 통해 높였다. 2011년에는 그 옆에 친환경농산물 유통사업장을 준공해 채소작목반원들이 학교급식 업체의 선별과 소포장 작업장으로 직접 운영하도록 하고 있다.

또 본소 옆의 비료창고를 개조해 농자재백화점을 개설하고, 하나로마트를 990㎡(300평)로 증축해 농자재와 생필품을 원스톱으로 쇼핑할 수 있도록 편의시설을 집단화했다. 하나로마트에는 지역농산물 판매코너를 개설, 농업인이 생산한 엽채류를 매일 농협 차량으로 순회수집해 직거래로 팔아주고 있다.

작지만 속이 꽉 찬 농협으로

우리 농협은 남양주에서 두 번째로 규모가 작은 조합이다. 하지만 사업규모에 비해 수익이 가장 높아 건전한 경영을 하는 '알짜농협'으로 인정받으며 주위 농협의 부러움을 사고 있다. 그동안 변화의 시너지 효과가 나타나면서 요즘 내 조합장실 진열장은 각종 상장과 상패로 가득 채워지고 있다. 2015년 상호금융대상평가 장려상, 2016년 생명보험 연도대상, 2017년 7월 말 현재 예수금 3000억원 돌파 등 하나하나가 직원들이 변화를 통해 이뤄낸 값진 성과가 아닐 수 없다.

인성기 조합장(왼쪽 세 번째)가 조합원들과 함께 영농자재센터를 둘러보고 있다.

나는 요즘 "조합 손익, 조합원과 직원의 복지 등 모든 면에서 남양주에서 제일 잘나가는 조합"이라는 조합원들의 칭찬을 자주 듣는다. 그러나 안주하면 나락에 떨어지는 것은 한 순간이라는 것을 나는 오랜 사업 경험을 통해 잘 알고 있다. 그래서 직원들에게 긴장을 늦추지 말라고 입버릇처럼 당부한다.

지금도 처음 조합장이 되었을 때처럼 간부직원들에게 되도록 오후에는 지역에 나가 주민과 조합원을 만나고 소통하라고 권한다. 조합 발전의 진정한 힘은 바로 조합원·주민과의 현장에서의 만남과 대화와 정보교환에서 퍼올려진다는 생각에서다.

솔개는 사냥을 위한 날카로운 새 부리를 얻기 위해 무디어진 부리를 바위에 부딪혀 부수는 고통을 스스로 감내한다고 한다. 우리 농협과 나도 시대적 변화의 흐름을 읽고 헤쳐나가기 위한 도전과 변화를 멈추지 않을 것이다.

안성기 조합장
2015년 경기 남양주 진건농협 조합장에 당선됐다(2선).
현재 남양주시조합운영협의회 회장을 맡고 있다. 다산농산 영농조합법인 대표이사, 진건읍 치안자문 운영위원장을 지낸 바 있다. 농림수산식품부장관상(2010년)을 수상했다.

같이 가야 멀리 갈 수 있다

유남영 조합장
전북 정읍농협

초선 조합장, 부도위기 농협을 맡다

제10대 정읍농협 조합장 당선증을 받던 날, 날씨는 매섭게도 추웠다. 희끗희끗한 눈을 머리에 두른 내장산 서래봉은 정읍 시내를 말없이 내려다보고 있었고, 나의 눈은 그 서래봉을 올려다보고 있었다. 55억원의 쌀 판매사고, 특별관리조합, 피합병의 위기…. 머릿속은 복잡하기만 했다. 그때 문득 익숙한 문장 하나가 스쳐 지나갔다.

"무소의 뿔처럼 혼자서 가라."

식구들뿐 아니라 여기저기서 축하 인사를 보내왔고 언론의 인터뷰 요청도 쇄도했지만, 이 모든 것을 뒤로 미루기로 했다. 당선 후 공식 취임까지는 조금의 시간이 있었으나 당선의 기쁨을 누릴 여유조차 없었다.

1996년 2월 24일, 제10대 정읍농협 조합장 공식 취임일. 나는 먼저 간부들을 조합장실로 모이게 했다.

"취임식은 생략합시다."

조합장으로서 첫 업무지시이자 제안이었다. 어리둥절해하는 간부들에게 일일이 악수를 건넸다.

"이게 취임식입니다."

마른 수건도 짜내자
▲ ▼ ▲

새로 받은 업무용 수첩 맨 앞 장에 '3자3통'의 경구를 정성스레 적어 넣고, 매일 아침 업무 시작 전에 주기도문 외우듯 낭독하며 스스로에게 실천을 주문했다. 첫째, 공자가 말씀하신 '궁즉통(窮則通)'이다. 궁하면 통한다. 둘째, 노자의 '허즉통(虛則通)', 자신을 비우라. 셋째, 손자의 '변즉통(變則通)', 시대에 맞게 변하라. 즉, 어려울수록 기존의 틀에서 벗어나 변화를 찾으라.

우선 자체 경비를 절감하는 것이 시급하다고 판단해 조합장용으로 운용하던 업무용 승용차부터 처분하고, 운전기사는 다른 업무 부서에서 근무하도록 했다. 물론 업무용 승용차 없이 일을 보러 다닌다는 것이 여간 불편한 게 아니었다. 손수 운전하면서 오는 피로감이나 안전 문제가 오히려 조합 경영에 지장을 주지는 않을까 하는 주위의 걱정도 있었지만, 매사 마음먹기에 달렸다고 생각하며 어느 정도 시간이 지나 익숙해지니 자연스러운 일이 되어버렸다.

다음으로는 경영이 정상화될 때까지 조합장 보수를 받지 않겠다고 선언했다.

유남영 조합장(왼쪽)은 과감한 구조조정을 실시하는 한편, 하나로마트 개장 등 지속가능한 경영을 위한 발판도 마련했다.

그리고 실제 2년 동안 급여를 받지 않았다. 경영활동에 드는 소소한 비용은 자비로 지출했다. 모든 업무를 샅샅이 검토해 혹시 관행이라는 항목으로 한 푼이라도 낭비되는 부분은 없는지 점검했다. 마른 수건도 짜고 또 짜야 하는 절박한 상황에서 단 한 건의 예외도 없어야 한다는 각오로 밀어붙였다.

IMF까지 겹쳐 뼈아픈 구조조정

특별관리조합으로 지정된 지 겨우 1년이 지났는데 이번에는 국가부도 위기가 찾아왔다. IMF 외환위기로 인해 모든 국내 기업들이 구조조정에 들어갔다. 정읍농협도 예외 없이 뼈아픈 인력 구조조정을 해야 했다. 농협중앙회의 권고사항이기도 했지만 조합장으로서는 가장 힘든 부분이었다.

직원들에게 구조조정에 자발적으로 동참해줄 것을 진심을 담아 호소했다. 물론 일부 직원들과 심한 갈등이 있었지만, 상황을 잘 이해한 직원들은 큰 거부감 없이 동참해주었다. 그러나 나중에 연말 성과급을 쌀로 줄 정도로 상황이 어려워지자 다른 지역으로 진출을 희망하는 직원도 있었다. 평소 정읍농협에

오고 싶어 하던 다른 지역 농협 직원이 이제는 오기를 꺼리기도 했다.

함께 위기를 극복하자고 다가온 직원은 고마운 마음으로 환영했다. 반면 지금 당장 견디기 힘들다는 직원은 굳이 말리지 않았다. 과감한 물갈이 인사를 단행하는 한편 직원들의 정신교육도 한층 강화했다. 위기를 극복할 수 있다는 자신감을 가지려면 강하게 무장된 정신력이 필요했기 때문이다. 무엇보다 직원들의 자기계발을 강조했다. 고객이 있어야 우리가 있다는 인식을 심어주기 위해 고객만족교육을 강화했고, 스스로가 주인이 될 때 농협에 대한 애정이 생긴다는 점을 역설하며 주인정신을 길러주기 위한 교육도 소홀히 하지 않았다.

2년 만의 위기 탈출

▲▼▲

경영개선을 위한 노력은 2년 동안 지속되었다. 비용절감부터 구조조정, 직원정신 재무장을 위한 교육 등등…. 결과적으로 노력은 헛되지 않았다. 1998년에 이르러 특별관리조합과 합병권고조합에서 정상적인 경영이 가능한 조합으

정읍농협 '여성조합원 한마음전진대회'는 여성조합원과 준조합원, 주부고객 등에게 우리 농업·농촌에 대한 애정을 심어주는 장이다.

로 탈바꿈했다. 55억원의 쌀 사고 농협에서 만 2년 만에 특별관리조합 해제 결정이 난 것이다. 정읍농협 임직원들의 피땀 어린 노력이 조합과 농업인 조합원 모두를 살리는 상생의 길을 만들었다.

하지만 관리조합 해제로 만족할 수는 없었다. 지속가능한 경영을 위한 특단의 대책이 필요했고, 그에 따라 당시로는 큰 $3300m^2$(1000평) 규모의 하나로마트를 개장하기로 결정했다. 쌀 사고의 경험 때문인지 일부에선 정읍농협이 곧 망할 것이라는 말도 들렸다. 소규모 마트와 시장 상인들의 반발이 컸지만, 150여명의 안정적인 일자리와 함께 농산물에 집중하는 하나로마트의 장점을 내세워 최대한 설득해나갔다. 1999년 8월 19일, 마침내 하나로마트가 개장했고 결과는 대성공이었다.

하나로마트 초창기 과일과 채소 등을 공급한 정읍 관내 농업인 조합원 100여명은 현재도 직접 거래를 맺고 있다. 로컬푸드의 원조인 셈이다. 협동조합의 근간인 '더불어 사는 공동체정신'은 예나 지금이나 변함없이 중요한 가치다. 지금의 정읍농협을 말할 때 없어서는 안 되는 하나로마트. 전국적인 벤치마킹 사례로 모범이 되었을 뿐만 아니라, 2010년에는 연매출액 400억원을 돌파하기도 하며 정읍농협의 '영원한 효자' 노릇을 하고 있다.

모든 일은 사람이 한다

지금은 역사 속의 한 페이지가 되었지만, "위기 상황에서 최고 책임자가 그런 의지를 보이지 않았다면 정읍농협은 살아남기 힘들었을 것"이라는 조합원들의 격려는 그 힘든 시절을 아름다운 추억으로 승화시켜준다. 비록 당시 2년 동안 조합장으로서 급여를 받지 못해 금전적인 이익을 희생했지만, 그 대가로 얻은 정신적 이익이 오늘날 5선 조합장의 초석이 된 셈이다.

지속가능 경영은 현재도 진행형이다. 대내외 환경변화로 인한 경쟁 심화에 따라 조합원에 이어 준조합원에도 눈을 돌려 2015년부터 그들에게도 배당을 실시하고 있다. 지금 3만여명의 준조합원은 정읍농협 수익증대에 큰 기여를 하고 있다. 또한 정읍농협 과장급 이상 직원은 반드시 농협중앙회 MBA 과정을 의무적으로 이수하도록 하고 있다. 중간관리자 역량 강화와 마인드 향상이 조직 내 의사소통을 진작시키고, 리더의 경영철학을 이해하는 데도 도움이 되기 때문이다.

결국 모든 일은 사람이 하는 것이다. 성공은 그 사람이 현재 오른 위치로 평가하는 것이 아니라 성공을 위해 노력하는 동안 얼마나 많은 장애물을 극복했는지에 따라 평가된다. 최근 방송이나 언론에서 대기업부터 중소기업에 이르기까지 '갑질 문화'가 만연한다는 내용을 자주 접한다. 세상사에는 영원한 '갑'이 있을 수 없다. 나 또한 누군가의 '을'이 될 수도 있다. 혼자 가면 빨리 갈 수 있지만, 같이 가야 멀리 갈 수 있다. 그것이 협동조합의 가치다.

유남영 조합장
2015년 전북 정읍농협 조합장에 당선됐다(5선).
현재 농협금융지주 이사를 맡고 있으며, 농협중앙회 이사를 지낸 바 있다.

변화의 시작은 소통으로

이승걸 조합장
부산 북부산농협

직원의 손을 잡다

"조합장님, 한번 다시 생각하시지요."

"왜요? 일과 후에 지점에 나가 직원들과 술도 한잔하며 이야기 좀 하려는데, 무슨 문제가 있나요?"

"그게…. 우리 농협은 본점 말고 지점만도 9곳입니다."

"그래서요?"

"직원들이 엉뚱한 이야기를 할 수도 있고, 주당도 많고…. 조합장님이 버텨내기 어려우실 겁니다."

2013년 3월 보궐선거로 조합장에 당선돼 출근을 해보니 분위기가 영 아니었다. 한창 활기차게 돌아가야 할 사무실은 무겁게 가라앉아 있었고, 생동감을 잃고 시들어가는 나무처럼 썰렁한 기운이 확 느껴졌다 .

첫 출근 하는 날 조합장실에 들어가는 내 머릿속에는 '이 조직을 어떻게 살려내지?' 하는 생각뿐이었다. 고민 끝에 간부 직원을 불러 전 직원을 만나겠다고 하니 극구 만류를 하는 것이었다.

본·지점 순회를 하기 전 나는 스스로 네 가지 목표를 세우고 다짐하였다. 첫째, 직원들이 많이 웃도록 해주자. 둘째 철저히 능력 위주로 평가하고 그동안 소외된 사람이 없는지 살펴보자. 셋째, 조합원과 고객에게 적극적으로 다가가는 소통의 농협을 만들자. 넷째, 도시농협이자 전국에서 손꼽히는 선도농협인 북부산농협의 역할을 좀 더 고민해보자.

직원과의 대화가 거둔 성과는 기대 이상이었다. 어떤 지점에서는 조합장이 온다고 직접 만든 카드를 들고 환영을 해주기도 하였다. 굳어 있던 직원들은 내가 내민 손을 잡으면서 얼굴에 미소가 돌았고, 술이 한 순배 돌자 그동안 미뤄온 숙제를 하듯 이런저런 말들을 쏟아냈다. 조합장실에 앉아서는 들을 수 없는 귀중한 이야기였다.

북부산농협은 지역축제를 후원하고 상생기금을 출연하는 등 지역사회 공헌에도 적극적이다.

조합장 선거에 출마하기 전 나는 국제상사와 고합그룹 등 대기업에서 생활도 해봤고, 그곳을 그만둔 뒤로는 제5대 북구 의원으로도 활동했었다. 기업의 생리도 어느 정도 알고 구의회 의원으로 지역 실정도 알 만큼 안다고 생각했는데, 농협은 또 다른 문화를 갖고 있었다. 특히 우리 북부산농협은 무한한 잠재력을 갖고 있으면서도 상하간·직원간 원활한 소통이 제대로 되지 않는 심각한 문제를 안고 있었다.

예수금 1조원 시대를 열다

조합장 취임과 동시에 시작한 나의 소통 행보는 계속되었다. 직원뿐만 아니라 조합원과 고객과의 소통에도 적극 나섰다. 일과 후의 소통을 위한 잦은 회식과 술자리는 건강에 무리가 되기도 했으나, 하루가 다르게 사업 실적이 호전되고 직원들 모두가 활력에 넘치는 모습을 보면 나 스스로도 피곤함을 잊고 의욕이 살아나곤 하였다. 나는 전 지점에서 일반 직원 중 1명씩이 위원으로 참여하는 경영혁신위원회를 매월 개최하여 농협의 장기발전계획을 수립하기 위한 토론을 하고 있다. 평직원이라도 조합의 미래를 설계하고 조직이 안고 있는 현안을 해결하는 데 주도적으로 참여함으로써, 그들이 조합장이나 간부 직원들보다 더 오래 우리 농협을 이끌어갈 주역임을 잊지 않도록 하기 위한 것이었다.

취임 1년 3개월쯤 된 2014년 6월, 우리 농협은 부산·경남 지역 농축협 가운데 처음으로 예수금 1조원을 달성하는 쾌거를 이뤄냈다. 그해 11월에는 대출금이 1600억원 증가한 8000억원에 이르렀고, 2016년 8월에는 상호금융 총 사업량 2조원을 달성하였다.

이러한 성과들은 소통을 통해 직원 모두 스스로 일하는 분위기가 형성되었기 때문에 가능했다고 믿고 있다. 그만큼 소통의 힘은 큰 것이다. 더구나 농협은 농민 조합원과 농업·농촌의 발전, 지역사회의 공헌 등 조합장이나 임직원 모두가 일을 한 것 이상의 보람을 느낄 수 있는 곳이다. 이윤의 극대화를 위해 모든 역량을 집중하는 일반 기업과는 이런 점에서 크게 다르다고 생각한다.

또 다른 시작…지역사회와의 상생

나는 2015년 3월 전국 조합장 동시 선거에서 무투표로 재신임을 받았다. 그 순간 내 가슴에는 초심을 잃지 말고 우리 농협을 위해 앞만 보고 나아가자는 생각뿐이었다. 북부산농협의 위상에 걸맞은 역할을 고민해보자는 2013년의 다짐을 이제는 실행에 옮길 때가 됐다고 생각했다.

먼저 북구 관내 사회복지 단체장과의 간담회를 통해 지속적인 후원을 약속하였다. 다음으로 부산 북구에서 제일 큰 구포나루 축제가 매년 봄 3일 동안 열리는데, 마지막 날은 북부산농협 협찬으로 노래자랑을 개최해 주민들에게 즐거움을 선사한다. 그날은 나도 무대에 올라가 전 구민이 지켜보는 가운데 노래도 하고 상도 준다. 조합장이 왜 이런 일까지 하는가.

우리 북구의 일부 동(洞)은 영세한 주민들이 많이 거주하는 곳이다. 이들이 잠시나마 고단한 일상에서 벗어나 즐길 수 있는 시간과 무대를 만들어주자는 내 뜻을, 직원들은 처음엔 선뜻 이해하지 못했다. "조합장은 조합원들에게만 신경 쓰면 된다"는 것이 직원들의 생각인 듯했다. 그러나 나는 그렇게 생각지 않는다. 농협이 농업인과 함께하는 것은 필수 사항이지만, 우리 같은 도시농협

이승길 조합장(가운데)이 직원들과 함께 '총화상' 상패를 들어보이며 '능 농협 구현'을 다짐하고 있다.

은 지역사회에 기여하고 공헌하는 것도 중요하다고 생각한다. 지금도 도시농협의 역할에 대해 비판적으로 이야기하는 분들이 많은 것으로 알고 있다. 도시농협들이 그동안 역할을 제대로 하지 못했던 것이 원인이다.

북부산농협도 도농상생을 위한 상생기금 출연, 산지 농협에 대한 판매 선급금 지원 확대, 지역 주민들과 상생하는 사업 운영 등 다양한 방안을 추진하고 있으나 아직 만족할 만한 수준에 이르지는 못했다. 그러나 이러한 일들이 제대로 추진되어야 도시농협의 존재에 대한 당위성이 생기고 미래를 준비하는 밑거름이 된다고 나는 생각한다.

'당신이 꿈꾸는 미래, 우리 함께 만들어갑니다'

북부산농협은 2016년에 이어 2017년에도 큰 상을 받았다. 농협 최고의 영예인 총화상을 비롯하여 CS 3.0 RP(상품판매 시연 역할극) 경진대회에서 전국 최고의 대상을 받은 것이다. 도시농협으로서의 역할을 충실히 하다 보면 상은 자연히 따라온다. 우리 북부산농협은 그 상들을 받을 준비가 되어 있는 조합이라고 감히 자부하고 싶다.

나는 매년 우리 농협의 캐치프레이즈를 공모한다. 전 임직원이 혼연일체가 되어 어려운 위기를 극복하고 밝은 미래를 만들어가자는 뜻을 제시하는 캐치프레이즈를 선정해 사무실에서 제일 잘 보이는 곳에 게시한다. 2017년 캐치프레이즈는 '당신이 꿈꾸는 미래, 우리 함께 만들어갑니다'이다. 너와 내가 아닌 '우리'가 함께 따뜻하고 힘찬 미래를 준비하자는 것이다.

조합장으로 지나온 4년여의 시간이 한순간처럼 느껴질 때가 많다. 그러나 나에게 이런 보람된 기회가 주어진 만큼, 이 시간만은 너무 빠르지도 느리지도 않게 뚜벅뚜벅 한걸음씩 정도(正道)로 걸어가겠다는 것이 내 스스로에게 하는 다짐이다. 직원, 조합원, 14만명의 준조합원, 32만여명의 구민과 함께….

이승걸 조합장
2015년 부산 북부산농협 조합장에 당선됐다(2선).
농협생명발전협의회 위원, 상생협력위원회 위원, (재)부산북구장학회 이사를 맡고 있다. 부산대학교 국제대학원 국제학 석사학위를 취득했다.

마도농협 살리기에
몸을 던지다

이재헌 조합장
경기 화성 마도농협

사표 던지고 합병 반대에 나서

"이 지점장, 마도농협이 이웃 농협과 합병을 추진하기로 했다는데 소식 들었는가?"

화성 태안농협 지점장으로 근무하던 2014년 4월 어느 날, 고향인 마도면의 한 원로 조합원으로부터 격앙된 목소리의 전화를 받는 순간 나는 피가 거꾸로 치솟는 충격을 받았다. 29년을 몸담았던 나의 분신과 같은 마도농협의 간판이 내려질 위기에 처했다는 사실을 받아들일 수 없었다.

'아니 어떻게 했길래 이 지경이 되었단 말인가. 조합을 만들고 가꿔온 조합원들과 농협 선배들의 상실감은 어쩔 것인가. 자구 노력을 해보지도 않고 합병

부터 추진한다니 이럴 순 없잖은가.'

그날부터 나는 온갖 번민으로 밤잠을 설치기 일쑤였고, 결국 일생일대의 중대한 결단을 내렸다. 정년을 1년 6개월을 남긴 그해 7월 1일, 사표를 내고 고향인 마도로 돌아가 조합 합병 반대 활동에 온몸을 던졌다.

처음 70% 이상이 합병에 찬성하던 분위기 속에서 나는 지역 여건을 살리고 조합을 혁신하면 얼마든지 자립경영이 가능하다고 피를 토하듯 호소하며 조합원을 설득했다. 마침내 그해 11월 28일 찬반투표에서 합병 반대 60%라는 반전의 결과를 이끌어냈다. 결국 감사하게도 조합원들은 어렵더라도 힘을 합쳐 마도농협을 살리자는 길을 선택한 것이다. 나의 마도농협 구하기는 이렇게 시작되었다.

개혁, 직원 업무능력 교육부터

▲▼▲

조합의 자립과 회생을 외치고 다녔으니 공언에 책임을 져야 했다. 또 조합을 살릴 나름대로의 방안도 머릿속에 그려놓은 터라 2015년 3월 11일 조합장 선거에 출마했고 당당히 조합원들의 선택을 받았다.

나는 마도농협을 개혁하는 첫 수순으로 망설임 없이 전 직원에 대한 강도 높은 업무능력 강화교육에 나섰다. 혁신역량교육(TMSP)을 책임자급 직원부터 받게 한 다음 교육을 이수한 직원이(SM) 업무를 끝낸 오후 7시부터 10시까지 주 2회씩 6주에 걸쳐 다른 직원을 반복적으로 교육하도록 했다. 물론 처음에는 마뜩찮게 생각했던 직원들도 점차 열띤 토론까지 할 정도로 적극적으로 바뀌었고 업무역량도 부쩍 향상되었다.

마도농협은 조합 개혁의
첫 방안으로 강도 높은 직원교육을
실시해 눈에 띄는 성과를
거두고 있다.

또한 농협중앙회 상호금융부 고객만족(CS) 담당자를 초청하여 고객관리(CRM) 및 고객만족, 니즈 등에 대한 집중교육을 했더니 고객과 조합원을 응대하는 직원들의 태도가 적극적으로 바뀌며 눈에 띄게 친절해졌다.

조합원 손 잡고 "출자 도와주세요" 호소

합병을 둘러싼 소용돌이를 겪으며 조합에 대한 조합원의 실망과 불신의 골이 깊게 패인 상황에서 무엇보다 시급한 것은 신뢰 회복이었다.

"이제 마도농협을 조합원님의 조합으로 돌려드리겠습니다."

"자기자본을 늘려야 마도농협을 다시 일으킬 수 있습니다. 꼭 도와주셔야 합니다."

2015년 6월, 영농회마다 순회하며 좌담회를 열고 사업추진과 고정투자 방향을 허심탄회하게 설명하고 출자해줄 것을 간곡하게 호소했다. '지성이면 감천'이라던가! 조합원의 악수하는 손에서 조금씩 마음이 돌아서는 따스함이 느껴졌고 출자에는 가속도가 붙어갔다.

그 결과 그해 12억원의 출자금이 늘어 조합원 1인당 평균출자금도 380만원에서 450만원으로 높아졌다. 자립기반 조성에 파란불이 켜진 것이다. 조합장 취임 이후 현재까지 26억원의 신규 출자가 이뤄지면서 조합원 1인당 평균출자금은 530만원으로 껑충 뛰었다. 무엇보다도 조합원들이 조합의 모든 사업에 관심을 보이며 애정 어린 충고와 격려를 해주는 것이 나에게는 가장 큰 힘이 되었다. 이제 자립경영의 문턱을 넘어섰다는 안도감과 함께 '이제부터 시작'이라는 각오를 새롭게 다져나갔다.

농업인 조합원의 소득이 높아져야 신용과 경제 등 모든 사업이 활성화된다는 것은 두말할 필요가 없다. 하지만 불행히도 우리 지역은 농업인 조합원의 쌀에 대한 소득 의존도가 절대적이다. 우리 국민의 쌀 소비가 하루가 다르게 줄어가고 밥 한 공기가 자판기 커피 한 잔 값도 안 되는 현실이 안타깝고 원망스럽지만 그렇다고 손을 놓고 있을 일은 아니었다.

고심 끝에 화성의 지역 농협 가운데 처음으로 벼 소득대체 작목을 육성하기 위하여 농협중앙회에서 30억원의 목적자금을 차입했다. 여기서 발생하는 금리 수익과 6600만원의 자체자금을 합쳐 감자·양파·당근 3개 품목의 소득작목

이재헌 조합장(가운데)과 직원들은 일일이 조합원을 찾아다니며 출자를 호소, 자립기반을 다졌다.

입식을 지원, 2017년 4월 작목회를 결성하고 가을 감자를 시작으로 파종을 완료해 소득의 결실을 바라보고 있다.

농업인 조합원은 새 소득의 꿈을 무럭무럭 키우고, 마도농협은 화성시 푸드센터를 통해 학교급식 납품을 추진하는 등 농산물 소비처 개척에 동분서주하고 있다. 이제 조합원은 희망이 살아나고, 조합은 생기를 되찾으며, 조합 직원은 자신감을 회복하고 있는 모습이 여기저기서 느껴진다.

작지만 강한 농협, 우공이산(愚公移山)의 자세로

조합장이 된 지 30개월을 넘어섰다. 주말도 공휴일도 잊고 뛰다 보니 몸은 천근만근으로 녹초가 될 때가 많다. 하지만 사업이 날로 성장하고 조합원들의 참여가 높아지는 것을 보면 피로가 눈 녹듯이 가시고 힘이 솟는다.

농축협 종합업적 평가에서 농촌형(12그룹) 농협 가운데 해마다 꼴찌에서 10등 안에 들던 마도농협이 2016년에는 종합 2위를 달성하는 놀라운 성과를 올렸다. 어렵다는 생명보험(20그룹)도 연도대상을 수상하여 상복이 터진 한 해였다. 조합원에게 희망과 긍지와 자부심을 안겨드린 행복한 한 해였다.

2017년에도 각종 사업이 15% 이상 성장하고 있다. 7월 말 현재 농촌형(9그룹) 종합 1위를 달리며 상호금융 부문 및 보험 부문도 우수한 성적을 나타내고 있어 연말성적을 기대하고 있다. 손익 부문도 전년 대비 100% 증가해 조합원의 복지사업과 영농자재 환원사업 등에도 아낌없이 지원할 수 있게 되었다. 이제는 조합을 살리겠다는 약속을 지키는 것은 물론 선도농협으로 발돋움할 수 있다는 자신감도 갖게 되었다.

중국의 '우공'이라는 사람이 오랜 시간 망태로 흙을 날라 산을 옮겼다는 '우공이산(愚公移山)'이라는 고사성어가 있다. 남들에게는 어리석은 일처럼 보이지만 한 가지 일을 끝까지 목적을 가지고 추진한다면 언젠가는 엄청난 결과를 이룰 수 있다는 뜻이다.

이제 화성에서도 가장 작은 조합인 마도농협은 펄떡이는 물고기처럼 활기가 넘치고 있다. 지금처럼 조합원과 조합 직원이 뜻으로 하나가 되어 나아간다면 마도농협은 작지만 강한 '강소농협'으로, 누구나 인정하는 '선도농협'으로 도약할 수 있다고 확신한다.

이재헌 조합장
2015년 경기 화성 마도농협 조합장에 당선됐다(초선).
조합장 당선 전 마도농협 상무, 태안농협 지점장 등을 지낸 바 있다.

농사연금 주는 도시농협이 있다? 있다!

임인규 조합장
전북 전주농협

"흙과 더불어 어질게 살라"

나는 전북에서도 가장 낙후된 첩첩산중 오지 농촌이라 할 수 있는 완주 화산에서 가난한 소작농의 아들로 태어나 유년시절을 보냈다. 어머니는 오막살이 집 대들보에 달린 꿀벌을 치마로 한아름 받는 태몽을 꾸셨고, 아버지는 "흙과 더불어 인생을 어질게 살라"면서 '인규(仁圭)'라는 소중한 이름을 주셨다.

'한 사람의 아버지가 백 사람의 선생보다 낫다'라는 영국 시인 조지 허버트의 말이 생각난다. 이순을 훌쩍 넘긴 지금, 절박한 농심들을 위한 '어진(仁)' 봉사를 실천하며 '흙(圭)'과 더불어 농협 조합장의 소임을 다하고 있는 나를 만들어주신 분은 태생적으로 부모님이었음을 부인할 수 없다.

'훌륭한 농부가 되어 잘사는 농촌을 만들어보자'는 인생관을 심어주신 부모님의 유훈을 30년 농협 근무를 통해 차근차근 다져왔으며, 이는 지금 내가 추진하는 소통경영의 핵심 기반이다. 저 세상에 계신 부모님이 주신 가르침을 실천하기 위한 효의 다짐일지도 모를 일이다.

"조합장부터 보수 50% 삭감합니다"

▲ ▼ ▲

개혁은 자신부터 해야 한다. 우리 농협은 전형적인 도시형 농협이다. 전체 조합원 중 농업인 비율이 5%에도 못 미치고, 조합원들의 농가소득은 1000만 원도 채 안 된다. 최근 통계자료를 기준으로 하면 전국 평균의 3분의 1에도 못 미치는 수준일 것이다. 이러한 현실에서 농민을 대표하는 조합장이 많은 보수를 받는 것은 부모님의 가르침을 배반하는 것이라 생각했다. 과연 농협은 농업인에게 무엇을 해주었는가? 나는 조합장 보수를 50% 자진 삭감했다. 농가소득이 5배 늘 때 농가부채는 12배로 급증한 오늘의 절박한 농업위기를 생각하면 이는 농업인 조합원들과 고통을 함께하겠다는 신임 조합장의 작고도 당연한 실천일 뿐이지만, 사실 그조차 부끄러움이 앞설 뿐이다. 다행히 상임이사도 이에 동참해 일정 비율 연봉 삭감에 나서주었다. 또한 사무소 경비 절감운동 등 의식 전환이 조합 차원으로 전개되어 그 성과가 손익개선으로 뚜렷하게 나타나고 있다.

무엇보다 조합과 조합장에 대한 조합원의 신뢰가 높아져 조합이 추진하고자 하는 사업에 대한 참여의지도 함께 높아지고 있는 점은 괄목할 만한 일이다. 임원회의와 부녀회 등 내부 조직의 대표들도 우리의 헌신적이고 개혁적인 사업의지에 응원의 박수를 보내주고 있다. 나는 이를 계기로 향후 '농가소득 5천만 원 시대' 실현을 위해 앞장서서 솔선수범하는 한편, 창의적인 소통경영을 위해 더욱 노력하고자 한다.

'농사연금' 매월 3만원 지급

"힘나네요! 농사연금, 함께해요! 전주농협."

조합원들의 격려와 다짐이 현장에서 들려온다. 조합장으로 취임하자마자 전국 최초로 도입한 농사연금제도는 정체성 위기를 맞고 있는 우리 농협을 위한 개혁의 작은 첫걸음이다. 조합원의 주인의식을 함양하고 조합 사업 참여도를 높이자는 것이 도입 배경이다. 즉, 조합원의 기본적인 생활과 농업활동을 보장해주고 그로 인해 생산된 질 좋은 농산물의 판로도 개척해주는 등 모든 부문에서 도움을 드리는 사업이라 할 수 있다.

이 제도를 도입하기 위해 이사회·총회 등의 의견 수렴과 심의·의결 과정을 거치면서 '과연 우리 농협은 초심을 잃지는 않았는가?' 하고 심각하게 고민

전주농협은 '경제사업 1000억 달성 추진대회'를 열고 농민이 행복한 도시형 판매농협 구현을 다짐했다.

임인규 조합장(왼쪽 두 번째)은
농사연금 지급,
공선출하회 조직화 등으로
경제사업 기반을 다지고 있다.

하기도 했다. 하지만 지금은 우리 농협에서 실시하고 있는 농사연금의 목적과 취지에 대해 지역사회와 전국 농협이 주목과 관심을 보내고 있다. 여러 방송에 출연하면서 많은 호응을 얻다 보니 일약 스타가 된 것 같기도 하지만, 역시나 가장 반가운 것은 조합원과 시민들의 찬사다.

농사연금은 5년 이상 영농에 종사하는 조합원이 일정요건을 갖출 경우 월 3만원(연간 36만원)을 영농비 등으로 지급하는 제도이다. 재원은 연금 지급으로 기대되는 조합원들의 농협 사업 이용 증가 등을 통해 거둔 수익으로 조달된다.

2016년 기준 15억원이 지원되었으며, 2018년부터는 농협 사업을 일정 금액 이상 이용한 실적이 있는 조합원으로 지급 대상을 한정함으로써 조합원의 주인의식과 사업 참여도를 높일 예정이다. 지급액도 단계적으로 늘려감으로써 절박한 농심을 어루만지는 실질적인 제도로 발전시켜 나갈 계획이다.

무엇보다 조합 사업을 반드시 이용하고자 하는 방향으로 조합원들의 의식이 변화하고 있어 다행이다. 농사연금 지급이 지속되면서 상호금융과 보험, 카드 실적의 증가를 이끄는 보이지 않는 동력이 되고 있으며, 경제사업장의 조합원 방문객 수가 지속적으로 증가하고 있다. 이를 보면 월 3만원의 정액 지원이 자칫 별다른 효과 없는 푼돈 지원으로 전락할 수 있다는 우려도 기우에 불과했다.

최근 조합원을 상대로 자체 실시한 표본조사 결과를 보면 농사연금의 취지에 대해 100% 만족하고 있으며, 특히 농사연금으로 인한 조합 사업 참여의향이 90% 수준으로 기대 이상의 반응을 얻고 있는 것으로 나타났다. 이 제도 도입 이후 우리 농협 18개 지점 중 예수금이 1000억원이 넘는 사무소가 늘어나고 있는 것이 그 증거라 할 수 있다.

신용 · 경제 상임이사 따로 둬

"경제사업 상임이사 제도, 참 잘한 것 같네요."

우리 농협 임원들의 이야기다. 우리 농협은 전형적인 도시형 농협답게 신용사업은 이미 안정적으로 기반이 구축되어 있다. 상호금융은 지난해 말 2조원 시대를 열었고, 보험 · 카드 사업도 전국 최고 수준을 유지하고 있다. 그러나 경제사업 비중은 신용사업의 15%에도 못 미친다. 전업농이라 할 수 있는 조합원 비율이 5%도 채 안 되는 현실은 경제사업 추진을 위한 기반이 얼마나 취약한가를 시사해주고 있다. 지난 2015년 취임하면서 농협이 농민을 위한 조직이 아니라, 대다수의 겸업농가와 준조합원에 의해 경영이 좌지우지되면서 전업농 조합원의 기대와는 동떨어진, 어찌 보면 농협법 정신에 위배되는 사업구조를 지니고 있지는 않은지 심각하게 고민하며 자문해 보았다.

나는 "농업인 조합원이 잘사는 농협을 반드시 만들겠다"라고 선거 공약 시목이 터지라 외쳤었다. 그리고 그 이전부터 실천을 위한 동력을 어디에서 끌어올 것인지에 대해 심도 있는 논의와 의견 수렴을 진행한 끝에 '경제사업 체계의 과감한 쇄신이 필요하다'는 결론을 공약에 담기에 이르렀다. 그랬기에 취임 후 조합원의 전폭적인 지지를 통해 과감하게 신용사업과 경제사업을 전문경영인 책임체제로 분리 독립시켰으며, 그런 맥락에서 신용·경제 상임이사 제도를 전국 최초로 도입했다.

제도를 도입한 지 이제 1년 남짓하지만 이미 대다수 조합원들이 긍정적으로 평가하면서 제도를 구상한 조합장의 경제사업 추진 의욕에 불을 당겨주고 있다. 걸음마 수준인 우리 농협의 경제사업 추진기반이 안정적으로 구축되려면 몇 년이 소요될 것이라는 우려도 있지만, 벌써부터 도입 효과가 도처에서 서서히 나타나고 있다.

우선 그동안 작목반 형태로 개별 판매에 의존했던 배·복숭아·미나리 등 주 작목에 대한 공선출하회 조직화가 급물살을 타고 있다. 일례로 연간 판매량 120억원에 달하는 핵심작목인 '전주미나리'는 그동안 작목반 형태로 개별 판매에 의존하고 있었지만, 지금은 이를 '전주농협 미나리생산자협의회'로 묶어내고 전량 공동선별·공동판매하기 위한 공동경영체 조직을 구축해놓고 있다. 이 외에도 800억원대에 머무르던 경제사업이 2017년 1000억원 달성을 목전에 두고 있으며, 5대 주요 작목의 공선출하회 정비 및 개편 조직화는 물론이고 농산물산지유통센터(APC) 신축, 하나로마트 복합매장화와 로컬푸드 매장의 전주권역 동서남북 구축 추진 등 경제사업 기반 구축을 위한 뜨거운 열기가 모든 부문에서 뚜렷하게 나타나고 있다.

나비를 모으려면 꽃을 키워라

▲ ▼ ▲

매출이 적어 적자가 누적되었던 경제사업 또한 점포 조정을 통해 수익구조를 개선해야만 했다. 고객들을 불러 모아 매출을 증대시킬 방안이 필요했다.

적자가 지속되던 능곡 하나로마트점을 폐점하고, 하나로마트 대신 직접 판매가 가능한 로컬푸드직매장으로 전환을 꾀하였다. 로컬푸드 사업은 앞으로 충분히 경쟁력이 있고 직매장이 위치한 덕양구의 소비력이 뒷받침해줄 수 있다고 판단하여 과감하게 추진하였다.

먼저 로컬푸드 추진팀을 구성하고, 참여농가 조사를 실시하여 204개 농가의 신청을 받았다. 이어 고양시 주관 로컬푸드 신규 참여농가 교육을 통해 140개 농가를 추가적으로 확보할 수 있었다. 이런 노력 덕분에 지도농협은 한국농수산식품유통공사 2016년 로컬푸드직매장 지원 대상자로 선정되었고, 경기도 로컬푸드직매장 리모델링 지원사업 대상자로도 선정되어 총 사업비 중 55%를 지원받을 수 있었다.

또한 로컬푸드직매장 참여농가 실무교육을 지속적으로 실시하여 소비자에게는 농산물에 대한 신뢰감을 주고, 생산자에게는 유통 확대 기회를 제공하였다. 이와 함께 기존 하나로마트 정육부문을 축협 위탁사업으로 전환하여 경영 효율성을 증대하였다.

로컬푸드직매장 전환 이후 농협 직원들을 대하는 조합원들의 태도도 눈에 띄게 달라졌다. 지역 생산자들은 $450m^2$(135평)의 넓은 공간에 농산물을 직접 출하하고 진열한다. 농협 직원들은 이른 새벽부터 밤늦은 폐점 시간까지 이들 농산물 생산관리와 유통을 함께하며 운영의 전 과정을 빈틈없이 관리한다. 자연스레 로컬푸드 출하자는 품질 개선에 노력하게 되었고, 농협은 책임지는 자세로 판매에 임하게 되었다. 서로 믿고 도우니 매출이 점점 개선되었다. 그 결과 1일 매출이 기존 700만원 선에서 1100만원대로 증가하는 큰 실적 개선을 얻을 수 있었다.

갈 길은 멀고 할 일은 많다

▲▼▲

위기 극복을 위한 '지도농협 비전 2020'의 2막은 계속되어야 할 것이다. 조합원 중심의 강화된 결속력, 직원들의 책임감과 창의성, 조합원의 이익 창출을 비전과 목표로 해 우리는 앞으로 더 나아가야 한다.

여기서 만족하지 말고 급변하는 시대의 변화에 따라 우리 농협 또한 무한 혁신하고 달라져야 한다고 생각한다. 이를 위해 홈페이지와 블로그, 카카오스토리 등 SNS 홍보활동을 강화할 계획이다. 농협은 농민만을 위한 제한된 조직이라는 대중의 선입견을 희석시키기 위해, 빠른 소식과 정보 공유로 디지털세대와 소통하기 위해 준비하고 있는 것이다. 디지털 환경에서 젊은 층과 만남을

장순복 조합장은 기존 하나로마트를 로컬푸드직매장으로 전환, 조합원 만족과 매출 증대라는 성과를 올렸다.

지속하다 보면 이들을 우리의 고객으로 확보할 수 있을 것이라는 확신이 있기 때문이다. 이 밖에도 우리 농협은 지역사회에서 다양한 봉사활동과 나눔을 실시하며 지도농협만의 경쟁력을 갖추어나가고 있다.

지난 몇 년 힘들었던 시절을 뒤로하고 우리 농협은 2017년 6월 말 현재 자산 5687억원, 연체율 0.81%, 당기 순손익 29억 2900만원의 건강한 조합으로 재탄생했다. 본점을 포함해 7개의 지점 101명의 전 직원은 오늘도 2000여명의 조합원과 함께 고객들의 믿음을 이끌어내려 노력하고 있다. 지도농협의 2020년을 기대해 본다.

장순복 조합장
2015년 경기 고양 지도농협 조합장에 당선됐다(초선).
현재 농협대학교 최고농업경영자 과정 13기 고문, 숭실대학교 중소기업 최고경영자과정 AMP 20기 부회장, 능곡중고 총동문회장을 맡고 있다. 고양시 지도체육회장과 육구회연합회장을 지낸 바 있으며, 조합장 당선 전 지도농협 감사를 6년간 맡았다.

속이 꽉 찬 국민의 농협
"믿음이 간다"

정재영 조합장
경기 성남 낙생농협

연어…내 고향 낙생농협에서 새롭게 시작하다

▲▼▲

"저 정재영, 이제 한 마리의 '연어'가 되어 내 고향 낙생농협으로 돌아왔습니다. 강을 거슬러 오르는 힘찬 연어처럼 낙생농협을 위해 혼신을 다하여 모든 것을 바치겠습니다."

나는 조상 대대로 400년을 이어 낙생면에 터를 잡고 뿌리를 내려 살아온 '낙생 토속인'으로서, 1976년 농협에 입사해 27년간 근무하다 전무로 퇴직하여 3선의 경기도의원으로 정치 인생을 보냈다. 그러던 중 낙생농협이 어려운 경영 상황에 처하자, 태어난 강으로 거슬러 올라가는 연어처럼 돌아와 2015년 3월 21일, 낙생농협 조합장으로 새롭게 출발하게 되었다.

신(信)…믿음을 회복하다

조합장에 취임했을 때 우리 농협은 위기를 맞고 있었고 이를 극복하기 위한 개혁이 절실한 상황이었다. 경기침체로 인한 부동산 가격 하락과 그에 따른 거래절벽으로 부실채권이 기하급수적으로 늘어났고, 결국 이는 조합의 적자로 이어졌다. 조합원과 고객을 잃어가는 우리 농협을 일으키기 위해서 가장 필요한 것은 바로 '신(信)', 믿음을 회복하는 것이라고 생각했다.

신뢰를 되찾기 위해 우선적으로 우리 농협의 시스템을 획기적으로 변화시킬 필요가 있었다. 공개 · 공정 · 공평의 '3공(公)원칙'과 실익 · 실용 · 실천의 '3실(實)주의'를 운영방침으로 세우고 '낙생농협 3·3·7 희망 프로젝트'를 정립했다. 또한 낙생농협 조합원으로서의 긍지와 소속감을 높이는 차원에서 조합원증을 제작해 발급하고, 전국 최초로 농협 배지를 만들어 배포했다. 그리고 조합원을 초청해 1일 명예조합장으로서 우리 농협 경영에 직접 참여할 수 있는 기회를 부여하였다.

특히 '1일 명예조합장제'는 형식적인 행사에서 벗어나 명예조합장이 회의

낙생농협 조합장실은 조합원이 언제든 찾아와 차도 나누고 간담회도 여는 '소통공감의 방'으로 탈바꿈했다.

주재는 물론 조합원 상담, 지점 순회, 행사 참석 등 실질적인 역할을 주도적으로 수행하도록 했다. 이는 농협 사업에 대한 조합원의 자발적인 관심과 지지를 얻는 통로로서 큰 역할을 하게 되었다.

'1일 명예조합장제'에 대한 조합원의 호응은 뜨거웠다. 시행 1년여 만에 참여 인원이 전 조합원의 10분의 1인 130명을 돌파했고, 평균 98점의 높은 체험만족도를 기록했다. 무엇보다 참여 조합원들이 우리 농협에 애정을 가지고 적극적으로 농협 사업을 이용하게 하는 큰 유인동기가 되고 있다.

정(正)…기준을 바로 세우다

▲ ▼ ▲

타성에 젖어 있는 우리 농협을 바로 세우기 위해서는 전면적인 조직 개편이 필요했다. 먼저 전체 조직을 1실(경영기획실) 1단(농정문화홍보단) 2본부(금융지원본부·경제사업본부) 1역(검사역)으로 새롭게 편성했다. 기존에 없던 금융지원본부를 신설하고 총무과와 지도과를 각각 경영기획실과 농정문화홍보단으로 개편하여 직원들의 업무 범위를 명확히 정하고, 부서 간 소통을 원활하게 하였다.

또한 '성과평가제도'를 도입하여 직원의 업무 성과를 공정하게 평가하는 기준을 세우고 성과달성에 매진하는 분위기를 만들고 있다. 우리 농협의 성과평가제도는 타 조직의 제도와는 달리 봉사활동, 농협 이용, 행사 참석 등 자발적인 노력을 평가 항목으로 추가하여 조직 성과와 개인 성과의 균형 있는 분배를 통해 성과평가제도의 폐단을 줄여나가고 있다는 평가를 받고 있다.

나는 이렇게 하드웨어뿐 아니라 소프트웨어 측면에서 접근이 필요하다고 생각하여 낙생농협을 바로 세우기 위한 우리만의 올바른 조직 문화를 세워가고 있다. 공적인 일을 사사로운 일보다 먼저 하는 '선공후사(先公後私)', 윗사람을 공경하고 아랫사람을 사랑하는 '상경하애(上敬下愛)', 남보다 앞장서서 다른 사람의 모범이 되는 '솔선수범(率先垂範)' 이렇게 세 가지를 우리 조직의 문화로 만들어나가기 위한 노력을 진행 중이다.

락(樂)…모두가 즐거운 농협으로

▲ ▼ ▲

"낮은 자세로 겸손하게 조합원님의 작은 말씀도 귀 기울여 듣고, 소통과 화합으로 행복한 지역사회와 대통합의 '상생낙생(相生樂生)'을 만들겠습니다."

낙생농협에서 조합장으로 취임하면서 가장 우선으로 생각한 것이 바로 소통과 화합이었다. 작게는 조직 안 직원간의 소통을 위하여 매월 '소통공감의 날' 행사를 실시하여 직원 개인의 발표 역량을 높이고 서로의 생각과 의견을 공유하고 있다. 그리고 조합장실은 조합원이 언제든 찾아와 차 한 잔과 담소를 나눌 수 있는 공간으로 탈바꿈하였고, 조합원 간담회를 수시로 열어 스스럼없는 대화를 나누는 등 조합원과의 소통에 노력하고 있다.

또한 매년 12월 말에 송년음악회를 개최해 한 해 동안 우리 농협을 이용해 준 조합원과 고객들에게 감사의 마음을 전하고 있다. 2017년이면 세 번째가 되는 송년음악회는 평일 저녁에 개최하는데도 다채로운 공연과 원활한 진행으로 500여명의 조합원, 고객, 지역 주민의 높은 관심과 참여를 이끌어냈고, 대강당을 가득 메우는 지역의 큰 행사로 자리 잡았다.

상생낙생(相生樂生)…고객이 믿고 찾는 국민의 농협

▲▼▲

　도의원으로서 정치 생활과 조합장으로서 경영 생활을 모두 경험한 나로서는 조합장이 정치인보다 훨씬 어렵게 느껴진다. 선거로 선출되고 희생과 봉사의 리더십을 가져야 하는 점은 같지만, 정치인은 행위에 대한 직접 책임을 지지 않는 반면 조합장에게는 명확한 책임이 따르기 때문일 것이다. 또한 정치인은 정치만 하면 되지만 조합장은 정치인·기업가·경영인 이 세 가지 역할을 모두 수행해야 한다는 점 때문에 더 힘들고 고된 일이라고 생각한다. 그러나 그만큼 성취감과 보람도 크기에 책임과 수고마저 즐겁고 뜻깊게 받아들이고 있다.

　나는 조합장 취임 후 지금까지 우리 낙생농협이 진정으로 발전하기 위해서 어떻게 하는 것이 좋을지를 끊임없이 고민해왔다. 봉사와 희생정신으로 오로지 우리 농협의 성장과 발전만을 위하여 기존의 관행을 답습하지 않고 두려움 없이 과감하게 변화를 만들어가고 있다.

　2017년 초 농협 최초로 편의점인 '낙생농협 락(樂)마트'를 개설하여 다른 농

정재영 조합장(맨 앞)이 직원들과 함께 '모두가 즐거운 낙생농협 만들기'에 나서자고 다짐하고 있다.

협의 벤치마킹 대상이 된 것은 바로 이러한 변화를 두려워하지 않는 마음으로 새로운 사업을 끊임없이 찾아다녔기 때문일 것이다.

나와 우리 농협은 앞으로도 '다른 사람이 하고 있는 일을 똑같이 한다면 다른 사람보다 뛰어날 수 없다'라는 생각으로 우리 농협만이 할 수 있는, 잘할 수 있는 일을 찾아낼 것이다. '고객이 믿고 찾는, 속이 꽉 찬 국민의 농협'을 위하여 오늘도 뛰고 내일도 뛸 것이다.

정재영 조합장
2015년 경기 성남 낙생농협 조합장에 당선됐다(초선).
현재 민주평화통일자문회의 자문위원, 성남지방법원 민사조정위원, 성남문화원 이사를 맡고 있다. 조합장 당선 전 단국대학교 겸임교수, 경기도의원(3선)을 지낸 바 있다. 성균관대 대학원 정치학 석사를 취득했다.

변화하면 '된다'
1등 브랜드 '된다'

최덕식 조합장
강원양돈농협

돼지고기 어디에서 구입하세요?

"돼지고기를 어디에서 구입하세요?"
"○○농협 마트나 □□축협 마트에서 사지요. 거기 고기가 맛있더라고요."
"양돈농협 마트에서는 안 사세요?"
"거기요? 고기가 안 좋더라고요. 냄새도 심하고…. 거기선 잘 안 사먹어요."

2015년 3월 강원양돈농협 조합장으로 당선된 후 우리 농협 마트와 거래하는 고객들을 대상으로 돼지고기 구입처를 물었더니 대부분 하는 이야기가 이랬다. 참 난감했다. 돼지를 전문으로 하는 양돈농협이 아닌 다른 농협 마트에서 돼지고기를 구입하고 오히려 더 맛있다고 하니 말이다.

최덕식 조합장(오른쪽)은 돈육 유통구조 정비를 최우선 혁신과제로 추진, 수익구조 개선 등의 성과를 얻고 있다.

무엇이 문제일까? 우리 조합원들이 강원 청정지역에서 깨끗하고 맑은 물과 고품질의 산돈사료를 먹여 키우고 있고, 더욱이 '강원 깊은산 맑은돈'이라는 자체 브랜드를 만들어 지속적으로 홍보하고 있는데도 불구하고 판매 현장에서는 품질이 좋지 않다고 한다. 인근 농축협 마트에서 파는 돼지고기는 유통업자들이 공급하는 타 지역 물량이 대다수인데도 말이다.

총체적 난국, 무엇부터 손을 대야 하나

먼저 마트 정육코너와 판매부서에 대한 실태조사부터 실시했다. 돼지고기 입고부터 판매에 이르기까지 전 단계를 살펴본 결과 역시나 냄새가 나고 육질 상태가 좋지 않았다. 어떻게 이런 고기를 파느냐고 야단치니 직원들도 어쩔 수 없다고 한다. 애초 입고 단계에서부터 돈육 가공 후 꽤 기일이 경과한 돼지고기가 들어오고 있다는 것이다. 신선한 고기를 바로 입고받아 저온숙성한 후 판매하는 것이 아니라 판로 부족으로 적체된 재고를 내놓는 까닭에 육질 상태가 불량하고 냄새도 날 수밖에 없다고 볼멘소리로 억울함을 호소한다.

이번에는 돈육 가공 및 저장고를 둘러보았다. 저장고마다 냉장육, 냉동육 할 것 없이 부위별 재고가 그득 쌓여 있었다. 재고가 왜 이렇게 많으냐고 하니 구제역 여파 등으로 미처 판매되지 못해서라고 한다.

육가공부는 또 어떤가? 홍수출하 물량을 6명이서 하루 100마리밖에 소화를 못하고 나머지 초과 물량 150여마리는 강원LPC라는 육가공공장에 위탁하고 있었다. 작업이 이원화되니 돈육가공 구조와 작업 스펙이 일치되지 않아 생산성과 돈육상품 품질이 저하되고, 이는 결국 마트에서 판매되는 고기의 질을 떨어뜨리는 결과로 나타났다. 유통 단계에서도 적체된 돈육 재고를 해소하기 위해 지나치게 유통 거래처에 의존하니 제값을 못 받고 있었다. 그마저도 신선 돈육은 유통 거래처로 납품되고, 조합 마트에는 적체된 재고 위주로 입고되고 있었다. 이제야 우리 돼지고기가 왜 고객들에게 외면을 받았는지 그 이유를 알 것 같았다. 한마디로 총체적 난국에 빠진 상황이었다.

해법은 기본과 원칙

묘수는 따로 없었다. 기본과 원칙을 충실히 따르는 것이 해결책이었다. 결국은 혁신이 필요했다. 우선 인적 쇄신을 단행하였다. 새로운 사고와 강한 업무 추진 능력을 갖춘 직원들로 인력을 보강하여 돼지 출하부터 가공 및 판매에 이르기까지 역할과 책임 분담을 정하였고, 태스크포스(TF)팀을 구성하여 판매사업에 대한 스왓(SWOT) 분석 및 추진 전략회의를 개최하여 경영혁신 방향을 결정하였다. "판매유통 구조의 혁신을 통한 손익구조 개선과 축산농가의 안정적 출하 및 농가소득 증대를 목표로 사업을 시행한다"는 내용이었다.

2005년 4월 브랜드사업 출범 후 유명무실했던 '브랜드농가 협의회'를 경영혁신과 연계하여 재정비하였고, 지도컨설팅부서와 판매유통부서가 함께 농가 방역 및 생산성 향상 등 돈육품질 개선을 위한 협업을 지속적으로 실시하는 시스템을 구축하였다. 그 결과 브랜드사업 참여농가에서 출하한 돼지를 강원LPC로 일원화하여 도축·임가공함으로써 종돈과 사료 공급이 통일돼 균일한 돼지 생산이 가능해졌다. 또 농가 및 가공업체의 해썹(HACCP) 지정으로 깨끗한 사육환경을 만들고 위생관리를 철저히 함으로써 안전하고 신선한 양질의 청정 돈육을 생산하여 공급하게 되었다.

또한 조합 마트를 통한 소비자 판매 및 특정 유통 거래처 위주의 판매 구조를 재정비하기로 했다. 먼저 수익률이 좋은 농축협 계통 거래처 확대를 최우선 과제로 선정하고, 육가공부 직원 전원을 판매유통 영업 및 배송 업무에 집중 배치하였다. 그리고 타 농협 조합원이 생산한 쌀과 우리 조합원이 키운 돼지를 서로 팔아줌으로써 계통농협간 상생과 협력의 길을 도모하였다.

또 다른 고민, 안심·등심·뒷다리

이와 함께 인터넷 쇼핑몰을 개편하여 판매 기능을 강화하였고, 수도권 소비자를 대상으로 '청정 돈육' 이미지를 집중 홍보해 좋은 평가를 받았다.

돼지고기 비선호 부위는 또 다른 고민거리였다. 삼겹살과 목살 위주의 소비로 인해 등심·안심·뒷다리살 재고는 날로 늘어만 갔다. 그래서 떡갈비·양념육·돈가스·돼지강정 등 신제품을 개발하였다. 이는 부가가치 창출로 이어졌으며, 고객으로부터도 긍정적인 반응을 받게 되었다.

2년여 남짓 펼친 혁신의 결과는 일단 성공이라 자평할 만하다. 2014년 매출액 90억원, 매출이익 6억원 손실이던 판매사업이 2016년에는 매출액 190억원에 매출이익 5억원으로 전환되는 성과를 거두었다. 애물단지였던 판매사업이 머지않아 조합의 수익을 안겨주는 효자사업으로 커 나갈 것이라 생각하니 노력은 결코 배신하지 않는다는 말을 새삼 실감난다. 또 매출 비중을 비교해 보니 과거에는 조합 마트 23%, 유통 거래처 70%, 계통 농축협 7%였는데, 2016년에는 수익률이 낮은 유통 거래처의 비중이 39%로 낮아지고 상대적으로 농축협 거래 물량이 36%로 높아져 수익구조가 개선되었음을 알 수 있었다.

판매유통 구조 혁신의 노력은 수익구조 개선으로 나타났다. 이는 브랜드 참여농가의 소득 증대와 품질 향상으로 이어져 소비자에게 사랑받는 청정 돈육을 공급하는 선순환 시스템을 구축할 수 있었다. 무엇보다 2017년 축협 경제사업 우수사례 평가 결과 경영혁신 분야에서 대상을 수상하는 쾌거와 함께, 2017년 제42회 강원축산경진대회 돼지부문 농가분야에서 우리 조합 브랜드 참여농가가 최우수상 및 우수상의 영예를 안으면서 '강원 깊은산 맑은돈'을 널리 알리는 계기가 되었다. 조합장으로서 가장 큰 보람이었다.

2017년 강원축산경진대회에서 강원양돈농협 '강원 깊은산 맑은돈' 브랜드 참여농가가 잇따라 수상하며 브랜드 우수성을 널리 알렸다.

생존하려면 혁신해야

▲ ▼ ▲

혁신은 결코 조합장 혼자서 하는 것이 아니다. 그 시작이 반드시 거창할 필요도 없다. 우리가 가장 잘하는 것, 가장 자신 있는 것부터 하면 된다.

이해 당사자인 조합원도 브랜드사업에 적극적으로 참여하여 좋은 등급의 원료돈육을 공급해야 한다는 의식 변화를 가져야 하며, 그것이 농협과 조합원의 상생의 길임을 인식하는 분위기가 확산되어야 한다. 우리 직원들도 시대의 흐름을 정확히 읽고 현실을 제대로 인식해야 한다. 마트사업은 경쟁이 심화되고 정체되어 지속가능한 수익을 창출하기에는 한계에 직면해 있다. 4차산업혁명의 시대에 우리가 나아가야 할 방향을 설정하고 준비해야 한다.

너와 나 할 것 없이 우리 모두 매일 매일 혁신한다면, 농협의 본질을 지향하면서 양돈농협다운 모습으로 발전할 것이라고 나는 확신한다. 그리고 '강원 깊은산 맑은돈'이라는 청정 돈육 브랜드가 횡성한우 못지않게 전국을 넘어 세계 곳곳에서 맛과 품질을 인정받는 날이 머지않아 올 것이라는 가슴 벅찬 희망을 품어본다. 오늘도 나는 긍정의 주문을 스스로에게 되뇐다.

"된다, 된다, yes!"

최덕식 조합장
2015년 강원양돈농협 조합장에 당선됐다(초선).
현재 농민신문사 이사를 맡고 있다. 양양양돈영농조합법인 대표를 지낸 바 있다.

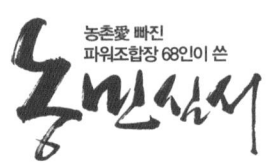

인쇄일 2018년 1월 2일
발행일 2018년 1월 9일

발행인 김병원
편집인 이상욱

기획편집 류준걸 이병래 황의성 손수정
윤　필 오덕화 임한청 이종현 유성문 임형진
디자인&인쇄 지오커뮤니케이션

펴 낸 곳 (사)농민신문사
출판등록 제25100-2017-000077호
주　소 서울시 서대문구 독립문로 59
홈페이지 http://www.nongmin.com
전화 02-3703-6136 | 팩스 02-3703-6213

이 책은 저작권법에 따라 보호를 받는 저작물이므로 무단전재와 무단복제를 금지하며,
내용의 전부 또는 일부를 이용하려면 반드시 저작권자와 (사)농민신문사의 서면 동의를 받아야 합니다.

ⓒ 농민신문사 2018
ISBN 978-89-7947-165-6 (13320)
잘못된 책은 바꾸어 드립니다. 책값은 뒤표지에 있습니다.

이 도서의 국립중앙도서관 출판예정도서목록(CIP)은 서지정보유통지원시스템 홈페이지(http://seoji.nl.go.kr)와 국가
자료공동목록시스템(http://www.nl.go.kr/kolisnet)에서 이용하실 수 있습니다. (CIP제어번호: CIP2017032937)